Mémoires glacées

Voir liste « du même auteur » en fin d'ouvrage.

ISBN : 978-2-84563-357-5

Nicolas Vanier

Mémoires glacées

document

XO ÉDITIONS

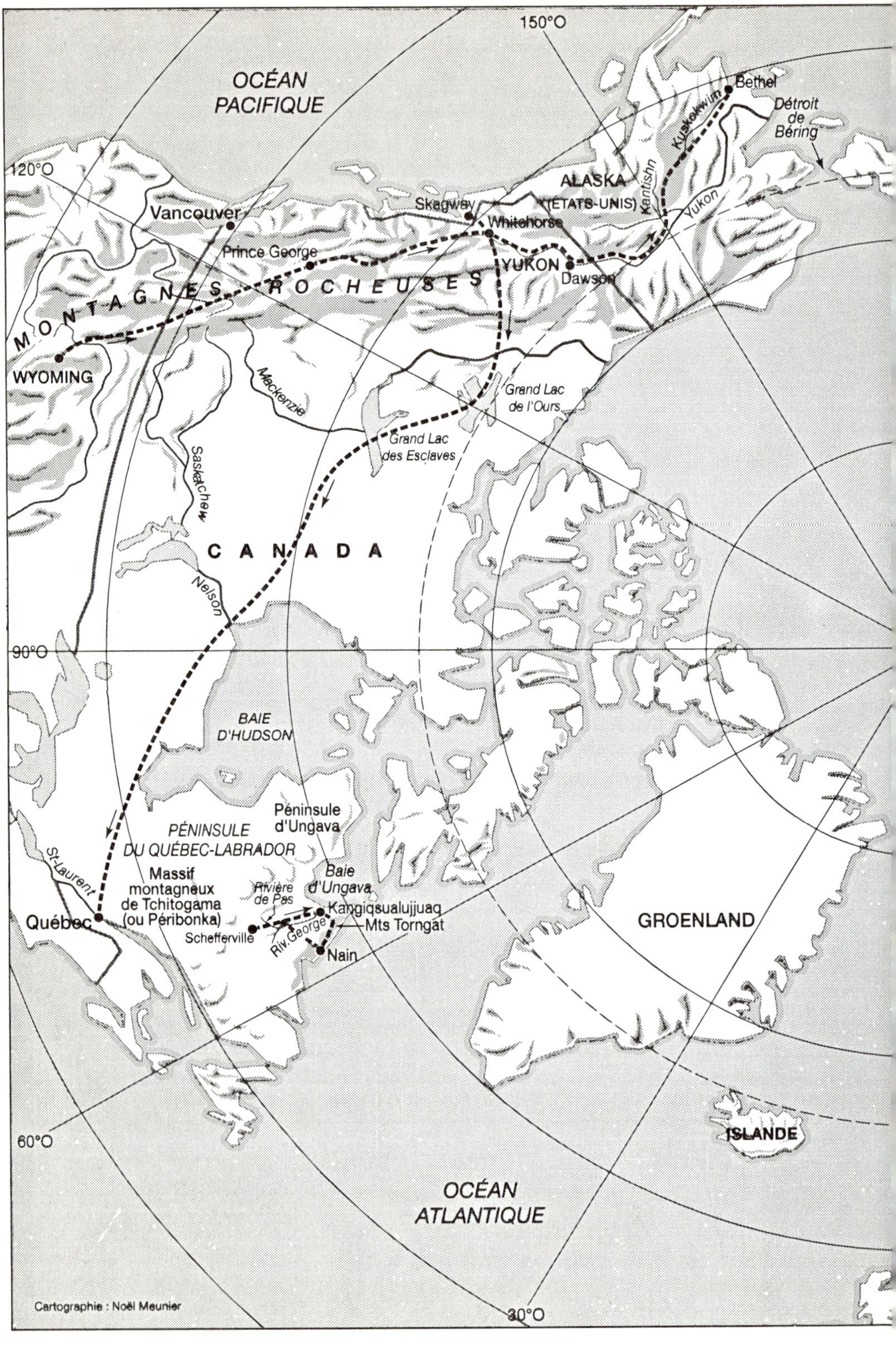

OCÉAN PACIFIQUE
150°O
120°O
Bethel
Détroit de Béring
Kuskokwim
Kantishn
ALASKA (ÉTATS-UNIS)
Yukon
Skagway
Whitehorse
Vancouver
Prince George
YUKON
Dawson
MONTAGNES ROCHEUSES
WYOMING
Mackenzie
Grand Lac de l'Ours
Grand Lac des Esclaves
Saskatchew
CANADA
Nelson
90°O
BAIE D'HUDSON
Péninsule d'Ungava
PÉNINSULE DU QUÉBEC-LABRADOR
St-Laurent
Massif montagneux de Tchitogama (ou Péribonka)
Baie d'Ungava
Rivière de Pas
Kangiqsualujjuaq
Mts Torngat
Québec
Schefferville
Riv. George
Nain
GROENLAND
ISLANDE
60°O
OCÉAN ATLANTIQUE
Cartographie : Noël Meunier
30°O

180°
150°E
CHINE
120°E
Kolyma
Yakoutsk
YAKOUTIE
Mizneansk
Jana
Montagnes Verkhoïansk
Lena
Lac Baïkal
Irkoutsk
SIBÉRIE
OCÉAN
GLACIAL
ARCTIQUE
MONGOLIE
Montagnes Saïan
Pôle Nord
90°E
Ienisseï
RUSSIE
Ob
80°N
Ob
Irtych
Cercle polaire arctique
Oural
70°N
Mourmansk
LAPONIE
Kiruna
Mer d'Aral
60°E
FINLANDE
60°N
Volga
SUÈDE
NORVÈGE
Moscou
Mer Caspienne
50°N
30°E
0°

Conformément au souhait de Nicolas, le papier de cet ouvrage est composé de fibres naturelles, renouvelables, recyclables et fabriquées à partir de bois provenant de forêts plantées et cultivées durablement pour la fabrication de pâte à papier.

Avant-propos

Chère lectrice, cher lecteur,

Depuis maintenant plus de vingt ans, vous me faites l'honneur et l'amitié de me suivre. Vous avez été nombreux à aller voir mes films, à lire mes livres, nombreux à m'écrire pour m'encourager, et chacun de ces messages m'a touché et aidé.

On s'est parfois croisés, au camp des Écorces, sur les pistes de la Grande Odyssée ou quelque part dans le Nord, mais le plus souvent au détour d'une conférence ou d'une séance de dédicaces. Ces instants fugaces me laissent toujours l'impression d'avoir déçu, parce que vous attendez beaucoup et que le temps imparti ne permet pas de donner grand-chose.

Les Indiens le disent : « C'est drôle, vous, les Blancs, vous avez tous des montres, mais vous n'avez jamais le temps ! »

On échange quelques banalités, vous me remerciez de vous faire rêver, je vous remercie de ces mots chaleureux, trop vite échangés.

J'ai écrit ce livre en espérant vous y apporter quelques réponses aux questions que nous n'avons jamais le temps d'aborder, et vous raconter quelques histoires émouvantes, drôles, cocasses, souvent riches d'enseignements.

Qu'il me permette surtout de vous dire merci.

Merci de faire vivre mes rêves.

Très amicalement.

Nicolas.

Chaman et caribous

Schefferville se trouve au Canada, aux portes du Grand Nord. Au-delà, il n'y a plus rien ou presque. À partir de ce village, ou du moins de ce qu'il en reste depuis que les mines de fer ont fermé, on peut marcher jusqu'au pôle Nord sans rencontrer âme qui vive ni croiser une seule route, ni même un chemin.

Au-delà de ce petit village s'étendent les vastes *no man's land* du Québec-Labrador. J'y ai séjourné plusieurs fois : en été avant de traverser cette péninsule en canoë, mais aussi en hiver, pour y préparer un grand périple en traîneau à chiens. Durant cette période d'entraînement, je m'étais lié d'amitié avec un trappeur indien Montagnais : André, que j'ai retrouvé là-haut à la fin de l'hiver 1985.

Je suis revenu à Schefferville au prétexte d'effectuer un reportage photo pour le magazine *Géo* sur l'incroyable concentration de perdrix des neiges, dont j'avais découvert l'existence au cours de notre expédition hivernale, en un endroit reculé de la péninsule. André avait accepté de m'accompagner. Malheureusement, l'inhabituelle épaisseur de neige fraîche interdisait le voyage en motoneige, et nous avions dû faire demi-tour au terme de trois jours de progression harassante à pied.

André m'avait alors proposé, plutôt que de rentrer en France, de l'accompagner dans l'expédition de chasse qu'il préparait dans le secteur du lac aux Outardes.

— Ton magazine sera peut-être intéressé par ce reportage en remplacement des perdrix blanches, me dit André pour tenter de me convaincre.

La perspective de partager ce moment de vie avec eux me tentait au plus haut point, non pour l'éventuel reportage que je pourrais effectuer, mais parce que j'allais toucher le cœur même de l'existence des Indiens Montagnais, qui sont liés culturellement et physiquement aux caribous comme le sont les Inuits avec les phoques.

— Il en faut au moins trente pour assurer le ravitaillement de notre communauté, me prévint André.

Il me présenta ceux qui allaient faire partie du groupe : son frère, Gilles, son cousin, et deux Indiens Montagnais de Sept-Îles, Max et Jack, qui montaient chaque année jusqu'à Schefferville à la même période pour participer à cette partie de chasse. Ils rapportaient cinq ou six caribous pour leurs familles. Quand la chance leur souriait.

— Allons voir David.

Cet Indien de quatre-vingt-deux ans était une sorte de chaman, ou tout du moins quelqu'un en relation avec l'esprit de la terre du Nord.

— Il nous dira quand et où aller.

Mon scepticisme devait être flagrant. André me fit les gros yeux. On ne plaisantait pas avec lui.

— Tu vas voir.

Je vis. C'était un très vieil homme petit et sec, souriant, duquel émanait une force tranquille qui impressionnait. Il nous fit signe de nous asseoir autour d'une table sur laquelle il demanda à ce que l'on déplie une grande carte du territoire. Une bougie éclairait celle-ci d'une lueur faible mais suffisante pour y lire les indications. De toute façon, David était aveugle. Il nous servit un thé et s'assit à son tour. Le silence se fit. Un long moment passa. Ils regardaient tous la carte comme si les caribous allaient apparaître sur les bords d'un lac ou d'une rivière. Ils ne parlaient pas, ne bougeaient pas. Des gouttes de sueur apparurent sur le front de David, trahissant l'effort de concentration qu'il faisait. Sa tête commença à se balancer d'avant en arrière. Ses lèvres se mirent à trembler. Je regardai André. Il le fixait sans le quitter des yeux, fasciné et respectueux. Il se tourna vers moi et me fit un signe de tête négatif. Je ne comprenais pas. Il avait l'air déçu. Il y avait de quoi : David, sortant d'une sorte de transe qui l'avait emporté je ne sais où, dit qu'il n'avait rien vu, pas un caribou ni même une chouette.

Mon scepticisme ne fit que croître.

La journée était magnifique. Le thermomètre indiquait moins trente et un énorme soleil faisait briller la neige qui n'attendait que nous. Mais comme le chaman n'avait rien vu, mes Indiens ne voulaient pas partir.

— Mais quand verra-t-il quelque chose ?

— Peut-être demain.

Nous partîmes relever et poser quelques pièges. Un lynx avait déclenché l'un d'eux sans se faire prendre. En revanche, deux martres étaient prises dans les mécanismes d'une boîte piège qu'André avait installée au bord d'un ruisseau gelé. Nous chassâmes quelques perdrix et posâmes quelques collets pour les lièvres.

Le lendemain, David ne vit rien de plus. Même pas une oreille de caribou. Pourtant, la séance dura plus d'une heure trente.

Je me forçai à assister à la troisième, bien que ces longues périodes de quasi-recueillement ne soient pas pour me plaire. Elles me rappelaient trop les messes ennuyeuses (et le mot est faible) auxquelles j'étais contraint de me rendre dans mon enfance.

Toujours rien.

Et pourtant, le temps était magnifique. Idéal pour une partie de chasse.

Quelques martres plus tard, enfin, alors que je désespérais, le chaman se décida à voir quelque chose.

Des caribous, une grande harde, à une centaine de kilomètres au nord, près du lac de la Perche !

Mes Indiens étaient tellement excités qu'ils dirent à peine au revoir au vieil Indien toujours souriant. En quelques minutes, nos bagages étaient bouclés et nous foncions vers le petit aérodrome où un gros bimoteur nous attendait. Il fallait faire vite. La météo changeait. On annonçait du mauvais temps.

Je trouvais stupide de partir alors qu'on prévoyait de la neige, d'autant plus que durant les cinq jours de grand beau temps nous nous étions occupés à tuer le temps et quelques malheureuses perdrix sur la ligne de trappe de David. Mais bon, j'étais là en invité, en observateur, et pas franchement habilité à commenter, encore moins à critiquer.

Le pilote chargea nos bagages et les trois petites motoneiges « Scandic », qu'il attacha succinctement en fond de cabine avec deux courroies.

— On peut charger deux tonnes dans cet engin, me dit André, soit un peu plus de trente-cinq caribous.

L'avion nous déposa à cinq kilomètres de l'endroit où le chaman avait « vu » les caribous. André aurait souhaité survoler la zone pour vérifier qu'il en y avait bien, mais le plafond, trop bas, nous empêchait de le faire à une altitude suffisante. Nous aurions effarouché les animaux pour rien.

J'étais de plus en plus sceptique. Durant les trois quarts d'heure de vol, nous n'avions pas vu une seule trace de caribou. J'estimais notre chance d'en croiser à peu près équivalente à celle de rencontrer un Touareg ou une girafe.

Mes Indiens n'étaient pas du tout de cet avis. Alors qu'ils se préparaient, je voyais l'excitation les gagner, une fièvre les transformer jusqu'à changer leurs visages, leurs allures, leurs attitudes. Ils n'étaient plus indiens, ou plutôt si, ils l'étaient redevenus, totalement, profondément. Ils étaient des loups et avaient senti leur proie, sans l'ombre d'un doute. Les caribous étaient là, derrière cette colline, au bord du lac. Le chaman les avait vus.

C'est André qui prit la direction des opérations.

— Max et Jack, vous allez faire le grand tour. Vous remonterez sur eux jusqu'à ce que la bréhaigne se lève. Puis vous tirez. On sera en poste. Nicolas à gauche, moi au milieu et Gilles au plus près du lac par lequel ils risquent de fuir.

— Ça dépendra de la neige, ajouta l'un des Indiens.

Ils acquiescèrent. Si la neige n'était pas trop épaisse à l'endroit où ils se trouvaient, les caribous s'échapperaient plutôt par le bois.

— Ensuite, on les poursuit, conclut André.

Je notai que personne n'avait fait allusion au cas, fort probable selon moi, où les caribous ne seraient pas à l'endroit indiqué par le chaman.

Nous sommes partis. En motoneige jusqu'au milieu de la pente puis à pied. En redescendant du haut de la première petite colline, nous avons chaussé les raquettes, car la neige non soufflée par le vent était épaisse. Les deux Indiens de Sept-Îles, Max et Jack, nous avaient quittés au pied de celle-ci pour prendre les hypothétiques caribous à revers, en tenaille.

Redoublant de précautions, nous avons franchi les derniers mètres. L'excitation des Indiens était contagieuse. Mon cœur battait la chamade. J'étais maintenant dans la chasse, concentré, attentif, réceptif aux signes que le paysage m'envoyait.

Parvenu en haut de la colline, André rampa jusqu'à une légère élévation de terrain derrière laquelle on fit halte. Le lac s'étendait devant nous au-delà d'une petite forêt d'épinettes et de bouleaux épars et chétifs.

Pas un caribou en vue.

Mais aucun signe de déception sur le visage des deux compères. Les yeux rivés à leurs jumelles, ils observaient minutieusement le paysage. Je remarquai, en même temps qu'André, des traces recouvertes par la neige soufflée par le vent, à l'extrémité ouest du lac, là où devaient se trouver nos deux amis.

Mais pas de caribous.

Je me disais que de vieilles empreintes, c'était déjà pas mal pour un chaman aveugle, lorsque André fit un drôle de petit bruit. Ses yeux brillaient comme si toute la lumière du jour s'y était insinuée. Il me montra le haut du bois de l'autre côté du lac.

Tout d'abord, je ne vis rien. Rien que des arbres et comme des sortes de trous.

Puis je les distinguai. Une tache brune dans chaque trou.

— Bon sang !

Il y en avait cent, peut-être deux cents ou plus !

— On va les contourner par-derrière la colline. On ne change rien. Je reste à mi-pente, toi, Nicolas, va te poster là-bas.

Il me montra un petit col où des traces indiquaient que c'était un de leurs passages.

— Toi, tu vas près du lac, dit-il à Gilles.

Il me demanda de vérifier mes balles – il m'en avait donné plus de cinquante –, puis il me fit charger la carabine et vérifia le mécanisme.

On se sépara sans mot dire.

C'était à moi de faire le plus grand détour. J'y allai vite, de peur que l'artillerie ne se déclenche avant même que je sois parvenu à mon poste.

Deux grands corbeaux s'élevèrent lourdement d'une sorte de promontoire rocheux que je dépassai et où je remarquai aussi de vieilles empreintes de loups. L'un des oiseaux se mit à croasser et je pris peur. N'allait-il pas donner l'alerte ? Que disait-il ? Les caribous comprenaient-ils son langage ?

Je suais à grosses gouttes malgré le froid mordant qu'accentuait un vent d'est glacial. J'arrivai enfin en haut du vallon qui s'ouvrait entre les deux collines. Je m'avançai un peu et me cachai derrière une talle de bouleau. J'apercevais d'ici les premières épinettes sous lesquelles j'avais remarqué les caribous. Je me trouvais donc juste au-dessus d'eux, à environ cinq cents mètres. Tout à la chasse, je ne m'étais pas encore rendu compte de l'énormité de ce qui s'était passé. J'en pris soudain conscience. Aussi improbable que cela puisse paraître, le chaman avait dit vrai. Je n'en revenais pas.

Mais pour l'instant, je devais me concentrer sur la chasse. Être à la hauteur de l'incroyable confiance que les Indiens m'avaient accordée en m'emmenant avec eux, puis en me plaçant à un poste stratégique où, d'un simple faux mouvement, je pouvais tout gâcher, tout faire rater.

Je vérifiai encore une fois la 30/30 qu'André m'avait fournie et je disposai cinq balles, toutes les ogives dans le même sens, dans le creux de ma main, de façon à pouvoir recharger le plus vite possible.

J'étais prêt et ça tombait bien car, tout à coup, je vis apparaître un, puis deux, puis des dizaines de caribous, inquiets, qui montaient doucement vers moi en jetant des regards appuyés vers le lac.

Ils arrivaient tous sur moi !

Plutôt que de me réjouir, cela me terrorisait. J'aurais donné n'importe quoi pour qu'ils fassent demi-tour, mais non, ils avançaient, par dizaines. Vers moi !

Mon cœur battait tellement fort que j'avais l'impression que les caribous allaient l'entendre.

Et d'un coup, la tempête éclata.

Il y eut un coup de feu, puis deux, trois, quatre...

À grandes enjambées, un premier groupe d'une trentaine de caribous couraient sur moi, soulevant des nuages de neige qui leur faisaient comme de grandes houppelandes blanches.

Je visai le premier et tirai, au-dessus !

Ils marquèrent un temps d'arrêt, surpris, et infléchirent leur route pour s'échapper à mi-pente entre les arbres et le haut de la colline. Je corrigeai mon tir et visai soigneusement l'un des caribous qui galopait à une centaine de mètres en dessous de moi. Fauché en pleine course, il fit une magnifique cabriole. Je rechargeai, tirai, rechargeai, tirai. Le cliquetis de la culasse claquait comme une belle mécanique qui éjectait la balle et replaçait la suivante.

Je tuai trois caribous avec les cinq premières balles.

Je mis un peu de temps à remplir le magasin avec les cinq balles préparées à cet effet, car l'une d'entre elles s'était coincée. Lorsque j'y arrivai, la première bande s'était éloignée. Cinq caribous passèrent un peu plus bas. Je visai. Ils étaient loin, mais j'en atteignis pourtant deux de plus.

J'en avais oublié les Indiens. Il me semblait qu'on avait beaucoup tiré. Combien de balles ? Une vingtaine au moins. Je ne savais plus très bien.

J'entendais des cris. Je dévalai la pente en croisant quelques-uns des caribous que j'avais tués.

Au bord du lac, j'arrivai en même temps que les deux Indiens de Sept-Îles.

Max était tout rouge. Il soufflait aussi fort qu'une locomotive. Ses yeux brillaient comme ceux d'un loup.

— Je poursuivais un caribou blessé, me dit-il pour se justifier. C'est toi qui as tiré là-haut ?

J'acquiesçai. Il m'interrogeait du regard, je lui expliquai le plus modestement possible que je n'avais pas trop mal réussi.

— Cinq !

Jack siffla d'admiration, avec toutefois une lueur un peu dubitative dans le fond des yeux.

— Ils arrivaient bien sur moi, ajoutai-je, comme s'il fallait que je m'excuse de cette réussite.

Ils me dévisagèrent avec une lueur amusée.
— On ne poursuit pas la harde ?
— André est parti. Nos motoneiges sont trop loin. Où est la tienne ?
Je leur expliquai que je l'avais laissée derrière la colline.
— Il me semble qu'André a tiré, lui aussi ?
— Oui, il leur a coupé la route à mi-pente. Il a dû en toucher quelques-uns.
— Finalement, il n'y a que nous deux qui n'avons pas eu de chance. Pas un seul n'a pris le lac et nous n'avons pas pu les approcher suffisamment près pour en tirer plus.
— Combien en avez-vous tués ?
— Trois.

Je comptai rapidement. Si André avait atteint ses cibles, ce qui ne faisait aucun doute, on en avait déjà une bonne dizaine. Au moins.
Deux motoneiges franchirent le col en trombe. Ils n'avaient pas perdu de temps. André et Gilles arrivèrent vite sur nous. En moins de temps qu'il ne faut pour l'écrire, André se fit résumer la situation et me fit signe de monter derrière lui.
— Allons, ne perdons pas de temps !

Il rigolait, ravi déjà de la réussite de la chasse. Max était monté derrière Gilles.
J'avais intérêt à bien m'accrocher. André se fichait des irrégularités du terrain. Il fonçait en effectuant un grand détour par une sorte de marais qui prolongeait le lac par le sud.
— On va essayer de leur couper la route avant qu'ils atteignent les vallons de la rivière Des Passes. Là-bas, on ne pourra plus les suivre.
— Tu en as eu, toi ?
Il me fit un signe avec trois doigts de la main.

J'avais froid et le mot est faible. J'avais tant transpiré que mes vêtements humides gelaient sur moi. Le vent ne faiblissait pas, bien au contraire, et me fouettait le visage que je ne parvenais pas à protéger. Le sang quittait mes doigts et je ne sentais déjà plus mes pieds. Pourtant, si nous trouvions les caribous, nous allions devoir tirer. J'aurais besoin de mes mains. Je tentai de faire revenir le sang dans l'une d'elles, ce qui me prit un bon moment.

Dix minutes plus tard, nous trouvions les caribous qui s'étaient calmés et qui marchaient au pas. Ils se remirent aussitôt au galop et nous les prîmes en chasse.

C'était dingue !

Une image me vint à l'esprit. Celle d'un tableau dont j'avais une copie, enfant, dans ma chambre. Il s'agissait d'un Indien avec une gueule incroyable, qui, juché sur un magnifique pur-sang noir ébène, poursuivait des bisons qu'il tirait d'une seule main, la carabine portée à bout de bras.

J'étais cet Indien, animé de la même sauvagerie animale.

J'armai la carabine alors que nous approchions des animaux affolés.

Et l'enfer se déclencha de nouveau.

Je tirais, réarmais, tirais. Des caribous tombaient. J'en manquais beaucoup car il était presque impossible de viser à cette vitesse, secoué comme je l'étais. Quinze balles y passèrent, avant qu'André s'arrête enfin. Les caribous avaient basculé dans une ravine où nous ne pouvions pas les suivre.

Il me gratifia d'une grosse claque dans le dos.

— Huit ! Bravo.

Je n'en revenais pas. Je pensais en avoir touché quatre, peut-être cinq. Mais pas huit.

Max en avait tué quatre.

André fit les comptes. Nous en avions plus de vingt. Il était ravi.

Nous nous dirigeâmes alors vers l'un des caribous.

André se mit à côté de lui et dirigea sa tête vers l'est. Dans son dialecte, il lui expliqua pourquoi il l'avait tué, lui et les autres. Il lui expliqua qu'il avait besoin de son cuir, de sa viande, de ses os. Puis il le remercia.

Je me fis traduire tout cela et m'imprégnai de cette façon de procéder, respectueuse, replaçant l'acte de la chasse au centre de la vie. Cette prière n'est pas un acte de superstition, mais une formidable technique de prise de conscience dont nous devrions nous inspirer.

Ensuite, nous avons dû effectuer de multiples allers et retours pour remorquer les caribous jusqu'au camp que Jack et moi avions installé au bord du lac.

Toute la journée du lendemain fut occupée par la découpe.

La bonne humeur régnait. Ce n'est que le soir, à la lueur de la bougie, que j'osai aborder ce qui me tracassait tant. Je parlai de mes doutes puis de ma surprise, totale, immense, de voir que les prédictions du chaman étaient justes.

— Ne serait-ce pas un pilote qui l'aura renseigné ?

Ils ne dirent rien, mais leur regard exprimait ce qu'ils pensaient. Je pris conscience d'avoir été trop loin. Je m'en voulus, tout à coup, de ma rationalité.

Je m'excusai faiblement, un peu honteux.

L'un des Indiens prit la parole :

— Son père était chaman et le père de son père aussi, à une époque où il n'y avait pas les avions des Blancs... Et ils voyaient eux aussi les caribous...

Son regard brillait de fierté et le mien de honte.

— Les inventions des Blancs ne sont pour rien dans cette histoire, et aucun Blanc ne pourra jamais voir les caribous.

André ajouta, malicieux et sévère :

— Déjà que devant leur nez ils ne les distinguent pas !

— Ou qu'ils ne voient en eux qu'un trophée à accrocher dans leur salon...

— Certains ne prennent même pas la viande quand ils viennent chasser sur nos terres !

Je leur dis que je comprenais tout cela, que je ne verrais plus ce chaman et les autres comme avant.

Mais ils n'avaient que faire de mes remarques. J'avais été l'un des leurs, le temps d'une chasse. J'étais brusquement redevenu le Blanc que je ne cesserai jamais d'être.

Je leur exprimai alors simplement et sincèrement ma fierté d'avoir été l'un des leurs, ma reconnaissance et mon respect pour ce qu'ils sont et ce qu'ils incarnent.

Ce fut à André de conclure :

— Tu as bien chassé, petit Blanc.

Et ils se mirent à rire, car, au-delà de tout ce dont ils sont capables, ce qu'ils font encore de mieux, c'est de ne jamais se prendre trop au sérieux.

Ma cabane au Canada

De tout ce que j'ai accompli dans le Grand Nord, je me demande si ce n'est pas ce dont je suis le plus fier.

Cette cabane, j'en rêvais depuis toujours. Enfant, je me suis entraîné à en construire de toutes sortes, de plus en plus élaborées. Adolescent, j'ai acheté tous les livres expliquant les techniques de construction de cabanes en bois rond. Plus tard, lorsque j'ai débuté mes voyages, j'ai observé minutieusement celles que je rencontrais. Puis, enfin, je me suis mis à chercher l'endroit où j'aimerais la construire, car, d'évidence, il s'agissait là d'un rêve trop tenace pour qu'il ne se concrétise pas un jour. À l'époque, déjà, je commençais à me connaître, suffisamment en tout cas pour savoir que ce type de rêve ne faisait pas partie, chez moi, de ceux qui restaient dans un tiroir à l'état de fantasme.

Lors de ma traversée des montagnes Rocheuses, puis, plus tard, de l'Alaska ou de la Laponie, chaque fois que je me suis senti bien quelque part, en accord avec un paysage, j'ai cherché où je pourrais la construire. Je notais sur des cartes ces endroits, les mémorisais, comparais avec ceux déjà identifiés.

Certains emplacements étaient assez extraordinaires, mais ils ne correspondaient jamais exactement au rêve que je m'en faisais. Or, pour ce genre de choses, je suis assez perfectionniste.

Je voulais être vraiment loin de tout, coupé du monde, une fois de plus. Être totalement immergé.

Je voulais un lac, car l'eau est la vie. Tout un monde s'organise et vit autour et dans l'eau. S'installer au bord d'un lac, c'est être au cinéma. Le paysage n'est plus immobile mais devient sans cesse changeant. Il brille, piège la lumière du ciel, des forêts ou des glaciers qui s'y reflètent, virant d'humeur et de couleur comme un vrai caméléon. Ce lac, je le voulais niché dans un écrin de montagnes, car je suis un amoureux du relief, des pentes et des alpages. Le plaisir que procure l'ascension d'un sommet d'où le paysage apparaît dans toute sa splendeur est incomparable. Ce lac, je l'imaginais en altitude, à la limite de la forêt pour profiter d'elle tout en ne subissant pas l'inconvénient de son épaisseur un peu étouffante, qui empêche, notamment, de voir loin. À cela s'ajoute l'avantage, immense à mes yeux, de pouvoir disposer, à cette altitude intermédiaire, des deux univers : celui de la montagne avec ses mouflons, ses chèvres des Rocheuses, et celui de la forêt et des vallées avec ses élans, ses lynx et ses castors. Je n'aime rien plus que la diversité animale. Cette richesse m'émeut au plus haut point. Je n'envisage pas de voyage en des lieux où les animaux seraient absents, ou en si faible quantité que d'en apercevoir relèverait de l'exploit.

Cet endroit magique, idyllique, je l'ai trouvé.

J'en suis instantanément tombé amoureux, comme on peut, parfois, l'être d'une femme dès le premier regard.

Pourtant, cette femme-là tombait du lit. Elle avait la gueule de bois. Elle était mal maquillée et de mauvaise humeur. J'aurais dû passer devant sans même m'arrêter.

Tout était gris, délavé... C'était une sale journée.

C'était l'hiver. Nous traversions les montagnes Rocheuses du sud vers le nord avec deux attelages de chiens. Nous avions pris beaucoup de retard en raison d'un hiver tardif qui nous avait empêchés de partir à la date prévue, à la fin du mois de décembre. Pendant un mois, nous avions progressé la plupart du temps dans la forêt, pour éviter les rivières imparfaitement gelées.

Ce jour-là était l'un de ces jours désagréables de l'hiver, trop chaud, humide, poisseux.

Je marchais depuis des heures en raquettes, suant à grosses gouttes dans la neige épaisse, un peu collante. Pendant des semaines, il avait fait entre moins vingt-cinq et moins quarante, températures idéales pour progresser en traîneau à chiens. Puis, brusquement, le thermomètre était remonté.

Je pestais contre cette maudite dépression mais je n'avais pas le choix. Nous n'avions plus de nourriture pour les chiens et devions franchir coûte que coûte la ligne de partage des eaux entre deux bassins hydrographiques importants. Nous cherchions un passage et j'étais parti en éclaireur à partir du camp établi au confluent d'une rivière et d'un ruisseau, que je me proposais de remonter jusqu'à un col.

Cette petite vallée était bourrée de perdrix blanches. Elles s'envolaient par grappes des touffes de saules et d'aulnes qui bordaient le ruisseau.

Il y avait également de nombreux lièvres blancs, comme le prouvaient les traces qui formaient comme de petits couloirs, partout dans la neige. Des lynx aussi, qui se nourrissaient dans ce vivier de lièvres et de perdrix. J'en aperçus un, au loin, qui se défilait le long des aulnes. Je croisai encore les traces d'un élan puis celles d'une harde de chèvres des Rocheuses qui avait traversé la vallée pour aller d'une montagne à une autre.

Le ruisseau devenait de plus en plus étroit. Bientôt, il n'y eut plus rien qu'un vaste éboulis que nous pouvions contourner par la droite avec les chiens. Le col était noyé dans le brouillard. Je le franchis sans vraiment m'en rendre compte, en constatant que je commençais à redescendre vers le grand lac dont je connaissais l'existence par les cartes. De là, nous pourrions emprunter la rivière qui s'en échappait et rejoindre le fleuve par lequel nous espérions atteindre le Yukon. Du moins était-ce notre plan, que je tentais de valider par cette reconnaissance.

Tout à coup, le brouillard qui m'empêchait de contempler le paysage s'ouvrit un peu.

Un choc.

Ce lac était celui que je recherchais depuis toujours.

C'était là et ça ne serait jamais ailleurs.

Je ne voyais pas grand-chose, mais cela suffisait. L'imagination faisait le reste. L'hiver baignait tout de gris mais, sans même fermer les yeux, je voyais le lac dans toute sa splendeur estivale, niché dans son écrin de montagnes. Malgré la grisaille et la neige de cette journée d'hiver, je voyais les alpages couverts de fleurs et de myrtilliers aux couleurs flamboyantes dont les ours se gavent en automne. Je voyais le lac argenté, dans lequel se reflétaient les glaciers, piqués des auréoles que font les truites en allant moucher les insectes à la surface. J'entendais le chant du huart. Je voyais les canards et les oies passer dans le ciel.

Oui, c'était là.

Je regardai le paysage et lui fis une promesse.

— Je reviendrai ici et je vivrai au bord de ce lac dans une cabane construite de mes mains.

Je suis retourné au camp – cinq heures de marche en reprenant mes traces et en les élargissant pour aider les chiens –, puis j'ai annoncé la bonne nouvelle à mes équipiers.

— On peut monter jusqu'au col, le franchir et redescendre vers le lac.

Le lendemain, nous avons attelé nos vingt chiens et repris mes traces.

Il neigeait et on n'y voyait rien. C'est tout juste si nous nous rendions compte que nous étions sur un lac.

Mais je m'en fichais.
Je reviendrais.
Mon lac.

De longues années se sont écoulées. J'ai traversé pendant un an et demi la Sibérie du sud au nord, la Laponie d'ouest en est et je ne sais quoi encore, mais je n'ai jamais oublié ma promesse. Je n'ai jamais oublié ce lac, « mon » lac.

Notre lac. Car nous y sommes revenus à plusieurs : ma femme, notre petite fille de dix-huit mois, Montaine, et moi.

Je ressens encore aujourd'hui l'émotion qui fut la mienne lorsque, au terme de deux mois de chevauchée, nous sommes arrivés en haut de ce col.

Nous avions quatre chevaux : deux que nous montions et deux qui étaient bâtés, portant matériel et nourriture. Montaine était soit sur notre dos, soit sur la selle biplace que nous avions fait construire pour elle. Quand elle ne dormait pas, elle gazouillait comme un oiseau, imitant tous ceux qui venaient vivre et se reproduire dans les montagnes en été.

Nous cheminions depuis des semaines dans la profondeur de ces vallées sauvages des montagnes Rocheuses, suivant les rivières ou allant profiter des zones sans arbres dans les hauts alpages. Depuis des semaines, nous n'empruntions plus de sentiers. Nous étions entrés dans un véritable *no man's land* où ne vont même pas les Indiens Sekani – que je connaissais bien et qui m'avaient accordé le statut d'Indien pour la période que j'allais passer dans les montagnes. Un statut tout à fait exceptionnel, me permettant de trapper, de chasser et de pêcher pour assurer ma subsistance et celle de mes chiens.

Le voyage à cheval dans ces vallées sauvages avait été magnifique mais difficile, notamment en raison des pluies abondantes, qui rendaient délicat le franchissement de certaines rivières. Montaine passait l'essentiel de son temps sur notre dos, dans un sac qui la maintenait bien droite et sur lequel nous avions ajouté un petit système confortable, lui permettant de dormir sans que sa tête soit ballottée dans tous les sens.

Elle dormait par intermittence, bercée par le balancement de notre marche. Lorsqu'elle se réveillait, nous l'installions pour une heure ou deux sur la selle biplace. Elle était très fière de placer ses petits pieds dans les mêmes étriers, en miniature, que les nôtres. Aussitôt installée, elle cherchait Otchum, notre fameux chien de tête, et ne consentait à vraiment sourire que lorsqu'elle l'avait aperçu. Puis elle cherchait les animaux sauvages, faisant preuve d'une patience infinie, nous les montrant du doigt lorsqu'elle avait aperçu un ours, un élan ou une perdrix. Elle imitait le chant de ces dernières, « kodak ! kodaaaak », éclatait de rire lorsque Otchum bondissait après un lièvre ou un chien de prairie. C'était extraordinaire de voir cette petite fille d'un an et demi s'éveiller dans ce monde. Elle apprenait ses premiers mots : *Otchum, oiseau, ours*...

Mais le voyage était long, éprouvant. Nous avions hâte d'arriver « chez nous ».

La journée était magnifique. L'une de ces belles journées chaudes et lumineuses. Les mouflons et les élans se cachaient à l'ombre des sapins chétifs mais épais qui bordaient les petits lacs immobiles.

Montaine dormait dans le dos de sa mère, Otchum galopait, à son habitude, devant nous. C'est lui qui vit le grand lac en premier.

Je savais que ça allait être beau. Mais c'était plus que ça. Grandiose. Magique. Féerique.

Diane a retenu un « Hooooo ! » admiratif car elle n'est pas démonstrative.

Nous sommes restés là, longtemps. Silencieux.

Il n'y avait rien à dire, juste à imaginer la vie qui allait être la nôtre, ici, durant cette fin d'été, puis l'automne et une grande partie de l'hiver.

Coupés du monde depuis des semaines, nous étions, déjà, totalement dans notre aventure. Le monde aurait pu connaître une guerre mondiale, nous n'aurions rien su. Nous étions bien. Tous les quatre, Diane, Montaine, Otchum et moi, au milieu de toute cette splendeur sauvage.

Comme c'était la fin de l'après-midi, nous sommes repartis pour chercher un emplacement dégagé au bord du lac et y installer notre tente. En arrivant sur la rive enherbée que nous avions repérée, nous avons dérangé un ours noir et une femelle d'élan alors que tout un groupe de castors transportait des branches de saule d'une rive à l'autre. Un vrai paradis. Le nôtre.

Il nous a fallu un peu de temps pour choisir l'emplacement de la cabane, comprendre la dominance des vents et la subtilité des lumières. Finalement, nous avons arrêté notre choix sur un emplacement proche de l'endroit où le lac se déverse dans la rivière, face aux plus belles montagnes de cet écrin majestueux, au bord d'une petite crique qui donnait à ce lieu si grandiose une intimité qui nous plaisait.

Ensuite, il a fallu se mettre au travail, si tant est qu'on puisse considérer que c'est un travail de réaliser un rêve pareil.

Je m'y consacrai à plein temps, quatorze heures par jour, coupant, ébranchant, écorçant, ramenant de beaux fûts de pins prélevés dans la forêt alentour. Diane m'aidait autant que Montaine le lui permettait.

Toute dorée, comme plaquée or, notre belle cabane a commencé à sortir de terre. Le mariage des couleurs – le bleu du lac, le vert de l'herbe et de la forêt, l'or des troncs écorcés – nous ravissait. Nous ne nous lassions pas de contempler notre œuvre. Elle s'élevait doucement, sûrement, fièrement.

Pour en être fiers, nous l'étions.

Comme des parents gagas.

Mon ami Clarence est arrivé dans son hydravion, apportant, en deux voyages, mon traîneau, mes chiens, un poêle à bois, deux vitres, quelques outils, un stock de nourriture et deux copains de longue date, des fidèles sur qui nous pouvions compter, Alain et Jérôme, qui allaient rapatrier nos chevaux vers la civilisation.

Puis les murs ont été achevés. Nous avons attaqué le toit, créé les ouvertures, scié le plancher, fabriqué les meubles.

Une course contre la montre, ou plutôt contre l'hiver, était engagée. La neige se mit à tomber le jour où la cabane s'achevait. Un signe.

Bien au chaud, à l'abri dans cette maison construite de nos mains, nous étions les plus heureux des hommes. Nous n'aurions pas échangé notre paillasse dans cette petite cabane contre le meilleur des lits dans la plus belle suite du plus luxueux hôtel du monde.

Le mal des raquettes

J'ai découvert la marche en raquettes en même temps que j'ai fait connaissance avec les chiens de traîneau lors de ma première expédition hivernale à travers la péninsule du Québec-Labrador.

Rapidement, j'ai compris pourquoi les deux coureurs des bois canadiens que nous accompagnions avaient tenu à ce que nous écrivions sur les documents présentant l'aventure : « Une expédition en raquettes ET en traîneaux à chiens. »

L'essentiel du trajet, nous allions le faire en raquettes. Les chiens tractaient deux traîneaux lourds de plus de trois cent cinquante kilos d'équipement et de nourriture, et ils ne pouvaient le faire dans la poudreuse. Il n'y avait aucune route, piste ou sentier là où nous allions : un véritable *no man's land* où personne ne se rend en hiver et où la probabilité de croiser quelqu'un en été est proche de zéro.

Il fallait donc créer notre propre piste, en raquettes. Nous étions quatre : deux d'entre nous marchaient en avant des chiens. Le premier créait la piste et le second suivait en décalant sa marche de façon à compléter les traces du premier. La tâche du second n'est pas nécessairement la plus facile, car il faut coordonner ses pas avec ceux de l'ouvreur et adopter sa foulée, ce qui nécessite une certaine concentration, alors que le premier peut se laisser aller à la contemplation du paysage, à varier son rythme et sa foulée en fonction de sa forme ou de son humeur !

L'ouvreur, à la manière d'un noctambule insomniaque, fonctionne machinalement. Il faut extirper la raquette du fond du trou, éviter de s'accrocher sur le rebord de celui-ci puis porter le poids de son corps en avant alternativement sur chaque pied, afin de bien tasser la neige sous le treillis de cuir tressé, et ainsi reformer un trou.

Le second bénéficie peu de ces traces, qu'il doit compléter en marchant à droite du pied gauche de l'ouvreur et à gauche de son pied droit.

Le but est d'obtenir un sentier d'une trentaine de centimètres de profondeur en moyenne, dans lequel les chiens auront quelques appuis grâce à la neige tassée par le travail des hommes. Et quel travail !

La gymnastique n'a rien de naturel. Pour ne pas se marcher dessus, il faut exagérément écarter les jambes à la façon d'un palmipède, ce qui fait travailler des muscles tout à fait nouveaux, qui deviennent rapidement « crampeux », comme disent les Canadiens. Certains tendons sont mis à rude épreuve, tout comme la peau trop fragile de la plante des pieds, soumise aux frottements incessants du mocassin en cuir d'élan contre le treillis, tressé avec des lanières de cuir de caribou souples et légères.

En attendant que l'habitude vienne, les pieds sont parfois en sang, les muscles comme de grosses crampes noueuses et les tendons enflammés, ce qui transforme le marcheur en supplicié n'ayant d'autre choix que de serrer les dents en attendant le soir ou la relève. Car les marcheurs et les mushers [1] se relaient à la mi-journée.

Pour cette première expédition hivernale, nous étions donc quatre. Les deux coureurs des bois québécois,

---

1. Conducteurs de traîneau à neige tiré par des chiens.

Michel Denis et Jacques Duhoux, et leurs dix-neuf chiens, ainsi qu'Alain Rastoin et moi-même.

Deux en raquettes, et deux au traîneau. Croire que cette place est celle où l'on peut se reposer de la raquette est une erreur. Loin s'en faut. Dans ce rail de fortune construit avec une telle dépense d'énergie par les raquetteurs, les chiens galèrent alors que le traîneau, lourdement chargé, ne cesse de verser d'un côté ou de l'autre, de se coincer dans l'un des deux murs de cette tranchée de neige. Les hommes de l'arrière, chaussés ou non de raquettes en fonction de l'état de la neige, les bras tendus, ahanent, s'arc-boutent aux montants, poussent. Parfois, il faut soulever le traîneau ou du moins tenter de le faire pour s'efforcer de le maintenir dans la piste. Malgré les efforts, il arrive que le traîneau négocie un mauvais virage et qu'un patin aille se planter dans la neige profonde. Étranglés par leur collier, les chiens s'arrêtent net, tout aussi inquiets de cet arrêt impromptu que de la nervosité qu'ils sentent croître chez le conducteur. Alors, celui-ci doit remonter le traîneau jusqu'à la proue, s'enrouler une corde de halage autour des mains ou s'agripper au pare-chocs pour le remettre sur la piste d'un violent coup de reins. Un véritable travail à la charrue. En fin de journée, les chiens prennent prétexte de la moindre résistance du traîneau pour relâcher les traits et s'arrêter. Alors, il faut gueuler, les haranguer. On peste, on souffle, on pousse, et ça avance cahin-caha. La tête lourde de fatigue, les vêtements détrempés de sueur malgré le froid, la neige aux genoux, jusqu'au soir.

On n'avance pas en comptabilisant le nombre de kilomètres, c'est trop démoralisant, mais le nombre d'heures de marche. Pour ce genre d'expédition, les malamutes et les groenlandais sont les chiens les plus adaptés. Ils sont lents et bagarreurs, mais ce sont des tracteurs, capables de tirer lourd là où des huskies, rapides mais fragiles, se noieraient, incapables d'avancer.

J'aime tout particulièrement les groenlandais. Je suis un peu moins fana des malamutes, souvent un peu fourbes et presque toujours irascibles et agressifs. Les groenlandais sont des chiens durs, dans tous les sens du terme, mais ils restent plutôt francs du collier et, s'ils peuvent se montrer assez violents les uns envers les autres dans certaines circonstances, ils n'en sont pas moins assez affectueux.

En exagérant à peine, on peut dire que les malamutes se conduisent au bâton, alors que les groenlandais se dirigent à la voix.

J'ai été particulièrement frappé par la manière forte employée par Jacques et Michel. Cette attitude avait une double explication : d'abord, le tempérament de ces chiens malamutes, que l'on doit sans cesse contraindre à obéir et dont il faut canaliser l'énergie, et, ensuite, la connaissance rudimentaire de la conduite des chiens que ces deux coureurs des bois avaient acquise, notamment auprès des Indiens et des Inuits, dont chacun sait qu'ils ne sont pas débordants d'affection pour ces animaux. Ils les emploient comme bêtes de somme, un point c'est tout. Les chiens qui ne tirent pas ou ceux qui sont bons pour la retraite, qu'ils aient ou non rendu de loyaux services, sont froidement tués, découpés et mis à geler pour être donnés à manger aux autres. Un chien ne mange de la viande de ses congénères que gelée.

Ce n'est que plus tard, auprès d'autres mushers, que j'ai pu découvrir d'autres façons de faire, plus « humaines » et surtout bien plus efficaces.

Mais à l'époque de ces premières courses, j'étais sans expérience aucune, et tout ce que me disaient nos deux amis était parole d'Évangile. Il reste qu'ils m'ont énormément appris sur l'hiver et la façon de le vivre bien. Si je réprouve aujourd'hui la manière forte qu'ils employaient avec les chiens, je leur reste redevable de tout ce qu'ils m'ont enseigné et qui a conditionné pour beaucoup une certaine façon de voyager, avec des moyens de déplacement traditionnels, respectueux des paysages.

Durant cette longue expédition hivernale, une grande partie des kilomètres effectués le furent donc en raquettes. Ce n'est qu'en atteignant la limite nord de la taïga et, au-delà, les grands espaces dégagés de la toundra infinie et de la banquise que nous avons pu les ranger au fond du traîneau. Là-haut, le vent tasse la neige et les chiens peuvent marcher sur une surface dure. Pour autant, les chiens fatiguent vite quand ils doivent tracter trois cents kilos, auxquels s'ajoute le poids de deux hommes chaudement et donc lourdement habillés. C'est pourquoi un des deux hommes au moins marche toujours devant ou à côté du traîneau, alors que l'autre patine, pousse, tire.

Lorsque nous sommes partis dans les montagnes Rocheuses pour traverser du sud au nord une grande partie de la Colombie-Britannique jusqu'au Yukon, il en fut de même. Tout comme en Sibérie, lors de la traversée de la Yakoutie, ou plus tard en Laponie et en Alaska. Rares ont été les kilomètres que nous n'avons pas effectués en raquettes.

J'aimais ça. Mes muscles s'étaient développés à cette pratique et ma technique s'était considérablement améliorée. Après quelques milliers de kilomètres, il eût été dommage qu'il n'en soit pas ainsi. Je marchais alors en longues foulées mécaniques, mes raquettes glissant l'une devant l'autre dans un balancement régulier, le pied ni trop haut ni trop bas, le tout parfaitement coordonné, à l'économie, en souplesse.

Je pouvais marcher devant des heures durant, jusqu'à dix, avec une seule heure de repos au milieu. Je préférais cela à la conduite des chiens. Non que cela ne me tentât pas. C'était l'inverse. J'en avais trop envie pour me contenter de conduire les chiens des autres, à leur manière et non à la mienne – car j'avais déjà une idée assez précise de la façon dont je voulais fonctionner avec des chiens. Avec mes chiens.

Je n'avais pas encore les moyens de posséder mon propre attelage. Dès lors, il me fallait utiliser ceux des autres, ce qui comportait avantage et inconvénient.

L'avantage était de me faire découvrir toutes sortes de chiens et plusieurs manières de les conduire, de comparer, d'apprendre. J'ai ainsi voyagé avec des malamutes, des groenlandais, des samoyèdes, des huskies, des alaskans, et tout ce qui en découle de bâtards en tout genre.

J'en ai vu d'idiots, de caractériels, de très intelligents, de timides ou de boute-en-train, de curieux, de lâches et de braves, à l'image des mushers...

L'inconvénient était que je m'attachais et que, à la fin de l'expédition, chacun rentrait chez soi...

En attendant mon heure, je préférais marcher seul, loin devant les attelages.

Je garde des souvenirs exceptionnels de ces aubes froides où je partais alors que le campement était encore endormi. Je me levais à la nuit noire, allumais le petit poêle à bois pour faire chauffer de l'eau et cuire de grosses crêpes qui me tenaient à l'estomac jusqu'au soir, puis je partais, avec un petit sac à dos contenant le strict nécessaire et un fusil.

Les chiens roulés en boule dans leur poil daignaient à peine lever le nez alors que les premières lueurs de l'aube apparaissaient dans le ciel constellé d'étoiles où s'éteignaient les aurores boréales de la nuit.

Le chuintement de mes raquettes dans la neige poudreuse ne faisait presque aucun bruit et je surprenais quantité d'animaux. Je me souviens de certains matins, dans les montagnes Rocheuses, où j'avais l'impression de marcher dans un parc animalier tant je croisais d'animaux sauvages de toutes sortes : loups, lynx, gloutons, cerfs, mouflons, élans ou caribous.

Dans l'ombre mauve des matins glaciaux, ce n'étaient souvent que des ombres, fugacement aperçues au détour de la rivière que je suivais alors, mais les traces que j'étudiais m'en disaient long sur l'animal.

Puis le jour se levait, accrochant d'abord les cimes des montagnes d'une lueur rose très particulière, qui semble artificielle tant elle est étrange, et ne demeure jamais plus de dix minutes.

C'est l'heure où les lagopèdes cessent de chanter, ce qu'ils font depuis les prémices de l'aube. Ils se rassemblent en grosses compagnies de quinze à cent individus puis s'envolent vers les taillis d'aulnes ou de saules où ils resteront jusqu'au soir.

C'est l'heure aussi où mes amis, réveillés depuis peu, finissent de déjeuner, nourrissent les chiens d'un mélange riche en eau, puis commencent à plier le camp, à charger les traîneaux et enfin à atteler les chiens. Avec trois heures de retard, ils vont prendre ma piste quand le jour sera déjà bien levé. Celle-ci aura eu le temps de geler et les chiens reposés iront vite, à près de dix kilomètres à l'heure. Si tout va bien, ils me rattraperont à l'heure de la pause, en début d'après-midi, au bord du feu que j'aurai construit en les attendant.

Nous avons voyagé ainsi des mois durant. À ceux, en Sibérie, au Canada ou ailleurs, qui proposaient de me relayer, j'ai souvent répondu par la négative, tant j'aimais ces marches solitaires et silencieuses dans la virginité absolue de ces vallées sauvages. Je me souviens de cols franchis à l'aube d'où je découvrais des immensités neigeuses qu'il nous fallait traverser. Des étendues totalement vierges, blanches, sans autres traces que celles de quelques animaux sauvages.

Je m'avançais religieusement avec l'impression fabuleuse d'être seul au monde. En me retournant, je contemplais la trace que j'avais dessinée comme sur une belle feuille blanche. Je m'appliquais dans les courbes, non seulement afin qu'elles soient facilement négociables pour les traîneaux, mais aussi pour qu'elles soient harmonieuses, jolies à regarder. En arrivant dans le fond des vallées, j'avais la satisfaction de voir, là-haut, la ligne sombre de ma piste franchissant le col, cette trace éphémère qui me reliait au traîneau et qui disparaîtrait au premier coup de vent ou à la première neige.

Il m'est arrivé de m'inquiéter, parfois à juste titre, en ne voyant pas les traîneaux arriver au bout de quelques heures d'attente, et de revenir alors sur mes pas. La marche et le plaisir ne sont plus les mêmes. Le paysage lui-même a changé, modifié par cette trace qui le transforme complètement. Il est devenu subitement civilisé, comme peut l'être un paysage « habité » d'une route qui le traverse. Il m'arrive alors de plaindre mes équipiers... Ils ne verront ce paysage qu'habillé de cette trace qui couvre sa nudité comme le fait un vêtement posé sur les épaules d'une belle femme. Mais je m'amuse de savoir que mes équipiers me plaignent de me réveiller si tôt, de partir si vite dans le froid glacial de l'aube pour marcher des heures durant dans cette neige épaisse...

Il en est de même du feu.

Ils ne sont pas nombreux, ceux qui ont souvenir d'avoir allumé un feu dans une tente qu'ils partageaient avec moi. Pourtant, combien de fois me suis-je réveillé dans une tente en plein hiver ? Un millier ? Sans doute bien plus encore... Mais chaque matin, quels que soient ma fatigue, le froid, l'humeur, je me suis levé avant tout le monde pour allumer le feu dans le petit poêle à bois qui ne nous quitte pas.

Pourtant, il en faut du courage pour s'extirper de la douce tiédeur du sac de couchage après une nuit toujours trop courte et recevoir la gifle glaciale du froid qui a tout figé à l'intérieur de la tente.

Alors pourquoi ?

Parce que le plaisir que j'éprouve est plus grand que le sacrifice de chaleur et de sommeil qu'il faut faire pour l'obtenir. Ce plaisir commence dès le soir, alors que je mets en place mon feu du lendemain. Tous ceux qui m'ont accompagné savent avec quel soin je prépare mes bûchettes. Ils savent qu'il en est un tas auquel il ne faut pas toucher. Au petit matin, le froid n'aura pas le temps de geler mes mains nues. Le feu sera allumé en moins de temps qu'il ne faut pour l'écrire et, même si la température met un peu de temps à monter et que le sang quitte l'extrémité de mes doigts, je m'en moque. Le feu a pris et la chaleur vient, envahit la tente. Même le retour du sang dans les doigts gourds est agréablement douloureux. Le poêle commence à rougir, à ronfler. La glace dégèle dans la grande gamelle. Dès qu'il y a un fond de tasse d'eau, je la verse dans mon quart, le même depuis dix ans, et le mets à chauffer près du tuyau, là où ça va le plus vite. En deux ou trois minutes, l'eau est chaude, je peux préparer le café. Les branches de sapin sur lesquelles nous avons étendu les peaux puis les sacs de couchage exhalent un bon parfum de conifère.

En avalant la première gorgée chaude, je soupire d'aise.

Existe-t-il au monde quelque chose de meilleur que cela : un café chaud bu dans une tente plantée au bord d'une belle rivière gelée que l'on va suivre la journée durant ?

C'est pour le plaisir égoïste de vivre ce moment seul que je me lève si tôt. Parce que j'aime ce silence où je profite du craquement du feu, des bruits de glace au-dehors, des jappements des chiens qui se réveillent. J'ai besoin de cet instant, avant le grand chambardement où tout le monde se lève, grogne, parle...

Voilà pourquoi aussi je n'aime rien tant que partir avant le réveil des autres, tracer ma piste, qui deviendra la leur et celle des chiens. J'aurai tant de plaisir à les revoir au milieu de la journée, une fois assouvis mes fantasmes solitaires...

Chevaux

J'ai beaucoup voyagé à cheval – plusieurs mois, du Wyoming jusqu'au Canada, avec une caravane de douze chevaux ; un été depuis la frontière mongole jusqu'au lac Baïkal à travers les montagnes Saïan avec une quinzaine de chevaux ; deux mois à travers les montagnes Rocheuses de la Colombie-Britannique avec quatre chevaux pour atteindre le lac au bord duquel Diane, ma femme, notre petite fille Montaine et moi avons construit notre cabane. Et quelques chevauchées encore, ici et là, au cours d'un voyage de reconnaissance, d'une partie de chasse avec des Indiens, du tournage d'un film, notamment au Yukon et en Alaska.

Les grands passionnés de chevaux ne m'aiment pas beaucoup car j'ai déjà écrit que le cheval est un animal un peu stupide. Je ne vais pas me contredire ici.

Lorsqu'on enchaîne, comme je l'ai souvent fait, un voyage à cheval et un autre en compagnie de chiens de traîneau, le contraste est saisissant. L'explication est scientifique. Les animaux herbivores, qui n'ont besoin que de baisser la tête pour brouter l'herbe, n'ont pas l'intelligence du prédateur qui doit développer des techniques de chasse et des ruses pour se saisir de ses proies. Une étude remarquable a été menée dans ce sens par une équipe de scientifiques américains qui ont mis en lumière, au moyen de multiples tests perfectionnés, la différence importante d'intelligence (c'est le mot qu'ils ont employé) entre un groupe de prédateurs : chiens, chats, lynx, loups, renards, et un groupe d'herbivores : chevaux, vaches, moutons, mouflons et chèvres des Rocheuses.

Ces tests ont néanmoins permis de souligner la mémoire remarquable du cheval. Mais la mémoire n'est pas une forme d'intelligence, même chez les animaux.

J'ai également rencontré quelques grands mordus de chevaux ayant passé leur vie auprès d'eux et qui sont parfaitement lucides. Mon ami Paul Perrier, par exemple, qui, à plus de quatre-vingts ans, galope encore comme un jeune fou sur les difficiles sentiers de la haute montagne. Ce type est incroyable. J'ai traversé les montagnes Rocheuses avec lui, alors qu'il avait soixante-cinq ans. Il en paraissait vingt de moins et, surtout, en imposait aux petits jeunes que nous étions. Je ne sais pas quelle sorte de potion magique ce type a absorbée étant jeune, mais, s'il est un grand-père à qui j'aimerais ressembler, c'est bien lui.

Sur les chevaux, comme sur beaucoup d'autres sujets, son opinion est pleine de bon sens, celle qui caractérise souvent les personnes qui ont vécu au contact de la terre.

— C'est vrai que c'est un peu con ! Mais, par ailleurs, c'est un animal avec tant de qualités, tellement pratique, tellement beau, qu'on lui pardonne bien volontiers.

J'ai aimé un cheval. Il s'appelait Punkie. C'était au cours de ma première traversée des montagnes Rocheuses du sud au nord. J'ai passé quatre mois avec lui. Quatre mois à raison de près de huit heures par jour en selle. Ce petit cheval, tout en muscles, nerveux, joyeux, était extraordinaire. Nous étions arrivés à un degré de connivence remarquable qui lui faisait exécuter les ordres en les anticipant souvent. À l'aube, où qu'il soit, je n'avais qu'à l'appeler pour qu'il arrive en hennissant de joie. Il venait blottir sa jolie tête sous mon bras, se grattant affectueusement à ma poitrine. Sur son dos, je faisais tellement corps avec lui que nous ne formions plus qu'un. Je savais l'allongement de son trot, le rythme de son galop, et je l'accompagnais, relâché, léger, heureux. Ce que nous préférions l'un et l'autre, c'étaient les jours de repos que nous nous accordions tous les quatre ou cinq jours. Nous en choisissions l'endroit avec soin. Il s'agissait généralement d'un lac situé à la limite des arbres, à plus de trois mille mètres d'altitude, au bord des grands alpages où les animaux se tiennent en été, à l'abri des insectes et de la chaleur trop étouffante des vallées boisées. Il y avait là-haut des quantités de cerfs-mulets et de wapitis, des mouflons, des chèvres des Rocheuses, des élans et des caribous, ainsi que des ours noirs et des grizzlys. Je n'aime rien tant que cette zone des montagnes où le regard porte loin et où vivent les grands animaux sauvages. Ces jours-là, je me levais tôt pour aller pêcher des truites ou chasser quelques perdrix pour le déjeuner. Après le repas, je me reposais, allongé dans l'herbe, rêvassant en observant le lent mouvement des nuages. Deux ou trois heures avant le coucher du soleil, j'allais chercher ou plutôt je sifflais pour appeler Punkie, qui s'était gavé toute la journée de cette belle herbe grasse et fruitée de la haute montagne. Joyeux, il arrivait en galopant car il faisait partie des trois ou quatre chevaux que nous n'entravions pas. Punkie restait à proximité du camp et de ceux que nous étions obligés d'entraver pour éviter qu'ils ne partent au diable.

Punkie était comme moi. Il n'appréciait pas trop les longues et lentes marches auxquelles nous contraignait la caravane forte de douze chevaux : six chevaux de selle et six autres sur lesquels nous bâtions le matériel et la nourriture nécessaires à notre expédition.

Ce que Punkie aimait, tout comme moi, c'était la liberté des grandes chevauchées sans but dans les hauts alpages. Nous partions sans autre objectif que celui de nous faire plaisir. C'était extraordinaire. Je le laissais aller autant qu'il me laissait aller. C'était lui ou moi qui décidions. Qu'un groupe de cerfs s'échappe au galop devant nous, et Punkie partait instantanément à sa poursuite, galopant à bride abattue vers les grands cerfs qui s'égaillaient dans l'alpage et rejoignaient au plus vite l'abri d'une forêt de conifères. Lorsque c'étaient des mouflons, ceux-ci nous entraînaient vers les rochers au pied desquels nous abandonnions la poursuite. Alors, nous repartions au pas, reprenant notre souffle. Je me couchais sur son encolure, lui flattais le cou et voyais ses grands yeux humides qui me regardaient en coin, joyeux et espiègles, l'air de dire :

— Géniale, cette chevauchée-là !

Je lui parlais beaucoup. Il n'y comprenait rien, évidemment, mais la douceur des mots que j'employais lui prouvait, si besoin en était, combien je l'aimais.

Au crépuscule, fourbus et heureux de tout ce que nous avions vu, nous rentrions au pas vers le camp dont nous devinions au loin la lueur du grand feu.

C'était magique.

Puis l'automne est arrivé, et l'hiver.

Je me souviens particulièrement d'une partie de chasse à l'ours noir. Dans certaines zones du Canada, ils pullulent autant que les sangliers dans certaines régions de France. Le gouvernement est obligé de payer des chasseurs professionnels pour en réguler le nombre. L'une des hypothèses avancées pour expliquer cette explosion des populations est l'exploitation forestière. Dans ces zones de montagnes, le bois n'a pas une très grande valeur. Il s'agit la plupart du temps de bois de faible diamètre, destiné à la fabrication de papier. Les coupes sont peu rentables – elles ne le seraient pas du tout si elles étaient sélectives. Ce sont donc des coupes à blanc qui sont effectuées mécaniquement par de grosses machines ne laissant rien derrière elles, à l'image de ces immenses filets que les chalutiers posent dans les mers et qui ramassent tous les poissons, jetant ensuite ceux qui ne sont pas consommables – jusqu'à quarante pour cent, dit-on !

Ensuite, repoussera ce qui pourra. En l'occurrence, ce sont les myrtilliers, framboisiers et autres baies sauvages qui vont, dans un premier temps, coloniser l'espace. Un vrai garde-manger pour les ours noirs qui jusque-là allaient de clairière en clairière pour en trouver un peu. Les femelles deviennent grasses comme des outres et font plein de petits, très vite, dès l'âge de deux ans. Seulement, les baies ne fournissent de la nourriture en abondance que pendant trois mois. Au printemps et en automne, avant de rejoindre la tanière, la nourriture se fait rare. Les ours doivent alors trouver autre chose. Les ours noirs font de gros dégâts dans certains secteurs. Ils envahissent la périphérie des villes et prennent d'assaut les décharges, comme le font les corbeaux chez nous. Ils sont alors abattus par dizaines. C'est malheureusement nécessaire.

Pour les voyageurs que nous sommes, dépendants de ce que nous trouvons sur le terrain pour compléter la nourriture que nous emportons – essentiellement des légumes déshydratés –, l'ours noir est une manne, car il n'est pas de meilleure viande. Tendre, fruitée, savoureuse, la viande d'un jeune ours noir est un régal.

En chemin, nous mangeons beaucoup de poisson, des perdrix, des canards, des oies et des lièvres, plus rarement ce que les chasseurs appellent du grand gibier, mais, avec ce régime pendant des semaines et des mois, nous apprécions un peu de viande rouge.

Ce jour-là, je me baladais avec Punkie dans une dizaine de centimètres de neige toute fraîche que le soleil de l'aube caressait. Nous avions croisé, dans une sorte de gigantesque cirque rocheux, cintrant une immense zone d'alpage coupée en son centre par une jolie rivière, la piste toute récente d'un ours noir et avions suivi les traces au petit trot. Je n'avais pas besoin de diriger Punkie. La piste le guidait comme un train sur des rails.

Et soudain, alors que nous suivions les berges de la rivière, nous avons aperçu l'ours. Aussitôt, sans que j'exerce aucune pression, sans qu'aucun mot soit prononcé, Punkie s'est élancé au triple galop, soulevant un nuage de neige derrière nous.

La sensation que j'ai éprouvée alors est indescriptible. Je me suis mis à crier comme un Indien, comme un sauvage au sens noble du terme, lancé derrière une harde de bisons. Oui, à ce moment-là, j'étais un sauvage. Un sauvage hurlant de toutes ses forces dans le cirque neigeux. Un sauvage qui n'avait pas dormi dans un lit depuis des mois, qui vivait dans ces montagnes sans aucun lien avec l'extérieur comme l'ont fait bien d'autres sauvages avant lui. L'air glacial sifflait sur mon visage mais je n'en avais cure. Punkie et moi étions lancés dans la poursuite et rien ne pouvait nous arrêter. L'ours détalait devant nous à toute vitesse et soulevait lui aussi une poussière neigeuse qui parfois le dissimulait presque entièrement. C'était magnifique. Si je devais garder un seul instant, un symbole de ce voyage à cheval à travers les montagnes Rocheuses, ce serait celui-là.

Enfant, je me souviens qu'en regardant *Jeremiah Johnson*, c'était mon rêve : ressembler à ce héros poursuivant les ours à cheval.

La poursuite a duré un bon moment, puis l'ours s'est épuisé et nous avons pu réduire la distance qui nous séparait de lui.

Un peu plus tard, l'ours mort étendu à mes pieds, je me suis surpris à lui parler, comme me l'avaient appris les Indiens, pour lui expliquer mon geste, pour le remercier de cette viande dont nous allions nous délecter et qu'il me donnait.

Je l'ai dépecé, puis j'ai rangé la viande dans les larges sacoches de cuir prévues à cet effet de chaque côté de ma selle. Je me suis recouvert les jambes de la fourrure car j'avais froid, puis nous avons pris le chemin du retour. Punkie marchait d'un pas lent et je me suis laissé aller à la contemplation du paysage, sublime avec toute cette belle neige fraîche qui le recouvrait.

Nous sommes arrivés à la nuit tombée au camp, qu'un grand feu illuminait. C'était majestueux.

Ce soir-là, nous nous sommes gavés de viande, comme le font les loups après la chasse.

Éprouve-t-on du remords en tuant ainsi un animal sauvage ?

Non, mon sentiment n'a alors rien à voir avec le remords.

Ou bien nous devrions en ressentir chaque fois que nous mangeons un animal, à plus forte raison ceux que nous trouvons sur les étalages de nos magasins, ces animaux d'élevage qui n'ont pas eu la chance de vivre libres. Mais l'insensibilité dont nous faisons preuve vis-à-vis de ces bêtes est à l'image de ce que nous sommes devenus. Nous achetons, mangeons, gaspillons en oubliant la provenance de la viande. En ne voulant pas savoir.

Le sauvage qui tue n'est pas le vrai sauvage.

Le vrai sauvage est celui qui ose élever des animaux dans l'ombre, entassés les uns sur les autres. Il faut avoir vu ces truies, attachées, que l'on empêche de bouger, parquées avec leurs porcelets que l'on gave de nourriture et d'antibiotiques. Avoir vu ces milliers de poulets que l'on prive de nuit pour les faire grandir plus vite. Avoir vu tous ces animaux qui n'ont plus d'animaux que le nom tant on leur a tout enlevé.

Comment l'homme est-il devenu aussi cruel ?

Deux semaines plus tard, il a fallu abandonner les chevaux, les revendre pour repartir avec les chiens. Je me suis renseigné pour faire rapatrier Punkie jusqu'en France, car je ne pouvais me résoudre à ne plus le revoir. Chez moi, en Sologne, dans la ferme familiale où j'habite, il y a tout ce qu'il faut pour les chevaux, car nous n'avons plus de moutons, ni de vaches ni de cochons. L'élevage à petite échelle n'est plus rentable... Autant de place libre pour mon Punkie.

Mais le voyage coûtait cher, trop cher, aussi bien en bateau qu'en avion. Or, à l'époque, je n'avais rien et même moins. Je m'étais fortement endetté pour partir et manquais même de l'essentiel. La mort dans l'âme, j'ai dû me résoudre à revendre Punkie. L'argent ne fait pas le bonheur, dit-on. Cette fois-là, le manque d'argent m'a rendu très malheureux.

J'ai détesté le moment où Punkie est monté dans le camion et où je suis allé lui dire adieu.

Les moments que j'ai passés avec ce cheval restent parmi les plus beaux que j'ai vécus avec des animaux, chiens y compris.

Le deuxième cheval dont je garde un souvenir ému, c'est « le Vieux ». Nous l'avons appelé comme ça, Diane et moi, parce que nous l'avons acheté en même temps que trois autres, promptement et assez simplement baptisés « le Jeune », « le Blanc » et « le Gros ».

Il est vrai que Montaine, à un an et demi, commençait tout juste à prononcer quelques mots et avait besoin de vocabulaire facile.

Nous avons acheté ces chevaux à l'un de mes amis, rancher en Colombie-Britannique, qui les avait sélectionnés pour nous parce qu'ils étaient tous d'un pied sûr et habitués au bât. Avec notre petit trésor, Montaine, nous ne voulions pas de chevaux fous et inexpérimentés.

Le Vieux était un cheval âgé d'un peu plus de dix ans, assez costaud et le pied large, sûr de lui, indolent mais puissant.

Des quatre chevaux, c'est à lui que j'avais choisi d'apprendre à tracter les troncs pour construire notre cabane.

Comme nous la voulions de dimensions confortables, de près de trente-cinq mètres carrés, il fallait abattre de grands pins, pesant plus de deux cents kilos, impossibles à transporter sans l'aide d'un cheval. Le défi était d'importance et mon appréhension était grande. Cela allait-il fonctionner ? Ni Diane ni moi n'avions aucune expérience en la matière.

Nous avons harnaché le Vieux en équipant une selle de bât d'une sangle supplémentaire passant sur son poitrail. Nous avons équilibré le système en laissant courir de chaque côté de la selle deux cordes qui se rejoignaient derrière le cheval, sur un anneau auquel nous avons attaché une autre corde d'une douzaine de mètres.

Le tracteur était prêt, restait à l'essayer.

Nous sommes alors retournés devant le premier pin abattu en dégageant un peu le passage. Au moyen d'une courroie passée en double autour de la base du tronc, nous l'avons solidement fixé à la corde. Puis je me suis placé devant le cheval et me suis avancé avec lui jusqu'à tendre le tout. Le Vieux, sentant une résistance, s'est arcbouté et a facilement arraché le rondin, qui pesait pourtant plus de deux cents kilos. Ce mouvement brusque derrière lui l'a surpris. Il a jeté un regard affolé sur cet énorme morceau de bois qui le poursuivait et a aussitôt accéléré pour le distancer. Bien évidemment, le tronc le suivait. Je ne pouvais rien tenter pour le calmer et encore moins l'arrêter. Allez faire entendre raison à un cheval affolé ! Heureusement, le rondin est resté coincé dans une souche, arrêtant du même coup le cheval dans sa fuite.

J'ai immédiatement détaché le morceau de bois pour tenter d'apaiser notre pauvre cheval en marchant un peu avec lui.

Mais il ne se calmait pas, regardant les arbres comme s'ils étaient devenus des monstres susceptibles de le poursuivre.

C'était loin d'être gagné, notre histoire.

Sur le moment, je me suis découragé, presque certain de ne pas réussir.

J'ai beaucoup parlé au Vieux, jusqu'à ce qu'il se calme.

Ma fille, Montaine, bouche bée, semblait captivée par la scène. Lovée dans les bras de sa mère, qui suivait l'expérience de près, elle montrait successivement du doigt le rondin puis le cheval. Diane lui a expliqué :

— Tu vois, Montaine, papa montre au cheval comment rapporter un arbre au camp.

Montaine a acquiescé, visiblement très intéressée.

J'ai alors approché le Vieux du rondin. Il l'a reniflé avec méfiance.

— Beau, là, beau, le cheval. Tu vois, il est parfaitement inoffensif, ce bout de bois.

Mais allez faire comprendre un truc pareil à un cheval !

Une autre fois, le long d'une corniche particulièrement dangereuse, avec deux cents mètres de vide à notre droite et une paroi rocheuse verticale à notre gauche, l'un de nos chevaux a déclenché une panique indescriptible qui aurait pu dégénérer en catastrophe. Ce cheval, Pie IV, qui restera à jamais le roi des gaffeurs, a pété bien plus fort que d'habitude. Le bruit l'a surpris ! Il s'est brusquement écarté, manquant de peu de faire tomber dans le vide le cheval devant lui. Ce dernier a lui-même bousculé celui qui le précédait et ainsi de suite. En quelques secondes, tous les chevaux se sont affolés, ce qui était bien la dernière chose à faire dans ce passage, l'un des plus périlleux que nous ayons traversés avec des chevaux.

Cette propension à paniquer pour rien est le propre des chevaux, imprévisibles, capables de passer de l'indolence à l'affolement en une seconde, et pour des broutilles.

Et un rondin n'est pas une broutille.

J'ai donc rattaché le rondin beaucoup plus loin en rallongeant la corde qui le tirait. Puis nous avons avancé d'un petit mètre. Le cheval est parti en crabe mais s'est arrêté quand je lui ai commandé de le faire. Je l'ai alors chaudement félicité. Nous avons avancé de deux mètres supplémentaires. Nouvel arrêt. Ce qui m'impressionnait, c'était la facilité avec laquelle il déplaçait plus de deux cents kilos. Il tirait le « log » comme s'il s'agissait pour un homme de tirer une charge de dix kilos ! Jamais je ne m'étais rendu compte à ce point de la force extraordinaire d'un cheval. Pas étonnant dès lors que le monde de l'automobile, avide de performances, compte en chevaux la puissance d'un véhicule !

Peu à peu, le Vieux s'est calmé, habitué à être poursuivi par un rondin de bois qui ne le rattrapait jamais. Je ne parvenais pourtant pas bien à maîtriser sa vitesse. J'aurais aimé qu'il avance lentement pour avoir le temps de déterminer l'itinéraire, pouvoir m'écarter d'un arbre, négocier une déclivité, éviter un trou, mais le Vieux s'emballait. À la moindre difficulté, il passait en force. Je courais pour me maintenir à la hauteur de son encolure, une main appuyée sur le chanfrein, l'autre tirant sur la corde tout en surveillant les sabots qui frôlaient mes bottes à chaque foulée. De temps à autre, le rondin se bloquait contre un gros rocher, une racine ou une souche, stoppant net l'attelage. Nous avons pourtant fini par arriver au bord du lac avec notre premier rondin.

Il ne me restait désormais qu'à réduire au fur et à mesure la longueur de la corde pour rapprocher le rondin du cheval et éviter ainsi qu'il ne s'accroche à la moindre petite courbe.

Pour ce faire, je devais être particulièrement patient car, dès que le log se rapprochait, le Vieux paniquait et tout était à recommencer. Parfois, il fallait des heures pour le calmer et continuer l'exercice.

Mais, finalement, nous y sommes arrivés, et c'est en grande partie au Vieux que nous devons cette grande et belle cabane dont nous sommes si fiers et dans laquelle nous avons vécu, en famille, des moments formidables, loin de tout, libres, tellement libres.

C'est avec le Vieux, encore, que durant l'été indien, ces quelques semaines qui précèdent l'automne, je suis parti explorer le territoire exceptionnel qui s'étendait autour de l'emplacement de notre cabane.

En à peine une heure, à pied, tenant le cheval par la bride, je montais et traversais la forêt jusqu'aux hauts alpages, à trois ou quatre cents mètres d'altitude de notre cabane.

À partir de là, je pouvais monter en selle et parcourir ces vastes espaces d'alpage, composés d'herbes rases et de lichen, piquetés de petits bosquets d'arbres chétifs. Je chevauchais à la recherche des hardes de caribous, m'arrêtais souvent pour observer un ours, quelques chèvres, des loups ou un grand cerf. Dans cet éden, le plaisir était immense, total, sans restriction.

Souvent, nous partions en famille, Montaine sur mon dos ou sur celui de Diane. Nous lui montrions les ours, les mouflons, les caribous... Ce que Montaine adorait par-dessus tout, c'était les observer. Alors, j'abandonnais le spectacle des animaux, aussi splendide soit-il, et c'est ma fille que je regardais en papa gaga, fier et tellement heureux de lui faire découvrir d'aussi belles choses, car rien ne vaudra jamais les yeux émerveillés de sa petite fille dans ces moments-là.

***

En Sibérie, j'ai utilisé des poneys yakoutes pour traverser pendant plusieurs mois, en plein hiver, une grande partie de la Yakoutie, qui s'étend au nord du lac Baïkal. Ces poneys, d'une rusticité incroyable, sont d'une résistance exceptionnelle. Ils vivent dehors, même par moins soixante degrés, protégés du froid terrible qui règne à ces latitudes par une robe constituée de poils très longs, épais, mais surtout d'une bourre extrêmement épaisse. On ne peut y rentrer un doigt. J'exagère à peine en disant que je ne suis pas sûr qu'on puisse même y insérer un clou !

L'essentiel des déplacements s'effectuant sur le lit gelé des rivières et des grands fleuves, ils sont ferrés avec des crampons qui leur permettent de tenir sur la glace. On les attelle grâce à un épais collier de cuir rembourré de laine qu'on arrache au printemps avec de grands peignes en fer. Deux longues perches de bois sont chevillées au collier, qu'une lanière ventrale guide jusqu'au traîneau. Les poneys sont dirigés avec de longues lanières de cuir que le gel rend très dures lorsqu'elles sont imprégnées de sueur.

Nous progressions de soixante à quatre-vingts kilomètres par jour, durant lesquels nous alternions pas, trot et même galop sur de courtes distances.

Givrés, les naseaux pleins de glace et les cils gelés, ces poneys ne manquent pas de gueule. Le soir, lorsque nous ne leur distribuions pas foin et avoine, nos poneys partaient dénicher l'herbe jaune conservée par le froid depuis l'automne en raclant la neige. À la nuit noire, nous les appelions en tapant une petite hache ou un couteau sur le seau d'avoine. Ils reconnaissaient ce son entre mille. Alors, ils rappliquaient rapidement pour dévorer leur dû. Ensuite, nous les attachions à l'abri du vent où ils restaient jusqu'au lendemain en dormant debout, parfaitement à l'aise dans le froid.

Une grande partie de ces poneys est destinée à la consommation. Tout au long du fleuve Lena, il y a des élevages. En Yakoutie, la viande de poney est de tous les repas, tandis que celle de bovin reste un luxe. Il faut des étables pour protéger les bœufs huit mois sur douze alors que les poneys, adaptés au froid, vivent dehors pratiquement toute l'année.

Les nomades, éleveurs de rennes, possèdent quelques yakoutes, quatre ou cinq par clan, dont ils se servent en été lors des déplacements qui sont trop longs pour les rennes.

En montagne, ils se débrouillent aussi bien que sur la glace. Ils ne craignent rien, à l'image des bœufs musqués de l'Arctique dont la résistance aux frimas de l'hiver est également exceptionnelle.

Dans les montagnes Saïan, mais aussi dans certains secteurs de Sibérie, quelques hordes de yakoutes sont devenues semi ou même complètement sauvages, leurs propriétaires laissant leurs bêtes en totale liberté à longueur d'année, se contentant de localiser la bande pour attraper de temps à autre quelques bêtes, soit au lasso quand ils ont besoin de jeunes poneys vivants, soit, le plus souvent, à la carabine.

Je conserve de grands souvenirs de quelques-unes de ces hardes sauvages rencontrées au cours de l'une ou l'autre de mes expéditions. J'ai en mémoire notamment une bande constituée de plus de cent chevaux qui galopaient le long du chemin que mes chiens et moi empruntions. Ils étaient fiers, sauvages, arrogants, un peu agressifs. Plusieurs fois, je crus qu'ils allaient charger les chiens.

Je ne donne pas cher des pauvres loups qui s'attaquent à ces bandes. Ces poneys sont éclatants de santé, tout en muscles, puissants, vifs, royaux. Ils galopent avec une telle légèreté qu'on a l'impression de les voir voler sur la brume neigeuse que leurs centaines de sabots soulèvent.

Se perdre

M'est-il déjà arrivé de me perdre dans le Grand Nord ? C'est une question qui revient souvent. Je suis tenté de répondre, sous forme de boutade, que je n'ai pas pu me perdre puisque j'ai toujours cherché à emprunter des chemins que je ne connaissais pas.

Pourtant, je me suis vraiment perdu, à deux reprises.

La première fois, c'était en été, au cours de l'une de mes toutes premières expéditions en canoë dans le Grand Nord canadien avec mon ami d'enfance, Benoît, et deux autres amis. Nous étions partis depuis un mois déjà, lorsque nous sommes arrivés en plein cœur du pays des Indiens Montagnais, sur les rives de la rivière De Pas, non loin du lac de la Hutte sauvage. Nous n'avions pas emporté beaucoup de nourriture. Nous la trouvions sur place. Chaque soir, nous établissions notre camp au bord de la rivière, en un lieu qui nous paraissait poissonneux et giboyeux.

L'un d'entre nous partait à la pêche et un autre billebaudait dans la forêt et dans les alpages pour tenter de dénicher une compagnie de perdrix blanches. Si la chance nous souriait, le soir, il y avait viande et poisson. Sinon, il fallait se contenter de l'un ou de l'autre, mais il était rare que nous n'attrapions rien. Ce pouvait être un canard maigrichon ou un brochet plein d'arêtes, mais nous avions presque toujours quelque chose à nous mettre sous la dent pour accompagner les faibles doses de riz et de nouilles que nous avions emportées, précieusement conservées dans des bidons étanches.

Ce soir-là, la chance était de notre côté. Le soleil brillait. La soirée s'annonçait magnifique. Il était encore tôt quand nous nous sommes arrêtés car nous étions partis avant l'aube. Nous disposions d'au moins cinq heures de jour avant que la nuit tombe. Je me sentais en forme. J'étais resté trop longtemps agenouillé dans le canoë, à forcer sur les rames. J'avais besoin de me délier les muscles des jambes et de prendre un peu de hauteur, alors que nous étions « enchâssés » dans le creux de la vallée, à naviguer sur cette rivière que nous descendions depuis des jours.

J'avais donc décidé de traverser la forêt à la recherche de gélinottes ou de tétras, puis d'effectuer une longue marche à la lisière de la forêt dans les hauts alpages, riches en myrtilles dont raffolent les lagopèdes.

J'étais monté à travers la forêt sans presque rien voir à l'exception d'un gros lièvre qui avait jailli d'un bosquet, beaucoup trop rapidement pour que je puisse le mettre en joue. Parvenu au-dessus de la limite des arbres, dans ces alpages que j'aime, où la marche est facile et où le regard porte loin, j'avais progressé longtemps sans repérer d'animaux, puis j'avais atteint une zone plus basse, où la forêt, chétive mais assez dense, remplaçait les étendues de lichen et de myrtilliers. C'est dans ces arbres que j'avais levé une belle compagnie de plusieurs lagopèdes sans pouvoir en tirer un seul. Ils s'envolaient toujours hors de portée mais ne se reposaient jamais très loin, si bien que je les poursuivais en espérant que se créerait une occasion plus propice. Avec un peu d'opiniâtreté, je réussis à tuer deux belles perdrix, bien dodues, que j'imaginais déjà embrochées au-dessus des braises, la graisse rissolant dans un plat où les abats mijoteraient avec quelques myrtilles ! Un délice.

Comme il n'était pas encore trop tard, je décidai de continuer la chasse. J'espérais parvenir à en tuer encore une ou deux pour le repas du lendemain. L'étude des cartes nous avait appris que nous allions traverser une vaste zone de marais où je pressentais qu'il n'y aurait pas de gibier, hormis quelques canards et oies, souvent inapprochables. Une ou deux perdrix d'avance ne seraient donc pas un luxe inutile.

Je tournai un bon moment dans cette forêt à la recherche de ces oiseaux, devenus trop prudents pour que j'espère les coincer. Je décidai donc de rentrer au campement, ayant largement assez marché et commençant à fatiguer.

J'avais beaucoup tourné et je ne savais plus du tout où je me trouvais, mais ça n'était pas grave. Il me suffisait de remonter au-dessus de la forêt pour repérer la rivière. Alors, je n'aurais plus qu'à descendre sur la rive et à longer le cours d'eau vers le campement.

C'était d'une telle simplicité que j'avais fait cela machinalement, sans réfléchir. Je suis vite remonté au-dessus de la limite des arbres sur la montagne d'où je venais et j'ai aperçu la rivière dont les eaux argentées brillaient dans le soleil rasant du soir. Une mère élan flanquée de son petit traversait la rivière à gué, tandis que des aigles tournoyaient dans le ciel mauve.

J'ai quitté l'alpage et plongé dans la forêt. La marche pour rejoindre la rivière m'a semblé longue, mais j'ai mis cela sur le compte de la fatigue. J'ai enfin atteint le cours d'eau et commencé à marcher le long de la rive, espérant rejoindre vite le campement. J'étais fatigué et j'avais hâte de me reposer. Mais le campement ne se profilait pas.

Après avoir parcouru plus de trois kilomètres, je me suis arrêté.

« Tu t'es planté. Tu as dû arriver juste au-dessus du camp. Il fallait descendre la rivière et non la remonter.

Tu as sans doute traversé la forêt en biais, c'est la raison pour laquelle la descente t'est apparue si longue. »

Voilà ce que je me suis dit. J'étais convaincu d'avoir parfaitement analysé la situation et identifié mon erreur.

Je suis donc reparti à toute allure, impatient d'en finir. J'ai retrouvé l'endroit où j'avais rejoint le bord de la rivière et ai donc continué sur un, deux kilomètres, sans rien reconnaître... Ni la rivière étonnamment calme, ni les rives marécageuses, ni les montagnes de plus en plus basses.

Je n'y comprenais rien.

« Quel idiot ! me suis-je dit (et c'est à peu près la seule chose sensée que j'aie pensée à ce moment-là !). J'ai dû faire demi-tour à quelques centaines de mètres du camp, il devait être là, juste un peu plus loin. »

Et je suis reparti.

Le soleil était de plus en plus bas. Il rasait maintenant la forêt. Mes jambes commençaient à crier grâce. Je n'en pouvais plus de marcher. Pourtant, j'accélérai. J'atteignis l'endroit où j'avais fait demi-tour, continuai.

Rien.

Je m'arrêtai enfin. Pour réfléchir, conscient de ne pas l'avoir fait jusqu'alors.

Je n'y comprenais rien. Le campement était bien au bord de cette rivière, non loin de l'endroit où j'étais entré dans la forêt ?

Je repensai alors au trajet que j'avais fait à travers la forêt et qui m'avait semblé très long.

Le ciel commençait à rougir, annonçant la nuit. Je visai une montagne au-dessus de moi. Pour arriver en haut, il me fallait trois quarts d'heure en allant vite. Une demi-heure pour traverser la forêt. Puis un bon quart d'heure jusqu'au sommet, à travers l'alpage et dans les rocailles. Mais, de là-haut, j'apercevrais sans doute le feu du camp ou, du moins, une grande partie de la rivière, ce qui me permettrait de comprendre.

Je montai sans savoir si mon corps usé allait suivre ce que ma tête avait égoïstement décidé.

J'arrivai en haut, éreinté, à la nuit tombée.

Et aussitôt je compris.

Il y avait deux rivières, une de chaque côté de la petite chaîne de montagnes où je m'étais fourvoyé dans les directions, tout occupé que j'étais par les perdrix et la perspective du bon dîner qu'elles pouvaient m'offrir.

J'étais redescendu par le versant sud alors qu'il fallait suivre le versant nord.

Une faible lune m'aida à me diriger tant bien que mal dans la forêt sombre que je retraversai jusqu'à la rivière. Mes amis avaient allumé un immense feu que je vis de loin et tiré en l'air des coups de fusil que j'entendis en sortant de la forêt.

Ils commençaient à s'inquiéter.

Avant de leur raconter mon histoire, de leur avouer mon incompétence, ma honte, je sortis les deux perdrix.

Cette montagne n'avait pas de nom, comme les centaines d'autres que nous allions voir durant toutes ces semaines de navigation. Nous l'avons baptisée avant de partir : la montagne du Grand Paumé.

Nous faisions donc partie de ces « foutus Blancs » qui se croient partout chez eux et qui se permettent de baptiser des lieux qui sont pourtant, depuis la nuit des temps, le territoire des Indiens, les seuls, donc, habilités à le faire...

⁂

La seconde fois, c'était en hiver.

J'entraînais des chiens en Alaska pour le compte d'un Français qui préparait la Yukon Quest, la plus prestigieuse course de traîneau à chiens.

J'ai passé quelque temps avec lui dans son camp près de Dawson.

Autour de Dawson, il y avait une bonne demi-douzaine de mushers qui s'apprêtaient à courir la Yukon Quest.

Je m'étais lié d'amitié avec l'un d'entre eux. Quand j'en avais le temps, je lui proposais de faire courir ses chiens. Il me laissait volontiers son attelage.

C'est ainsi qu'un matin de janvier, par très grand froid – le thermomètre descendait au-dessous de moins cinquante –, je quittai son camp en bois rond et montai vers les Black Hills. Avec l'altitude, j'allais regagner les quelques degrés nécessaires pour que les chiens courent bien. Ce phénomène est dû au fait que la nuit, en l'absence de rayonnement solaire, la terre se refroidit plus vite que l'atmosphère. Les masses d'air froid « stagnent » donc au fond de la vallée. La neige, qui réfléchit le rayonnement et limite l'absorption de chaleur par le sol, accentue encore ce phénomène que l'on observe très souvent dans le Grand Nord.

J'avais emporté une carte avec moi, au cas où. Je ne connaissais pas le coin, mais mon but était de me diriger vers le nord, un peu au hasard des pistes, puis, après une pause de quatre heures, de faire demi-tour pour revenir sur mes traces. Même si l'on n'est pas capable de mémoriser son chemin et les paysages, ni de lire les empreintes de ses chiens et de son traîneau, on peut faire confiance aux chiens. Ils vous ramènent à la « maison » à coup sûr.

Pas d'inquiétude donc.

Alors j'allais, tout à mon bonheur de faire courir un excellent attelage dans ces paysages blancs d'une effrayante beauté, noyés dans la froidure extrême comme si un voile impénétrable s'étendait en tamisant la lumière du jour.

Il y avait de nombreuses pistes, certaines tracées en motoneige par deux trappeurs opérant dans la région. Les chiens couraient à plus de seize kilomètres à l'heure malgré le relief tourmenté des Black Hills. Je montai plusieurs cols, traversai plusieurs vallées et quelques hauts plateaux, dont un, couvert d'aulnes, d'où s'échappaient des quantités de perdrix des neiges. Les chiens en furent enchantés et coururent au grand galop durant presque un quart d'heure.

Après six heures de course, j'avisai un bouquet d'épinettes mortes sur pied. J'allumai un grand feu afin de me réchauffer et de faire fondre de la glace pour distribuer de l'eau aux chiens. Le vent, léger jusque-là, se mit à forcir d'un coup tandis que la température remontait rapidement.

Ce changement brusque m'étonna.

Je m'attendais à ce que le grand froid et l'anticyclone qui le provoquait tiennent plusieurs jours.

Au lieu de me reposer pendant quatre heures, je décidai de repartir aussitôt.

Tout se passa bien jusqu'à ce que je me retrouve sur un haut plateau balayé par le vent, bientôt par la neige.

J'avais emporté avec moi une paire de lunettes de soleil, mais pas de masque. Je m'en voulais de ne pas y avoir pensé.

Il devenait difficile de discerner quoi que ce soit. Les chiens commencèrent à renâcler. Ils n'aiment pas avancer contre le vent, d'autant plus qu'ils n'avaient pas eu leur compte de repos. Je décidai de faire demi-tour et de revenir quelques kilomètres en arrière, là où j'avais repéré un bosquet de résineux, à l'abri du vent, dans une petite combe. Le vent forcissait de plus en plus. C'était maintenant un véritable blizzard. Je commençais à m'inquiéter et surtout à m'en vouloir d'avoir pris si peu de précautions. Je n'avais presque pas de nourriture pour les chiens, pas de masque, pas de boussole. Heureusement, je n'avais pas oublié l'essentiel : le sac de couchage.

Je nous installai au mieux, décidé à laisser passer la tempête.

Elle dura toute la nuit et se calma à l'aube. La piste était totalement effacée. C'était l'un de ces jours blancs où le relief semble avoir disparu et où l'on se trouve sans repères, privé de la boussole du soleil.

Je tentai de repérer où nous étions sur la carte, mais, dans de tels paysages, tout se ressemble.

J'attelai et nous repartîmes dans la direction qui me semblait être la bonne. Sur le haut plateau, le vent avait durci la neige et il était facile d'avancer, d'autant que le chien de tête, Attali, répondait parfaitement aux ordres. Mais aussitôt que nous avons rejoint la vallée, ce fut une autre histoire. Je tentai de retrouver la piste dissimulée sous la neige, sans succès. Pis, je ne reconnaissais pas du tout la vallée. À force de consulter la carte, j'en déduisis que je m'étais orienté trop au sud dans le haut plateau et que j'avais laissé la « bonne » vallée sur ma gauche. Je fis demi-tour et repris le même chemin en sens inverse, puis je bifurquai vers l'est. Je franchis une sorte de petit col où je crus apercevoir de vieilles traces sous la neige immaculée. Je suivis ce semblant de piste jusque dans la vallée où je ne distinguai plus rien et ne reconnus rien

J'étais bel et bien perdu.

Je continuai pourtant, persuadé que, tôt ou tard, je rejoindrais une piste ou du moins les restes d'une piste, n'importe laquelle, que je pourrais suivre alors.

Je marchai jusqu'au soir, tantôt devant les chiens dans la neige épaisse, tantôt derrière le traîneau dès que nous traversions une zone où le vent avait un peu tassé la neige. Mais pas la moindre trace, hormis celles des loups, des lynx et des renards particulièrement nombreuses.

Dans la nuit, le froid revint aussi subitement qu'il était parti. Le ciel se déchira et laissa apparaître quelques étoiles qui me rassurèrent sur la direction générale que nous avions prise.

Mais, pour le reste, j'étais de plus en plus inquiet. Les chiens n'avaient toujours pas mangé et je n'avais presque plus rien pour moi, à l'exception de quelques barres de chocolat.

Je décidai quand même de repartir dès l'aube. Il n'y avait plus un souffle de vent et, perdu pour perdu, j'avais tout intérêt à tracer une piste la plus longue possible qui permettrait aux secours de me repérer. Ceux-ci allaient sûrement s'organiser dans la journée. J'aurais dû rentrer au plus tard la veille et l'alerte avait dû être donnée. Un avion ou un hélicoptère allait être envoyé. Forcément.

La journée s'écoula. Je tendais l'oreille. Dix fois, j'arrêtai les chiens, croyant entendre un moteur au loin. Mais rien. Le silence, immense, total et angoissant.

J'étais fatigué. J'avais faim. Tellement faim... et les chiens aussi.

Ce n'est qu'en fin d'après-midi qu'un petit avion de la police montée me repéra enfin.

Ils tournèrent plusieurs fois au-dessus de moi. Alors, je m'arrêtai et écrivis dans la neige un immense : *Lost!* (« Perdu ! »)

Ils refirent un tour en battant des ailes pour me dire qu'ils avaient compris, et s'en allèrent.

Je n'avais plus qu'à attendre. À trois heures du matin, deux motoneiges firent brusquement irruption dans la nuit. Ils m'avaient retrouvé sans problème grâce aux indications données par le pilote. Bob, le propriétaire des chiens, et l'un de ses amis, trappeur, étaient venus.

Ils ne me firent aucun reproche, mais je comprenais bien qu'ils m'en voulaient un peu. Ils avaient raison. Et j'avais honte.

L'histoire fit évidemment le tour de Dawson en un clin d'œil. À mon passage, les gens riaient sous cape.

« C'est le Français qui s'est perdu. »

Le bleu du Grand Nord.

Je ne me suis plus jamais perdu depuis.

Cette histoire m'a servi de leçon. Je ne pars plus jamais sans boussole ni nourriture, même pour une demi-journée.

Loup

J'ai vu énormément de loups.

Ce n'était pourtant pas le but de mes voyages, mais je n'aurais pas mieux fait si mon objectif de vie avait été d'en croiser le plus possible.

Les loups habitent dans les territoires les plus sauvages des pays d'« en haut », ceux-là mêmes que j'ai traversés, en Laponie, au Canada, en Sibérie, en Alaska...

Si l'on peut apercevoir quelques loups en vivant sur ces terres, il faut les traverser pour en rencontrer beaucoup. Il faut utiliser un moyen de déplacement lent, qui n'effarouchera pas ces bêtes très sauvages et surtout très sensibles aux dérangements occasionnés par la présence humaine.

Le traîneau à chiens est particulièrement adapté pour explorer l'intimité d'une région et croiser des animaux sauvages qu'on ne saurait voir avec un véhicule motorisé.

C'est surtout un véritable « aimant à loups », car les chiens les attirent aussi sûrement et efficacement que la lumière séduit les insectes dans la nuit.

Mais si les insectes risquent de s'y brûler les ailes, ce sont les chiens qui sont en danger dans cette histoire, car les loups les approchent pour les éliminer. Ni plus ni moins. Aussi sûrement que un et un font deux.

Les loups sont extrêmement attachés à leur territoire.

Ils en surveillent jalousement les frontières, marquées par leur urine.

Qu'on pénètre sur le territoire d'une meute avec ce qu'elle identifie comme étant une meute concurrente, et c'est la guerre. Si l'homme, que le loup redoute par instinct, n'affirme pas sa présence, ce sera le carnage.

Combien de chiens sont ainsi passés de vie à trépas ?

L'un de mes amis en a fait les frais. C'était un missionnaire chargé d'un vaste territoire reculé des montagnes Rocheuses, dans le Yukon. Un millier d'Indiens répartis en petites communautés y vivaient, qu'il visitait avec son attelage de dix chiens. Il voyageait sans cesse, à raison de plus de cinq mille kilomètres par hiver, ouvrant généralement la piste en raquettes.

En été, il se déplaçait parfois en canoë, mais surtout sur ses montures. Il en possédait deux : Jack et London, deux superbes mules de montagne.

C'était à la fin du mois de janvier, au plus froid de l'hiver. Il progressait silencieusement dans la froidure du crépuscule, sur le lit gelé d'une petite rivière qui serpentait en contournant des îles recouvertes de sapins. Au confluent de deux cours d'eau, il connaissait une minuscule cabane de quelques mètres carrés qui faisait figure de palace, car elle était équipée d'un petit poêle à bois. Il y avait laissé une belle brassée de bois sec lors de son dernier passage. Il ne pensait plus qu'à ce feu qu'il allait allumer, à la douce chaleur qui envahirait l'espace, à sa barbe qui allait dégeler. L'air était glacial. En dessous de moins cinquante. Il avait froid aux mains, aux pieds, partout, car il était tombé deux fois dans la *slutch*, ce mélange de neige et d'eau.

L'eau avait pénétré dans ses épais lainages et gelait. Sa barbe et sa moustache étaient prises dans la glace dont l'épaisseur augmentait à chaque expiration. La muselière de glace qui enserrait ses lèvres les rendait à ce point rigides qu'il lui devenait difficile de donner les ordres aux chiens. Il avait hâte d'arriver. Oui, vraiment hâte !

La cabane avait été construite en hauteur, si bien qu'il fallait monter une belle côte pour y parvenir.

Le prêtre décida de laisser les chiens en bas. Il n'y avait pas de temps à perdre. Il ne sentait déjà plus ses pieds et savait que le sang ne circulait plus dans certaines parties de son visage, le nez et les pommettes. Il fallait vite dégeler tout ça. Il tendit son câble entre l'ancre de son traîneau et un bloc de glace solide autour duquel il passa une corde, puis il y attacha ses chiens, un à un. Il leur distribua une moitié de saumon chacun. Il pensa bien aux loups, mais il n'avait pas croisé une seule trace depuis deux jours.

Les chiens rassasiés se mirent immédiatement en boule pour dormir en se préservant du froid glacial.

Le prêtre gravit aussitôt la pente, pénétra dans la cabane et alluma enfin ce feu dont il avait tant rêvé. C'était divin. Il fit chauffer la paume de ses mains tandis que la glace de sa moustache et de sa barbe fondait. Les gouttes d'eau qui tombaient sur le poêle rouge faisaient de gros « pschitt » formidables. Puis il enleva ses mocassins en cuir d'élan, retira ses bas en laine et en fourrure imbibés d'eau. Ses doigts de pied étaient blancs, mais ils étaient gelés depuis trop peu de temps pour qu'il s'inquiète. Le sang allait revenir. Ce serait douloureux, point final. Il en avait l'habitude.

Lorsqu'il fut réchauffé, il était déjà tard. Il se fit cuire un morceau de saumon et une galette de pain, puis se coucha. Il s'endormit aussitôt, comme une masse. Il n'en pouvait plus. Il avait marché en raquettes plus de trente kilomètres dans une neige épaisse et froide où l'on s'enfonçait jusqu'aux genoux. Il dormit tellement bien qu'il n'entendit rien.

Au petit matin, depuis la porte de la cabane, il siffla son chien de tête, qui ne répondit pas.

Il réitéra son appel. Rien.

Or Macka répondait toujours.

Il s'habilla en hâte et dévala la pente, le cœur battant.

Il ne retrouva que la chaîne. La neige était rouge du sang des chiens dont il ne restait rien.

Les loups, une meute de plus de huit individus, les avaient tous tués et dévorés.

Le prêtre s'en voulut terriblement.

Vingt ans plus tard, il me racontait cette tragédie avec des tremblements dans la voix. À la fin de son récit, ses yeux étaient embués de larmes. Il revivait le cauchemar de cette journée au cours de laquelle, la mort dans l'âme, il lui avait fallu revenir sur ses pas, à pied. Il avait marché quatre jours, suivi de loin par les loups qui attendaient qu'il tombe. Quand il arriva chez lui, les loups s'en retournèrent dans les immensités, à la recherche d'une proie moins endurante.

Si les loups n'attaquent jamais un homme – même une meute nombreuse et affamée ne le fera pas –, ils sautent presque systématiquement sur les chiens laissés sans surveillance...

Un attelage de chiens sur leur territoire, c'est un affront, un outrage qui ne saurait rester impuni.

Dès lors, ils arrivent.

C'est ainsi qu'en plus de vingt-cinq ans de voyages dans les pays du Nord, j'en ai croisé beaucoup. Toutes ces rencontres n'ont pas banalisé la passion qui a toujours été la mienne pour ces animaux fantastiques. Au contraire, elles n'ont fait que nourrir et accroître ma fascination.

***

Je me souviens bien de ma première rencontre avec un loup. C'était au Labrador. J'en avais entendu chanter durant l'été où j'avais traversé la péninsule du Québec-

Labrador en canoë. Mais, à mon grand désespoir, je n'en avais pas vu un seul. Pourtant, ils étaient là, partout, à poursuivre et à chasser les caribous dont nous suivions la migration le long de la rivière George.

L'hiver suivant, c'est avec deux Canadiens et un Français, Alain Rastoin, que nous étions partis vers la baie d'Ungava. Nous avions vingt chiens et deux traîneaux, lourdement chargés. Pendant deux mois, nous avions marché vers le nord en raquettes pour tracer une piste devant les chiens qui ahanaient dans la neige épaisse et molle. Puis nous étions arrivés à la limite de la taïga, dans la terre sans arbres balayée par les vents. À cet endroit, la neige était tassée et nous pouvions progresser plus vite. Nous avions alors rejoint la banquise que nous avions longée pendant quelques centaines de kilomètres avant de traverser les monts Torngat. C'est là, alors que nous quittions la banquise, que j'ai vu mon premier loup.

Nous nous étions arrêtés pour la nuit dans un renfoncement de terrain pour nous mettre à l'abri du vent. À pied, je m'étais dirigé vers une petite élévation afin d'apercevoir au loin, une dernière fois, la banquise que nous quittions. Je marchais tête baissée, m'appliquant à ne pas glisser. Lorsque je m'arrêtai pour reprendre mon souffle, je vis un loup qui me regardait venir du haut de cette colline.

Un loup ! Enfin.

Je m'imprégnai de cette image avant qu'elle ne s'évanouisse.

Il était presque entièrement blanc, très maigre, mais grand, fier, sûr de lui, tellement sauvage, hiératique sur son dôme de neige. Il pencha la tête, s'avança un peu, comme pour mieux me voir, me jauger. Qui étais-je donc pour venir le déranger ici ? Puis, avec un rien de condescendance, après un ultime coup d'œil donné pardessus son épaule pleine de grands poils que le vent rebiffait, il s'en alla tranquillement, tel un seigneur.

Je grimpai la colline en courant pour tenter de le suivre et le voir encore mais, dès qu'il s'en aperçut, son pas s'allongea. Il se mit au trot et disparut définitivement.

J'avais envie de crier et je crois bien que je le fis.

De bonheur.

J'avais vu un loup.

Le premier d'une très très longue série.

***

Oumiak n'était pas une chienne comme les autres. Elle avait toujours été louve, et je n'écris pas cela aujourd'hui parce que l'histoire qui va suivre a eu lieu. J'écrivais déjà en parlant d'elle : « C'est ma louve et Diane l'aime tout particulièrement parce qu'elles se ressemblent un peu. Aussi sauvages l'une que l'autre ! Oumiak est particulièrement intelligente. Placée en tête, elle rivaliserait avec Voulk si elle était aussi rapide que lui. Elle n'aime pas beaucoup les humains. Telle une louve qu'elle est un peu, elle préfère la meute. »

Oumiak était incroyable, capable de se détacher seule de la ligne de trait, ou encore d'ouvrir une cage de transport aérien dont le système breveté est prétendument infaillible.

Lorsque nous sommes partis un an dans les montagnes Rocheuses et que nous avons vécu en famille dans une cabane construite de nos mains, au bord d'un grand lac, Oumiak se libérait souvent et partait pour de longues balades solitaires.

Elle revenait toujours, au bout de quelques heures ou de quelques jours, et réintégrait la meute, attachée à elle comme un chien de compagnie à son maître.

Au beau milieu de ma traversée intégrale du Grand Nord canadien, d'un océan à l'autre, Oumiak a bien failli devenir louve, complètement.

J'avais établi mon campement près d'une forêt, un campement sommaire avec, en guise de lit, un sac de couchage posé sur un matelas de branches de sapin installé près des chiens. Ceux-ci étaient attachés le long du câble et dormaient dans les niches qu'ils s'étaient eux-mêmes creusées et que j'avais tapissées de quelques branches de sapin. Au petit matin, lorsque je distribuai de l'eau aux chiens, je remarquai un emplacement vide à la place d'Oumiak. Je ne m'inquiétai pas. Oumiak était une habituée, une spécialiste de la fugue. Elle ne devait pas être loin et, à son habitude, elle rappliquerait dès que j'allais me remettre en route.

Une heure plus tard, je levai le camp. Toujours pas d'Oumiak. Je fis une vingtaine de kilomètres en me retournant souvent, balayant la nuit avec ma lampe frontale, à la recherche de ses petits yeux brillants, fourbes et intelligents. Rien. Le jour se levait, mauve et froid, et le givre nous enveloppait comme de la brume solide. Pas un souffle de vent, pas un bruit. Simplement le glissement des skis sur la piste gelée, le bruissement des pattes effleurant la neige, et la respiration des chiens, régulière et rassurante.

À midi, toujours rien. Or nous avions déjà couvert une belle distance, environ quatre-vingts kilomètres. Je m'arrêtai deux heures pour reposer les chiens, leur distribuer de l'eau et un snack. Oumiak n'arrivait toujours pas. Il était pourtant facile de nous retrouver. Nous laissions derrière nous une piste magnifique que ni la neige ni le vent n'effaceraient. Le ciel et le froid tenace m'avertissaient que l'anticyclone était sur nous, stable pour plusieurs jours encore. Oumiak allait remonter le fil de ma piste et nous rejoindre comme elle l'avait toujours fait. J'en étais persuadé. Je repartis donc vers seize heures. En traversant le grand lac, j'aperçus un couple de loups. Le mâle était noir et grand, immobile, léché par le soleil qui l'auréolait d'une sorte de halo doré. Il se tenait assis, la femelle lovée contre lui dans une attitude tendre et soumise. Un tableau magnifique.

Les chiens les remarquèrent et accélérèrent, mais le couple ne se laissa pas approcher. Lorsque nous arrivâmes à deux cents mètres d'eux, le mâle se retourna lentement et, d'un joli trot enlevé, disparut. La louve hésita un instant et le rejoignit dans sa fuite. Cette scène, au lieu de me combler de joie, m'inquiéta, car la présence de loups n'augurait rien de bon pour Oumiak. Je traversai une forêt puis tombai sur un autre lac. Le couple de loups nous rejoignit à ce moment-là. Ils nous suivaient à bonne distance et les chiens se retournaient souvent. Ils trottaient de manière désordonnée, inquiets et curieux.

— Hooo !

Je m'arrêtai. Les deux loups continuèrent d'avancer, la louve derrière le loup, jusqu'à environ deux cents mètres de moi, indécis. Le face-à-face dura un bon moment, lorsque soudain, sans raison apparente, le grand mâle fit un écart et s'en alla au galop, laissant la louve sur place. Voyant qu'elle ne le suivait pas, il ralentit, s'arrêta et revint vers elle pour la bousculer. C'est à ce moment-là que je la reconnus.

— Oumiak !

Elle sursauta, comme démasquée, et s'enfuit. Ils galopèrent côte à côte sur le lac, gravirent la berge. Le loup disparut derrière elle. Oumiak marqua un temps. Elle se retourna, nous regarda comme pour mieux fixer en elle une dernière image de la meute et d'une vie qu'elle abandonnait, j'en étais sûr, pour aller vivre un amour libre et sauvage.

N'était-ce pas la destinée de cette chienne pas comme les autres, plus louve que chienne ?

Elle ne reviendrait pas. J'en étais persuadé et je n'étais pas vraiment triste. Je me refuse à donner ou à vendre l'un de mes chiens, comme on me l'a déjà proposé cent fois, mais je veux bien donner Oumiak à un loup.

— Adieu, Oumiak, je t'aime.

Nous repartîmes, en silence. J'avais une petite boule dans le ventre, un peu comme un père mariant sa première fille, à la fois heureux et triste.

Le soleil, énorme boule de feu, s'écrasait dans la neige, embrasant l'horizon.

Soudain, je ressentis une présence derrière moi !

Ils étaient là, le loup et Oumiak, qui nous suivaient de nouveau. Je m'arrêtai. Ils s'arrêtèrent. Le loup revint sur ses pas, laissant Oumiak seule, hésitante. Arrivé à l'orée de la forêt qui ceinturait le lac, le mâle se retourna. Oumiak n'avait toujours pas bougé. Assise, elle regardait tour à tour la meute et le loup. Terrible dilemme. Cela prit de longues minutes et pouvait durer une heure. Je décidai de partir.

— Voulk ! Allez !

On s'en alla. Oumiak se leva, encore indécise. Puis, au bout de quelques secondes, elle nous rejoignit au grand galop. Elle arriva à ma hauteur, dépassa le traîneau et alla reprendre sa place, à côté d'Amarok.

Je ne m'arrêtai pas tout de suite, conscient que le moindre faux pas de ma part pouvait tout changer. Oumiak trottinait au même rythme que les autres. Je stoppai l'attelage et lui passai le harnais lentement, pour bien lui montrer qu'elle n'était pas prisonnière, qu'elle pouvait repartir si elle le voulait. Mais elle semblait décidée. Alors je l'attachai au trait et nous repartîmes.

Entre la meute et ce magnifique loup, Oumiak avait choisi la meute. Je ne suis pas sûr qu'à sa place j'aurais fait le même choix, mais ce fut le sien.

Je me suis déjà imaginé revenir quelques années plus tard pour retrouver la meute formée par ce couple. Ce voyage n'aura pas lieu, mais cette histoire marquante me fournira peut-être la matière d'un roman à venir...

***

On sait que les loups n'attaquent pas les hommes. Mais on a beau le savoir, le répéter, en être persuadé, le loup fait peur. Je n'ai pas échappé à cette peur irraisonnée.

Je voyageais depuis plus d'un an avec d'autres explorateurs. Une première équipe m'avait accompagné du désert rouge du Wyoming jusqu'au Canada, puis une seconde vers le Yukon.

Nous avions traversé une partie des montagnes Rocheuses de la Colombie-Britannique en traîneau à chiens et pris énormément de retard sur notre programme. Le printemps était déjà là, si bien que nous devions nous arrêter avant d'atteindre le Yukon. Je décidai néanmoins de poursuivre, à pied, pendant que mes compagnons rentreraient avec leurs chiens de traîneau vers leurs destinations respectives : le Jura pour Louis Bavière et le Québec pour Gérard Sawyer.

J'envisageais de traverser en solitaire une zone de quelques centaines de kilomètres de montagnes totalement sauvages pour atteindre le Yukon et repartir, avec une troisième équipe, au début de l'été.

J'aime la vie en équipe, mais j'éprouve aussi le besoin d'être seul de temps en temps. Cela est vrai pour mes expéditions dans le Grand Nord comme pour la vie en général.

J'étais donc parti, seul, avec mon sac à dos, un bâton et une carabine car la région était « infestée » de grizzlys et c'était la période où les ours sortent de leur état de « semi-hivernation », à ne pas confondre avec l'hibernation. L'hibernation est un état d'hypothermie régulée qui permet aux animaux de conserver leur énergie pendant l'hiver. Durant l'hibernation, la température de leur corps et leurs activités respiratoires s'abaissent graduellement jusqu'à des niveaux très bas. Ce qui n'est pas le cas de l'ours, cité à tort comme exemple lorsque l'on parle d'hibernation. En effet, bien que sa fréquence cardiaque ralentisse un peu en hiver, sa température corporelle reste stable. C'est pour cette raison qu'il peut être réveillé facilement, contrairement à de vrais hibernants, tels les marmottes, les hérissons, les grenouilles ou les lézards.

Les ours sont ce qu'on appelle des « semi-hivernants », comme les blaireaux ou les ratons laveurs.

À cette époque de l'année, les ours se réveillent donc de leur semi-hivernation. Ils sont affamés et de méchante humeur. Irascibles, ils sont potentiellement dix fois plus dangereux qu'à n'importe quel autre moment. J'avais donc choisi d'assumer le poids supplémentaire d'une carabine.

Jamais je n'avais envisagé qu'elle pourrait me servir contre des loups. Ce fut pourtant le cas.

J'étais parti depuis quelques jours et commençais à m'enfoncer dans les montagnes lorsque, une nuit, je fus réveillé par un bruit que je ne pus identifier immédiatement. Le lendemain matin, les traces tout autour de la clairière où je dormais m'apprirent qu'il s'agissait de loups. Ils s'étaient approchés à une vingtaine de mètres du lit de branches de sapin sur lequel j'avais dormi à la belle étoile. L'une des empreintes était énorme. Un grand mâle. Assurément, le chef de cette meute de quatre loups.

Je marchais depuis plus d'une heure dans la nuit lumineuse lorsque je m'aperçus que j'avais oublié mon bien le plus précieux : un petit sachet en plastique contenant des allumettes, une bougie et deux briquets. Je fis immédiatement demi-tour et me trouvai face à face avec les loups. Un grand mâle noir et efflanqué suivi de trois loups maigres et hauts sur pattes qui avançaient sur mes traces. Ils me virent, me fixèrent de leurs yeux jaunes et affamés, et firent volte-face pour disparaître dans la forêt sombre.

J'aime les loups et en apercevoir est pour moi un véritable moment de bonheur, mais ceux-là, je ne les appréciais pas. J'en avais peur. Parce que j'étais seul. Parce que c'était la nuit. Parce que je manquais encore cruellement d'expérience et donc d'assurance.

En arrivant là où j'avais dormi, je découvris un champ de bataille. Les loups avaient tout retourné, tout fouiné à la recherche de la moindre miette, allant jusqu'à dévorer un vieux sachet de thé. Ils avaient même mâchouillé une bougie. Je retrouvai le précieux sachet en plastique éventré, son contenu dispersé dans la neige. Des marques dans le plastique rouge d'un des deux briquets prouvaient qu'ils l'avaient pris entre leurs dents avant de l'abandonner, tout comme les allumettes, sans grand intérêt culinaire.

Le jour se leva, froid, blafard. Avec lui, je recouvrai un peu de courage, appréhendant déjà la nuit suivante, car les loups ne me lâchaient pas. Ils me suivaient, pas à pas, comme ils le font d'un animal dont ils guettent le moindre signe de faiblesse et qu'ils cherchent à épuiser. Devais-je interpréter cela comme un signe prémonitoire ? Je pris peur, m'imaginant déjà affaibli par je ne sais quel accident de parcours, le cercle des loups se resserrant autour de moi comme dans *Croc-Blanc*.

Je marchai une grande partie du jour pour mettre entre les loups et moi la plus grande distance possible, mais ils me suivaient. Le soir même, alors que je préparais une grande provision de bois mort pour la nuit, ils étaient là tous les quatre, sous le couvert des arbres, à épier le moindre de mes gestes. Que n'aurais-je pas donné pour qu'ils s'en aillent, pour qu'ils me laissent tranquille ! J'eus le plus grand mal à trouver le sommeil, sursautant au moindre bruit, au moindre chuchotement du vent dans les arbres.

Le sommeil eut raison de mon inquiétude. Je n'en pouvais plus et m'endormis profondément.

Lorsque je me réveillai, en sursaut, le cœur battant, le feu était mourant. Je me saisis de ma lampe frontale, l'allumai et balayai la nuit. Alors, je les vis, à quelques dizaines de mètres de moi, me fixant de leurs yeux jaunes dans la nuit d'encre. Je criai de peur et de surprise. Je saisis fébrilement ma carabine et tirai une balle dont le bruit énorme résonna longtemps à l'intérieur du cirque de montagnes où nous nous trouvions. Les quatre paires de petits phares jaunes disparurent.

Je rallumai le feu et attendis l'aube.

Puis je repartis.

Je ne vis plus les loups.

Ils avaient abandonné la poursuite de cet animal étrange qui marche sur ses deux pattes arrière, allume des feux et peut déclencher le tonnerre...

Depuis cette rencontre, qui date de plus de vingt ans, j'ai vu une multitude de loups, seuls ou en meute. Je n'ai plus jamais eu peur d'eux, bien au contraire. Chaque rencontre m'a enthousiasmé, au point de leur consacrer plus de deux ans de ma vie en leur dédiant un grand film. Les loups ne seront plus derrière moi, comme ils l'étaient dans le Yukon, c'est moi qui vais suivre leurs traces...

Les oiseaux

Le plus beau des oiseaux, selon moi, est le coq de bruyère.

Il faut l'avoir vu au printemps, sur une plaque de neige, habillé de son smoking noir aux reflets bleu nuit, pour s'en convaincre. L'œil est attiré par le point rouge de la fraise écarlate au-dessus de son sourcil. Mais son plus bel habit est sa lyre, qu'il porte comme une robe aux courbes gracieuses et qu'il relève pour exécuter les pas compliqués et magnifiques de sa danse nuptiale. Sous la lyre formant comme une arche ouverte vers l'extérieur apparaissent ses plumes sous-caudales, d'une blancheur immaculée. On les dirait empesées et repassées. Ainsi paré, il se présente bien en évidence sur la neige, noir sur blanc, les ailes entrouvertes, les rémiges tenues basses, et toutes les plumes de son corps d'ébène gonflées d'importance. Il est vraiment magnifique – le mot est faible pour décrire tant de majesté.

Au plaisir des yeux s'ajoute celui des oreilles car son chant est une musique – sans aller toutefois aussi loin que le plus grand amoureux des coqs de bruyère, le général Chambe, qui écrivait : « Beethoven n'a rien écrit de plus grand, de plus beau. Nul doute que s'il lui eût été donné d'entendre ce que nous entendions nous-même, en cet instant, il en eût été bouleversé et transporté aux plus hauts sommets du sublime. Nul doute qu'il en eût composé une symphonie plus éblouissante que sa célèbre en *ut* mineur, son immortelle *Héroïque*. »

Mais le formidable général Chambe est excusé de son emportement : le concert de quelques dizaines de ces incroyables tétras-lyres vaut bien des musiques, et l'on peut facilement s'en enivrer.

Je me souviens d'un matin dans la taïga russe, non loin des plus vieilles montagnes du monde : l'Oural. Une sorte de rumeur avait grandi, s'était amplifiée, puis précisée. Non pas un roulement comme je le crus tout d'abord, mais un ensemble de grelottements, de roucoulements qui se mêlaient, se superposaient, se mariaient en formant une mélodie dont les enchaînements ne laissaient pas de surprendre. Ils ne devaient rien au hasard, s'organisant comme si la centaine de coqs rassemblés sur cette immense place de chant avaient conscience de composer un véritable orchestre.

En traversant la Sibérie, une première fois du sud au nord puis quinze ans plus tard d'ouest en est, j'ai vu beaucoup de coqs de bruyère. Si je n'en ai jamais mangé un seul, en revanche, je me suis souvent tordu le cou et fatigué les yeux à les chercher partout, dans chaque grand pin, dans chaque bouquet de trembles en haut desquels ils aiment se tenir par groupes de dix ou vingt, et même parfois plus.

Son cousin, le grand coq de bruyère, qui est trois fois plus gros, n'a pas cette grâce, cette élégance propres au tétras-lyre, mais il reste néanmoins impressionnant lorsque, déroulant sa queue de paon, gonflant le poitrail, il pavoise, sûr de lui, hiératique et fier.

Très élégant aussi, d'une ligne parfaite, d'une pureté absolue, est le canard pilet. Il est d'une perfection rare, jusqu'à cette virgule qui souligne sa tête et prolonge les lignes de son corps, terminé par une queue effilée, noire et d'une finesse étonnante. Beaucoup de canards, de garrots et d'oies attirent des regards admiratifs en raison de la profusion de couleurs de leur plumage. Toute l'élégance du canard pilet tient dans sa ligne, dans la coupe de sa robe, digne de l'un de ces grands couturiers qui ne donne pas dans l'extravagance mais dans la perfection simple. Il ressemble à ces belles femmes dont la beauté tranquille suffit et qu'un strict minimum sublime.

C'est la même logique de simplicité qui me fait préférer l'aube au crépuscule. Le crépuscule est un spectacle de riche, haut en couleurs polarisées. Un tableau éblouissant, comme une fête avec des feux d'artifice. L'aube est un spectacle de pauvre, tout en nuances, subtil, fait de brume, de silence ouaté, de lumière inachevée, de teintes qui se cherchent, d'une nuit qui s'en va et s'accroche encore dans les ombres d'une vallée ou d'une forêt. Heureusement que je n'ai pas inventé le monde, je n'aurais jamais dessiné les merveilles que sont les perroquets, les macareux ou les colibris ! Je n'aurais créé que des perdrix des neiges, toutes blanches, et des canards pilets d'un beau vert gris uni. Cette attirance pour la simplicité et la pureté originelles est l'une des raisons que j'avance pour expliquer mon attirance pour le Grand Nord. Je me reconnais plus dans l'unicité des tons qui est la marque des pays d'en haut que dans l'exubérance de couleurs qui est celle des pays chauds.

Les perdrix blanches m'ont souvent convié à un époustouflant spectacle. Ce fut même l'une de mes premières grandes émotions animalières en hiver.

Nous étions sur la rivière De Pas, dans le nord de la péninsule du Québec-Labrador. Nous avions gagné chaque kilomètre à la force des jambes, en raquettes, sans un cadeau jusqu'à la troisième semaine. Celui qui nous fut offert après tant d'efforts fut de taille, comme l'est ce Grand Nord, avec son froid et ses paysages infinis.

Ce jour-là, nous marchions depuis sept heures, nous relayant pour ouvrir le chemin. Les chiens s'enfonçaient dans la poudreuse jusqu'à la gueule, bien qu'elle fût tassée à l'aide de ces maudites raquettes. Ils haletaient comme des locomotives, les braves, donnant le meilleur d'eux-mêmes sous la pression des encouragements.

— Allez ! allez ! C'est bien, les chiens, allez !

Les hommes à l'arrière, eux aussi chaussés de raquettes, poussaient, tiraient, ahanaient, s'efforçant de maintenir le traîneau sur la piste tracée par les hommes de tête.

Hommes et chiens tiraient la langue, et nous n'avancions que de vingt kilomètres par jour, accumulant du retard.

— Ce soir, il faut arriver là, avait prévenu Jacques en désignant sur la carte un élargissement de la rivière provoqué par l'arrivée d'un affluent.

Alors nous marchions, la tête vide, d'un pas résigné, vers un but qui semblait reculer sans cesse tandis que le soleil terminait sa course en frôlant les montagnes.

C'était l'heure du jour où la neige prend des teintes irréelles, roses et mauves, où les ombres s'allongent démesurément comme des coups de pinceau parallèles sur la neige molle, toujours aussi molle...

Michel et moi venions de relayer en tête Jacques et Alain, recouverts de la tête aux pieds par une carapace de givre provoquée par la condensation. De vrais pères Noël !

— Attention de ne pas geler, vos vêtements sont humides, avait simplement dit Michel.

Nous n'échangeâmes pas d'autre parole. À quoi bon ! Nous avions vécu et vu les mêmes choses, la même blancheur, la même immensité, entendu le même silence. Enfin, au loin, entre deux montagnes, s'ouvrit un passage au fond duquel nous devinions la rivière venant à nous.

— C'est là, lâcha Michel, satisfait.

Pour une fois, faisant fi des douleurs, nous accélérâmes le pas. C'était bientôt fini. Dans un kilomètre, il ne resterait plus qu'à monter le campement, couper le bois, nourrir les chiens et enfin manger... Pourtant, je m'arrêtai pour écouter. Une rumeur s'élevait, comme si elle sourdait des montagnes elles-mêmes. Michel stoppa aussi, tendit l'oreille et planta ses yeux dans les miens.

— Qu'est-ce que c'est?

Des lagopèdes, j'en étais sûr. Mais combien en fallait-il pour provoquer un tel tintamarre? On aurait dit une foule, au loin – nous étions encore à un kilomètre des îles d'où provenait cette extraordinaire musique qui s'élevait comme par magie dans le grand silence blanc. Depuis trois semaines que nous étions partis, nous n'avions rencontré qu'un renard et quelques perdrix, comme si tous les animaux s'étaient donné le mot pour nous fuir. J'aurais été capable de courir, de danser dans la neige molle tellement j'étais ému de rencontrer enfin un peu de vie.

Je pris la tête de notre caravane des neiges et avançai vers les îles.

La rumeur s'élevait, ondulait, envahissait l'espace. Tout à coup, elle cessa. Je n'entendais plus que mon cœur battant. Puis un autre bruit envahit l'espace. Nous restâmes sans voix. Plusieurs centaines de perdrix blanches, comme un nuage de neige, prirent leur essor, traversèrent le fleuve, tournant au-dessus de nos têtes, et planèrent au-dessus d'îles proches d'où d'autres lagopèdes s'élevèrent dans un fracas d'ailes indescriptible.

Combien de temps dura ce miracle de la nature? Je ne saurais le dire. Le temps n'existait plus.

Les perdrix blanches volaient en tous sens, s'élevant d'une île pour se reposer sur une autre, comme de la neige propulsée par un immense ventilateur. Elles étaient en formation tellement serrée que leurs ailes claquaient les unes contre les autres. On eût dit un même oiseau avec des milliers d'ailes fouettant l'air.

À contre-jour, l'effet était saisissant. Toute la blancheur transparente de ces milliers d'ailes piégeait le soleil mauve, qui les éclairait comme l'eût fait un projectionniste. Le spectacle était époustouflant, d'une féerie qui confinait au sublime.

***

Comment évoquer le Nord sans parler de celui qu'on appelle l'ami de l'Indien, le geai arctique ?

Il est de tous les voyages, de tous les campements, été comme hiver, surgissant de nulle part aussitôt que l'on s'arrête. Sympathique est le mot qui lui colle le mieux aux plumes. Pas farouche, curieux, il n'hésite pas, au mépris des règles les plus élémentaires de prudence, à venir picorer dans votre main, à se poser sur votre chapeau, à entrer dans la tente ou la cabane.

« Pi ! Piiiii ! C'est moi, le geai arctique, donne-moi des miettes. »

On les lui donne, bien volontiers. Autour de notre cabane, nous en avions une bonne douzaine, mais jamais plus. Le geai, sympathique avec l'homme, ne l'est pas toujours avec ses congénères. Il les chasse sans ménagement et le téméraire peut y laisser des plumes. J'en ai vu un se faire percuter en plein vol et retomber, complètement sonné, à terre. Il ne dut sa survie qu'à ma présence, car un rapace guettait et l'aurait achevé avant qu'il ne reprenne ses esprits.

La nature n'est pas un conte de fées, comme le laissent croire toutes les histoires pour enfants. La mort rôde à la moindre imprudence, les faibles sont tués sans pitié.

J'ai rapporté ce pauvre geai, groggy, à la cabane. Au bout de deux jours, une fois revigoré, je l'ai relâché en espérant que son petit séjour à l'intérieur de ma maison allait convaincre les autres de l'adopter. Pas du tout. À peine avait-il montré le bout de son bec que les geais lui tombèrent de nouveau dessus. Mais cette fois, la leçon de l'avant-veille ayant porté ses fruits, il s'en alla sans demander son reste.

Le geai le plus opportun que j'aie rencontré est celui que l'on aperçoit dans *Le Dernier Trappeur* en compagnie du vieil Alex. À voir la séquence, on imagine que tout a été prévu et que le geai dressé est arrivé là quand on lui a commandé de le faire. Il n'en est rien.

Alex et Norman discutaient autour d'un lièvre embroché au-dessus du feu. Ils évoquaient l'avenir de la trappe et de ces territoires abandonnés par les trappeurs comme par les Indiens.

— Tu sais, Norman, je me sens parfois bien seul ici, dit Alex vers la fin de leur échange.

À ce moment-là entre dans le champ un geai qu'Alex remarque – forcément puisqu'il s'est posé à un mètre de lui à peine. Le vieil homme sort de son texte et lance :

— Tu vois, je n'ai plus que les geais pour discuter !

On jurerait que tout a été prévu, écrit. Ce n'était pas le cas. Nous avons recréé, y compris avec des animaux dressés, beaucoup de situations, mais ce qui fait la force de ce film, c'est la capture d'instants comme celui-là. Il y en a eu beaucoup, car la nature sait parfois être généreuse avec ceux qui l'approchent aussi respectueusement que nous l'avons fait, en suivant l'exemple d'Alex ou de Norman.

⁂

Les oies, notamment les bernaches du Canada, font partie des oiseaux auxquels il me faut rendre hommage, car leurs cris annoncent toujours une bonne nouvelle : l'arrivée de l'hiver en automne, celle du printemps à la fin de l'hiver.

Ce cri pénètre jusqu'au tréfonds de l'âme. Je conserve intact le souvenir de ces jours, de ces instants où brusquement j'ai cessé, séance tenante, tout ce que j'étais en train de faire pour tendre l'oreille. Lorsque ce son retentissait de nouveau, loin dans le ciel, mais clair, il se superposait à celui de mon cœur battant la chamade.

Je me souviens plus particulièrement de ce groupe d'outardes aperçu dans les monts Torngat. L'hiver n'en finissait pas. Nous étions à la fin du mois d'avril et les blizzards avaient succédé aux tempêtes de neige, sans trêve, durant tout le mois. Puis, brusquement, bien qu'il fît encore froid, le vent avait tourné à l'est. Le soir même, alors que je revenais d'une longue marche au bord d'une myriade de petits lacs gelés, sur la piste d'une meute de loups chassant les jeunes caribous, j'ai entendu le chant des outardes. Il sonnait comme une victoire : celle du printemps sur l'hiver, la mienne sur mon premier hiver.

Seul dans l'immensité, je me suis mis à crier moi aussi, de joie et de fierté. Mes cris se sont mariés au chant des oies décrivant des orbes dans le ciel.

Elles mirent beaucoup de temps à descendre, puis se posèrent sur la glace d'un lac. La surface en ayant fondu, les oies glissaient longtemps sans pouvoir s'arrêter, malgré leurs pattes qu'elles mettaient en éventail devant elles, comme des freins. Plusieurs d'entre elles ne parvinrent pas à garder leur équilibre. Elles tombaient sur le cul pour les plus adroites, tandis que beaucoup chaviraient sur le côté ou sur le dos. Elles glissaient un bon moment avant de s'arrêter enfin et se relevaient en remettant de l'ordre dans leurs plumes ébouriffées, feignant l'indifférence alors qu'on les sentait terriblement vexées ! C'était hilarant. Je les approchai et pris une jolie photo que le gouvernement du Canada utilisa dans une brochure tirée à quelques millions d'exemplaires.

⁂

Le grand corbeau est un oiseau extraordinaire à plus d'un titre. Il est, avec le loup, l'un des seuls animaux sauvages que je connaisse avec qui l'échange est possible. Les loups comme les grands corbeaux ne s'y trompent pas : quand vous hurlez ou croassez maladroitement, ils savent très bien qu'il ne s'agit pas de l'un de leurs congénères. Mais ils répondent par jeu – par courtoisie peut-être ?

Je me souviens d'une nuit, dans une vallée froide des montagnes Rocheuses. Diane et moi avions monté notre tente au bord d'une rivière gelée pleine de traces d'élans et de loups. Une meute importante, constituée de plus d'une douzaine d'individus, se mit à chanter très près de nous, à moins de cinq cents mètres. Montaine, qui avait pris l'habitude d'imiter, avec un certain talent, les nombreux cris d'oiseaux qu'elle entendait, commença tout naturellement à répondre aux loups. Ils se turent pour l'écouter, puis reprirent leur chant jusqu'au moment où Montaine, ravie, se mit à hurler de sa belle petite voix cristalline. Elle riait aux éclats, recommençait, écoutait, hurlait sans vouloir s'arrêter. La petite fille qui chantait avec les loups ne voulait pas se coucher et il fallut intervenir.

— Tu sais, Montaine, les loups vont être très fatigués si tu leur parles trop longtemps. Il faut les laisser dormir, maintenant.

Elle consentit à arrêter, ayant pour les animaux une véritable affection qui lui faisait accepter les plus grands sacrifices, y compris celui d'interrompre un jeu aussi drôle.

J'ai souvent conversé de la sorte avec des loups.

Mon plus bel échange eut lieu alors que je pêchais en canoë dans un lac du Yukon. C'était un soir de fin d'été. Le lac était un miroir et les montagnes s'y réfléchissaient parfaitement, piquées seulement ici et là des petites auréoles que les truites faisaient en venant gober un insecte à la surface de l'eau. Un loup apparut sur l'un des innombrables rochers qui en bordaient la rive ouest. Il se mit à hurler. Une longue plainte magnifique qui résonna dans les montagnes et traversa l'air cristallin sans rien perdre de sa netteté première. Je lui répondis et il me rendit la pareille.

Après deux ou trois hurlements, je cessai et il se tut lui aussi.

Je le vis alors déambuler sur la rive, levant de temps à autre ses yeux vers moi qui continuais de pêcher à trois ou quatre cents mètres de lui. De temps à autre, je poussais un cri et il me répondait. Soudain, la plainte d'un huart retentit. Le loup l'ignora. Le huart ne fait pas partie de ceux avec qui il accepte de converser...

Cet échange est aussi possible avec les grands corbeaux.

Leur chant n'est pas moins beau que celui des loups. Ils sont capables de sonorités très variées, certains enchaînements de notes sont magnifiques, étrangement mélodieux. Ils peuvent produire de vingt à trente sortes de vocalises. On dit alors qu'ils coraillent, croaillent, croassent ou graillent. Comme ils sont nichés la plupart du temps le long des falaises, notamment celles que les fleuves et les rivières creusent dans les montagnes, les sons rebondissent sur les parois. L'écho est magnifique et on a l'impression, parfois, que les grands corbeaux s'en amusent, comme ils le font du vent dont ils se servent avec beaucoup d'adresse pour effectuer les figures les plus acrobatiques, les plus osées : tonneaux, vrilles, piqués, vols sur le dos, retournements, loopings...

Ce n'est pas tout à fait un hasard si ces images et les sons qui les accompagnent clôturent, en le signant presque, mon film *Le Dernier Trappeur*...

Pêche miraculeuse

Les pêcheurs sont connus pour avoir tous pêché un poisson « grand comme ça », dont la taille augmente chaque année, si bien que les deux bras écartés au maximum ne suffisent plus.

Une fois n'est pas coutume pour un pêcheur, tout ce qui va suivre est rigoureusement vrai. Le mérite en revient aux lacs, rivières et fleuves d'exception que j'ai croisés en près de trente années d'exploration. Dans ces zones éloignées de tout, en Alaska, en Sibérie ou au Canada, où chacun rêve d'aller un jour tremper sa ligne, j'ai souvent pêché par nécessité plus que par plaisir, pour me nourrir avec mes chiens.

En été, les poissons – truites, brochets, ombles, perches, sandres et saumons – fournissent une grande partie de la nourriture. On en mange deux fois plus que de la viande, issue de la chasse – canards et oies, perdrix et lièvres, ou plus rarement grands mammifères tels que le chevrotin porte-musc, le chevreuil en Sibérie, le caribou ou l'élan en Amérique du Nord.

La canne à pêche est donc de tous les voyages. Certains de mes amis, Benoît Maury-Laribière, Alain Brenichot ou Jean-Pierre Helleu, sont des experts qui attrapent du poisson là où le pêcheur de base que je suis ne prend rien.

Mais il est des endroits où la pêche est miraculeuse. À

cette évocation, beaucoup de souvenirs frétillent dans ma mémoire. Je vais tenter de remonter le fil pour aller en pêcher quelques-uns...

⁂

C'était en Laponie, au cours de mon premier voyage dans le Grand Nord. Pour nous nourrir, nous n'avions prévu que nos cannes à pêche et un lance-pierre avec lequel nous n'avons pas réussi à attraper une seule perdrix.

Les petites truites fario de rivière, excellentes, nous fournissaient l'essentiel de nos repas. Sinon, nous nous rabattions sur le brochet de lac, plein d'arêtes et dont la chair est nettement moins savoureuse.

Un soir d'orage, nous sommes arrivés au bord d'un grand lac non loin duquel des éleveurs de rennes faisaient paître leur harde. Je décidai de marcher un peu vers le nord pour aller pêcher dans une sorte de crique rocheuse où une rivière tumultueuse se déversait, alors que mes deux camarades voulaient explorer la partie sud du lac.

Une demi-heure plus tard, j'étais à pied d'œuvre sur un grand rocher plat. À son pied, l'onde de la rivière tourbillonnait avec de beaux éclats argentés dans l'eau plus tourbeuse du lac, aux reflets de cuivre. Le ciel déchiré offrait un spectacle de toute beauté où se mélangeaient des nuages clairs ou presque noirs filant dans l'azur tourmenté. Il était plein d'éclairs d'orages lointains, d'arcs-en-ciel formés par l'étrange association de petites pluies et de rayons de soleil qui, par moments, s'infiltraient dans cet écheveau de nuages. C'était bouleversant de beauté sauvage. Je montai une belle cuillère ondulante et commençai à pêcher alors qu'une myriade de courlis, de chevaliers et de bécassines voletaient d'une rive à l'autre, excités par la quantité d'insectes dont cette soirée avait vu l'éclosion.

Les poissons qui mouchaient frénétiquement à la surface et se gavaient de cette providence n'étaient pas en reste.

Ma cuillère n'avait pas touché l'eau qu'un gros brochet l'attrapait quasiment au vol et s'en emparait.

— Diable !

La pêche commençait bien. C'était un bon morceau. Un brochet de près d'un mètre, combatif, que je mis plus de dix minutes à sortir tant il résistait, sautait, repartait, plongeait.

Je le tirai enfin au sec pour aussitôt le remettre à l'eau, certain d'en reprendre un de plus petite taille, plus adapté à notre repas du soir et de meilleur goût.

Je relançai ma cuillère. Elle ne fit pas tellement plus de chemin que la première fois ! C'était encore un brochet de belle taille, plus de quatre-vingts centimètres, pesant plus de huit livres, qui se débattit aussi bien que le premier et que je relâchai également.

Au troisième lancer, troisième brochet, et sans changer de place !

J'en pris huit, l'un derrière l'autre. Que des gros d'au moins trois kilos ! Je n'en revenais pas. Moi qui pêchais le brochet depuis ma plus tendre enfance dans nos étangs de Sologne et qui m'extasiais d'en prendre deux dans la même journée, voilà que j'en avais pris huit d'affilée. Incroyable !

Et la pêche miraculeuse ne s'arrêta pas là. Au dixième lancer, la série reprit. Dix en onze lancers ! Puis d'autres encore, mais les attaques se firent de plus en plus espacées. Pensez donc, il m'arrivait de lancer trois fois sans rien prendre...

Puis, en me déplaçant un peu, j'en sortis un de près de sept kilos avant d'en attraper une série de plus petits, un peu plus en amont. J'en gardai deux d'une demi-livre et rentrai, me demandant déjà comment j'allais m'y prendre pour raconter ma pêche sans passer pour un menteur. Mais Benoît et Patrick avaient profité, eux aussi, de cette frénésie qui s'empare des poissons carnassiers certains soirs d'orage et avaient pêché des quantités de truites de lac.

Quelques jours plus tard, nous allions connaître l'aventure inverse. Les orages et les pluies firent grossir les rivières et monter le niveau des lacs. Plus aucun poisson ne voulait mordre à nos lignes et la faim commença à se faire sentir. Heureusement, les éleveurs de rennes que nous avions alors rejoints ne nous laissèrent pas mourir de faim.

***

La deuxième pêche miraculeuse dont je me souvienne avait pour théâtre les grands lacs qu'il faut traverser, au-delà de Schefferville, pour se rendre par la rivière De Pas jusqu'au grand lac de la Hutte sauvage. On va d'un lac à l'autre en portant canoë et matériel sur son dos, utilisant les petits sentiers de portage que les Indiens Montagnais pratiquent depuis des millénaires. Par endroits, la roche elle-même est légèrement creusée, râpée par le passage de tant de générations de coureurs des bois.

Dès le premier lac, nous avons monté nos lignes et d'un commun accord avons décidé de laisser traîner une cuillère tournante.

Nous n'étions pas partis depuis dix minutes que le moulinet de ma canne se mit à ronronner tandis que le fil se dévidait. Je ferrai et ramenai une belle truite grise de lac de plus d'un kilo. Sur l'autre canoë, Cyrille faisait de même, ravi, car c'était sa première truite. Et quelle truite ! À faire pâlir d'envie le meilleur pêcheur de l'Ariège.

Aussitôt décrochées, vidées et mises au frais dans une poche que nous laissions traîner derrière le canoë, nous replongeâmes nos lignes dans l'eau. Pas longtemps. Deux truites sautèrent aussitôt dessus. Il fallut bien se rendre à l'évidence : nous ne pouvions pas pêcher sur ces lacs comme nous avions prévu de le faire parce que nous n'aurions fait que ça, ramener des poissons. Nous n'aurions pas avancé. Benoît, pêcheur passionné, était frustré.

— C'est un comble ! Je ne peux pas pêcher parce qu'il y a trop de poisson.

Je lui suggérai de pêcher sans mettre d'appât ni d'hameçon, en laissant juste un peu de fil traîner dans l'eau afin d'être absolument certain de ne rien prendre !

Il rit, mais un peu jaune.

***

Quelques semaines plus tard et quelques centaines de kilomètres plus au nord, nous nous retrouvions au bord de la rivière George dont les eaux coulent vers la baie d'Ungava. Des caribous traversaient la rivière par milliers, suivis par des loups qui s'attaquaient aux plus faibles. Les saumons commençaient à remonter la rivière. Nous surprenions l'éclair argenté de leurs belles robes d'écailles, éclaboussées de soleil lorsqu'ils sautaient pour franchir les rapides. Fébriles, nous avons préparé nos cannes.

À peine arrivés au bord de l'eau, nous y avons lancé nos leurres. C'était au premier qui attraperait le roi des poissons.

— Ça y est, j'en ai un ! s'exclama aussitôt Benoît, ravi.

Au même instant, ma canne se plia en deux. Là-bas, sous l'eau, un gros poisson venait de saisir mon leurre. Il me fallut de longues minutes pour ramener l'objet de notre convoitise jusqu'à la rive. Benoît et moi y sommes parvenus en même temps. Quelle déception ! Ce n'étaient pas des saumons mais deux énormes truites grises christivomer. Celle qu'avait pêchée Benoît atteignait le mètre ! Nous avons pris une photo et remis nos prises à l'eau en nous disant : ce soir, nous mangerons du saumon et non pas de la truite !

Nous avons relancé nos leurres aussitôt, et rebelote. Deux belles truites. À chaque lancer, une truite attaquait ! À croire qu'elles s'étaient toutes donné rendez-vous là. Nous en avons ramené plus de quarante chacun, de deux à dix kilos, soit plus d'une demi-tonne dans la soirée !

J'ai tenté de raconter cette histoire à quelques pêcheurs qui sont restés dubitatifs, trouvant que j'exagérais tout de même un petit peu. J'en aurais fait de même à leur place.

Le lendemain, nous avons commencé à prendre des saumons. Enfin, Benoît en a attrapé un... Je n'ai pas sa patience. Sans exiger qu'une truite de plusieurs kilos morde à chaque coup, je suis incapable de rester trois heures au bord de l'eau sans rien attraper. Combien de fois ai-je abandonné Benoît ou Alain à leur canne pour aller me balader en montagne ou en forêt... Bien plus que de taquiner une truite ou un saumon des heures durant, j'aime billebauder à la recherche d'un lièvre ou d'une perdrix.

***

Mon troisième grand souvenir de pêche – on ne peut pas parler de pêche miraculeuse pour celle-ci – est un souvenir hivernal.

Nous étions, Alain et moi, perdus au fin fond des montagnes Verkhoïansk, attendant le printemps dans une immense vallée, pleine de lièvres, énormes, bien gras, succulents. On en mangeait à chaque repas ou presque. À ce rythme-là, on se lasse vite, même du meilleur. Nous connaissions un lac à une heure de traîneau à rennes, mais nous n'en disposions pas cette semaine-là car nos amis Évènes étaient partis à plus de soixante kilomètres avec toute la harde. Il fallait donc y monter à pied, soit plus de trois heures de marche. En arrivant, nous avons allumé un feu et mangé un bout avant de nous mettre à l'attaque de la glace. Il y en avait plus de deux mètres d'épaisseur sur ce lac d'altitude, qui ne dégèle complètement qu'à peine deux mois sur douze. Mais c'était un lac profond et les Évènes nous avaient affirmé qu'il était l'un des plus poissonneux de toute la zone. On ne creuse pas un trou de cette profondeur sans technique, sinon, c'est l'assurance de travailler une heure pour rien. En creusant à la hache, à la va-vite, un trou que l'on va élargir au fur et à mesure que l'on s'enfoncera, on obtiendra une sorte de cône inversé du fond duquel, soudain, l'eau va fuser tel un geyser. L'eau comblera immédiatement le trou jusqu'à la surface. Impossible alors d'élargir le petit orifice par lequel l'eau est arrivée. Trou par ailleurs trop étroit pour qu'une truite, même de petite taille, puisse passer !

Que faut-il donc faire ?

Creuser en spirale autour d'une sorte de gros bouchon, en taillant une profonde gouttière autour de celui-ci, un peu comme les douves que l'on creuse sur la plage autour d'un château de sable.

En arrivant au niveau de l'eau, on fera sauter ce gros bouchon de glace d'un coup de hache. On disposera ainsi d'un grand trou par lequel passera la plus grosse des truites dont on rêve pendant toute l'heure que dure ce laborieux travail. Toutes les cinq minutes, il faut s'arrêter de creuser pour ramasser les copeaux de glace qui s'accumulent.

On ne conserve pas jusqu'au fond un bouchon de deux mètres de hauteur. On le rabote au fur et à mesure afin qu'il ne dépasse jamais quarante centimètres d'épaisseur, ce qui permet de travailler avec plus de commodité. L'instant crucial et fatidique est celui où la hache va atteindre l'eau, qui va fuser par le trou. Il faut être prêt, sinon tout est à refaire. Prêt à sauter hors du trou et à se saisir de la hache pour ébranler le bouchon et le faire sauter, aidé en cela par la pression de l'eau. Mais encore faut-il que la gouttière ait été creusée de façon assez homogène pour que tout cède en même temps. Tout un art, vous dis-je.

Je me souviens avec émotion et un petit rire en coin de ces instants de complicité où celui qui se trouvait au fond du trou hurlait à l'autre :

— Ça y est ! Vite, sors-moi de là !

Et Alain de m'attraper par le bras et de m'envoyer rouler dans la neige comme on le ferait d'une truite d'un kilo, puis de se saisir de la hache et de taper de toutes ses forces sur le bouchon qui saute d'un coup, comme le fait celui d'un bon champagne. Et Alain de danser en criant victoire. Et nous de rire, heureux après une à deux heures d'efforts. Heureux car les derniers instants sont lourds de tension et qu'elle se libère d'un coup.

Ce jour-là, nous étions particulièrement tendus, car nous creusions et préparions notre bouchon depuis deux heures, évacuant de la glace qui coupait nos gants. Malgré le vent et le froid, nous suions à grosses gouttes. Alain commençait à râler au fond de ce trou qui engloutissait entièrement sa forte carrure et sa grande taille.

— C'est pas possible ! Plus de deux mètres !

— Fais gaffe, ça va péter !

— J'aimerais bien.

Mais l'eau ne venait pas, et il fallait creuser encore.

Après ces trois heures de marche et ces deux heures de travail, nous commencions à fatiguer.

Ah, ces truites que l'on achète toutes prêtes en supermarché ! Le progrès a tout de même du bon.

Tout à coup, j'entendis un bruit bizarre. Une sorte de « cling ».

— Nicolas...

— Oui.

— Tu vas pas le croire.

— Quoi ?

— ... !

— Mais quoi ?

— J'y crois pas.
— Mais enfin, qu'est-ce qu'il y a ?
— On est au fond.
— Au fond ?

Et Alain de partir dans l'une de ses colères mémorables.

— Oui, au fond ! AU FOND ! On est aux cailloux. Il n'y a pas une seule goutte d'eau au fond de ce putain de trou à la con parce qu'on a été assez cons pour creuser dans une zone de haut-fond !

Il sort du trou. Il est rouge de colère, balance la hache au loin et tape du pied dans les copeaux de glace qui font des tas tout autour de notre trou inutile.

Je réalise.

Et j'éclate de rire. Un rire que je ne peux plus arrêter.

Alain se retourne. Je pense qu'il va me tuer, mais soudain son visage se transforme et il se met, lui aussi, à rire, à rire et à pleurer.

Nous sommes magnifiques, nous, les deux copains, les deux frères – car Alain et moi sommes plus frères que copains –, sur ce lac en train de pleurer de rire au bord de notre trou.

Oui, nous sommes ridiculement magnifiques.

Nous avons creusé un autre trou, plus loin, et avons trouvé l'eau dans laquelle nous avons pêché quelques ombles dont la saveur était, ce soir-là, particulièrement exceptionnelle.

Les animaux sauvages ont un sens inné du calcul énergétique. Par très grand froid, ils savent qu'ils dépenseront plus de calories à rechercher leur nourriture qu'ils n'en recevront en la trouvant. Alors, ils restent confortablement blottis dans une niche de neige en attendant des jours meilleurs. Je ne suis pas sûr que les calories que nous ont apportées ces quelques ombles valaient très cher dans la balance, par rapport à ce qu'elles nous ont coûté en énergie pour monter jusqu'au lac et en redescendre, pour creuser deux trous et pêcher dans ce froid qu'augmentait un vent glacial. Mais ce fou rire en valait la peine. Largement.

Quelques semaines plus tard, je me trouvais avec Nicolaï, le chef d'une petite peuplade Évène avec laquelle j'ai passé plusieurs mois. Nous étions au bord d'une rivière assez calme, pleine de zones de bas-fonds dans lesquels j'imaginais que pouvaient se tenir quelques huchons : le roi des poissons, titre qu'il se dispute avec le saumon.

Je crochai un morceau de viande sur un hameçon de belle taille et lançai le tout au fond de l'eau. Rien dans le premier trou. Rien dans le deuxième. Dans le troisième, sans doute le plus profond des trois, le morceau de viande fut happé à mi-fond par ce que je mis du temps à identifier comme étant un poisson, tant ce qui était au bout de l'hameçon ressemblait à une enclume. Quelque chose d'énorme qui s'enfonçait lentement, donnant l'impression que la bête coulait plutôt que nageait. Je n'avais jamais vu un poisson réagir de la sorte. J'eus beau tirer au plus fort de la résistance du fil et de la canne, il s'en contrefichait et continua jusqu'au fond où il se cala, sans plus bouger.

Nicolaï, qui m'avait rejoint entre-temps, s'interrogeait :

— Tu as dû accrocher une souche.

— Une souche qui bouge, ça n'existe pas.

— Alors, c'est un énorme huchon, certains mesurent plus d'un mètre cinquante. De vrais monstres.

À force de ne pas le sentir bouger, je commençais à me demander si le poisson n'était pas effectivement une souche immergée. Je me souvins alors d'un récit de Pierre Closterman dans son livre *Des poissons si grands*. Il racontait avoir piqué une énorme perche du Nil qui s'était calée au fond et qu'il n'arrivait pas à déloger. Il y était parvenu en gênant le poisson à force de vibrations transmises par l'intermédiaire du fil tendu comme une corde à violon.

Je tentai le coup.

Le gros huchon n'apprécia pas le « coup de la perche du Nil ».

Il bougea. Pas beaucoup, mais suffisamment pour me rappeler qu'il s'agissait bien d'un poisson, d'un énorme poisson, et non d'un quelconque poids mort. Sceptique jusque-là, le visage de Nicolaï s'éclaira lorsque je lui tendis la canne pour qu'il en juge par lui-même.

— Maballa ! C'est un gros, un très, très gros !

Oui, mais comment faire pour le sortir de ce trou de plus de vingt mètres ?

Nicolaï n'avait pas de solution. Il me suggéra de tirer. Oui, mais le fil se mettait à siffler comme pour nous avertir de l'imminence de la casse. Et, au fond du trou, le monstre ne bougeait pas d'une écaille.

— Incroyable ! répétait Nicolaï. Il doit être vraiment énorme.

Nous étions là depuis plus d'une heure et n'avions pas progressé d'un iota. Le poisson se reposait au fond, boudeur et immobile, et nous ne pouvions rien pour le déloger.

— Il faut tirer. Tant pis si ça casse, insistait Nicolaï.

Je ne pouvais m'y résoudre. Comment abandonner un tel poisson ? Je voulais au moins l'apercevoir, savoir ce que ces eaux sombres cachaient, de quelle sorte de monstre il s'agissait.

Une autre demi-heure passa. Nicolaï commençait à s'impatienter. Il voulait partir.

Je réussis à faire bouger la bête une fois de plus. Elle effectua une sorte de rond au fond du trou puis ne bougea plus, comme si, blasée, elle s'était endormie.

Alors je tirai, tirai. La canne était pliée en deux. Le fil chantait comme une corde à violon. Le poisson ne bougeait pas. Lequel des trois allait céder en premier ? Lui, moi ou le fil ?

Ce fut le fil.

J'ai passé l'après-midi entier sur la selle de mon renne à imaginer la taille et le poids de ce poisson incroyable, le cœur lourd du regret de ne pas l'avoir aperçu.

Cette partie de pêche reste ma plus grande frustration de pêcheur. Je repense souvent à ce huchon. Je l'imagine. Vit-il encore au fond de son trou ? Je pars dans quelques semaines pour retrouver mes amis Évènes. Peut-être passerons-nous pas trop loin de cette rivière ? Alors, j'irai voir mon Nessie sibérien.

⁂

Les meilleurs pêcheurs de saumons ne sont pas les hommes. Ce sont les grizzlys. J'en ai observé qui pêchaient sur une chute de la rivière Kaarten, en Alaska. C'était impressionnant. Parmi les trois, le meilleur était une grande femelle à la fourrure très sombre qui s'était installée en haut de la chute et qui interceptait les saumons quand ils sautaient. Elle les saisissait au vol dans sa gueule ou les envoyait d'un coup de griffe (il lui en manquait une à une patte) à ses deux petits qui attendaient sur la rive. Elle les cueillait au vol d'une belle claque, comme le ferait un joueur de tennis en reprenant une balle à la volée. Les deux oursons adoraient car les saumons qui n'étaient pas morts sur le coup rebondissaient sur les pierres en frétillant et ils pouvaient les achever, ce qui, évidemment, est très amusant pour un ourson. Le spectacle valait bien une finale de Roland-Garros.

Le gaspillage de poissons par les ours est impressionnant. Ils en tuent par douzaines pour le plaisir, ne mangeant qu'un peu de chair ici et là avant de les abandonner avec nonchalance aux corbeaux et aux renards qui profitent de l'aubaine.

J'ai vu certaines rivières rouges de saumons qui, côte à côte, remontent le courant pour aller frayer. Beaucoup meurent en route, épuisés, pêchés par les aigles ou les

Indiens, mangés par les ours. Les survivants arrivent dans les frayères pour mourir, avec à peine un espoir sur mille de retour vers la mer qu'ils ont quittée pour accomplir leur devoir.

L'abnégation de ces saumons est incroyable. Il y a quelque chose d'extraordinairement émouvant dans ce cycle immuable. J'ai vu au Canada, dans un affluent de la rivière Moisie au bord duquel j'avais établi un campement d'automne, ces milliers de petits alevins nés à la suite du sacrifice de leurs parents, devenir ce que l'on appelle des « tacons », des petits saumons qui n'auront le droit à ce nom que lorsqu'ils auront connu la mer. Comment font-ils pour retrouver l'embouchure de leur berceau, au moment de frayer à leur tour ? Quelques hypothèses sont avancées. On a découvert que leur odorat était extrêmement développé. On sait aussi qu'ils peuvent détecter les champs magnétiques terrestres et les utiliser comme une sorte de boussole. Ils peuvent également voir la lumière polarisée, ce qui pourrait leur servir pour s'orienter, tout comme des repères terrestres. Leur capacité à retrouver cette véritable aiguille dans une botte de foin reste assez mystérieuse, en tout cas exemplaire dans le règne animal si l'on s'en réfère aux chiens qui ne retrouvent pratiquement jamais les os qu'ils enterrent !

***

Alain est un très grand pêcheur. Il a cette faculté de trouver le poisson là où il n'y en a pas. J'ai pourtant réussi à l'épater sur son propre terrain à la suite d'un grand concours de circonstances. Nous descendions en canoë une magnifique rivière dans le nord du Québec. Au bas de chacun des petits rapides que nous franchissions, nous pêchions dans les trous d'eau quelques minutes avant de reprendre la navigation. Ce jour-là, les brochets et les sandres faisaient grève et ne mordaient pas. C'était donc au premier de nous deux qui en attraperait un, l'heureux gagnant ayant bien entendu le droit de se moquer du copain malheureux.

Ce fut Alain qui gagna le concours.

— J'en ai un !

C'était un petit brochet. J'étais vexé. Je n'aime pas perdre. J'improvisai, très sûr de moi :

— Pffff ! Il est ridicule, ton brochet. Je me réserve pour le gros. Tu vas voir.

Je n'avais pas terminé ma phrase qu'un énorme brochet attaquait mon leurre sous les yeux d'Alain. Éberlué, il regardait ma canne pliée en deux avec des yeux gros comme des assiettes.

Avec un aplomb insolent, je lui lançai :

— Je te l'avais dit !

Au bout d'un bon quart d'heure de bagarre, je sortis un énorme brochet, de plus d'un mètre dix de long, l'un des plus gros poissons que nous ayons pris dans cette rivière dans laquelle Alain pêche régulièrement depuis cinq ans.

Pour être tout à fait honnête, je dois avouer qu'Alain, une fois passé l'instant de stupeur bien compréhensible, était très heureux que ce soit moi qui pêche ce beau poisson. Sans doute plus encore que s'il l'avait pêché lui-même.

Mais on n'a pas toujours cette chance de pouvoir faire prendre du poisson à qui l'on veut.

Lorsque Alain était venu m'amener les chiens au bord du lac où j'avais construit ma cabane, j'étais tout excité à l'idée de le faire pêcher dans ce lac idyllique où j'avais réussi tant de belles prises.

Il était venu avec Jérôme, m'apportant les chiens, les vitres de ma cabane, un poêle à bois et quelques provisions. Ils devaient repartir avec nos chevaux vers le village que nous avions quitté, Diane et moi, deux mois plus tôt.

Nous allions donc passer une petite semaine ensemble avant qu'ils ne repartent.

— Tu vas voir ! Ici, c'est le paradis de la pêche.

Alain, n'y tenant plus, s'était rué sur ma canne pour aller attraper le dîner.

Il était revenu deux heures plus tard, dépité et un peu découragé. Il n'avait pris que deux ridicules petites truites d'à peine quinze centimètres...

Je n'y comprenais rien. Pourtant, il avait tout essayé – toutes sortes de leurres, de toutes les couleurs, en surface, au fond, à mi-profondeur. Rien. Pas une touche.

— C'est pas possible.

Heureusement, pour le prouver, il nous restait une énorme tranche de truite de lac pêchée la veille au soir, qu'il observa, dubitatif mais envieux.

Dès le lendemain matin, il se leva bien avant l'aube pour aller au bord du lac. Rien. Et ainsi pendant six jours, jusqu'à ce qu'ils repartent. C'est tout juste s'il avait pris quelques truites de trois cents grammes, alors que je lui avais promis des prises de plusieurs kilos.

J'étais encore plus furieux que lui.

Alain et Jérôme étaient repartis vers midi un jour brumeux d'automne, avec les quatre chevaux, nous laissant seuls. Nous n'allions revoir personne avant de très longs mois, et ni Diane ni moi n'avions aimé ce moment.

Le temps incertain, très venteux depuis l'arrivée de mes deux amis, changea brusquement pour tourner à l'orage dans la soirée. Un orage sec, sans pluie, magnifique. J'en profitai pour aller faire un tour en canoë sur le lac et pris coup sur coup, juste devant la cabane, deux magnifiques truites de trois et quatre kilos ! Dans les jours qui suivirent, je n'eus aucun mal à réitérer. Les truites n'avaient fait la gueule que le temps où Alain et Jérôme étaient là !

⁂

Dans le Grand Nord, les plus belles pêches sont à faire au moment de la débâcle sur les grands lacs. Retrouvant la lumière et le plaisir d'effleurer l'air plutôt que la glace après des mois passés en dessous, les truites deviennent folles. Dès lors, le plus maladroit et inexpérimenté des pêcheurs est le roi. On en attrape tant que cette pêche ressemble à celle des ours se gavant de saumons à la remontée.

Tel est le Grand Nord. Excessif en tout.

***

Pour conclure ce chapitre, je ne résiste pas à l'envie de vous raconter cette anecdote du saumon sauvé par un caribou. C'était au bord de la rivière Kaniapascau, dans le Grand Nord du Québec, où je m'étais rendu par hydravion avec un groupe de scientifiques travaillant sur la migration des caribous.

J'étais en train de pêcher dans un magnifique pool au bas d'un rapide lorsque tout un groupe de caribous, plusieurs centaines de bêtes, se mit à traverser le fleuve non loin de moi.

Cette harde de grands mâles était l'avant-garde d'une troupe plus importante encore, composée de milliers de femelles et de leurs petits. C'est tout juste s'ils dévièrent un peu leur route pour ne pas passer trop près de moi.

Je les admirais tout en continuant de pêcher lorsqu'une belle secousse m'avertit qu'un gros saumon avait mordu. Aussitôt, celui-ci se mit à bondir hors de l'eau, offrant à la brillance du soleil arctique son magnifique corps argenté. Le frein de mon moulinet commença à siffler alors que le saumon s'enfuyait vers le large. Je tentai de ralentir sa fuite mais mon fil n'était pas assez solide pour résister. Je le laissai filer tout en réglant le frein au maximum, espérant qu'il n'aille pas trop loin car je ne disposais que de cent cinquante mètres de battement. Le courant le freina au moment où il fallait. Je commençais donc à le ramener vers le bord, par étapes, lorsqu'il se dirigea résolument vers un petit groupe de six caribous qui traversait le fleuve à la nage !

Lorsqu'il arriva sur eux, le fil s'entortilla dans les pattes de l'une des femelles qui emporta le saumon et le fil vers l'autre rive !

Si je pouvais tenter quelque chose pour freiner la fuite du saumon tant qu'il était seul, je ne pouvais plus rien dès lors qu'il s'associait à un caribou. Bientôt, il ne resta plus de fil, puis le nœud cassa.

Le saumon était libre.

Le froid

Quand on évoque le Grand Nord, c'est à lui que l'on pense immédiatement. Objet de toutes les craintes, les grands froids terrorisent ceux qui ne les connaissent pas. Le mythe est soigneusement entretenu par des journalistes à sensation, lesquels relatent quelques jours en Sibérie ou en Alaska avec des détails qui glacent le sang des lecteurs, mais provoquent le rire des connaisseurs.

L'anecdote qui suit, survenue sur le tournage du *Dernier Trappeur,* est un modèle du genre. Il fait moins quarante-cinq degrés. Mon équipe et moi-même tournons dans ces conditions depuis des mois. Nous avons réalisé le prégénérique par moins cinquante-cinq près d'Inuvik, quelques semaines auparavant.

La scène que nous nous apprêtons à filmer a été soigneusement préparée. Il s'agit d'un accident identique à celui qui m'est arrivé : le traîneau passe au travers de la glace. L'homme tombe dans l'eau alors que le traîneau, tracté par les chiens restés sur la glace, ressort. Rapidement, les chiens et le traîneau s'éloignent. L'homme ne parvient pas à remonter sur la glace qui se casse au fur et à mesure de ses tentatives, de plus en plus maladroites. Finalement, les chiens font demi-tour et viennent au secours de l'homme en perdition.

Quatre jours sont nécessaires pour mettre en boîte la vingtaine de plans de cette scène. Nous filmons cette séquence sur un lac en un endroit accessible depuis une route et, grâce à une cabane et à des tentes chauffées, nous disposons de tout le confort nécessaire. J'accepte donc la proposition du distributeur de faire venir quelques journalistes pour assister à ces prises de vues.

L'un d'entre eux passera son temps dans la cabane, se risquant à quelques trajets jusqu'aux tentes, où il restera près du poêle à siroter du café. C'est tout juste s'il tentera une ou deux incursions rapides jusqu'au bord du lac, dont le récit mériterait de figurer à côté de ceux de Shakelton, parti un an et demi en Antarctique, ou de Scott et Amundsen, qui se sont évertués à atteindre le pôle Nord...

Ce remarquable reportage évoque à peine le courage de Norman, resté des heures dans l'eau, mais raconte surtout l'exploit – le sien – d'avoir réussi à survivre dans ces conditions extrêmes, ou encore celui consistant, selon lui, à uriner par un froid pareil. Véridique.

Dès lors, comment ne pas excuser ceux que le froid effraie ?

Les grands froids, jusqu'à moins quarante-cinq degrés, se supportent très bien. Il suffit d'être bien équipé. Au-delà, le froid est agressif. Il faut prendre des précautions, acquérir certains réflexes.

C'est le vent qui peut faire la différence – le *wind chill factor*, la déperdition de chaleur qui lui est due. À moins trente degrés avec un vent de cinquante kilomètres-heure, un corps vivant subira un refroidissement correspondant à moins soixante. En Amérique du Nord, les radios donnent chaque matin les deux températures : celle affichée par le thermomètre et celle additionnée de l'effet vent. Les néophytes adorent raconter aux amis ébahis : « Il faisait moins soixante ! », mais oublient d'expliquer le fameux *wind chill factor*...

Il faut donc se protéger du vent.

Les animaux sauvages choisissent pour dormir des endroits abrités. Lorsque le vent souffle et que nous ne nous trouvons pas dans une zone protégée, je fabrique à mes chiens de petits murs.

Le plus souvent, grand vent et grand froid ne sont pas associés. Grand froid est synonyme de grand beau temps. Par moins cinquante, nous sommes généralement au cœur d'un anticyclone et le vent annoncera un réchauffement. Il « aspire » la dépression. Sans vent, par temps sec, ceux qui ne connaissent pas les grands froids sont surpris.

— Il fait moins quarante ! Mais c'est pas possible !

L'erreur est de comparer ces froids à ceux que nous connaissons sous nos latitudes. Combien de fois ai-je entendu :

— Pensez-vous, déjà que par moins deux degrés je suis frigorifié ! Alors, à moins quarante, je suis mort en deux minutes !

Eh bien non !

Au camp des Écorces, où nous recevons chaque année une petite centaine de personnes pour les initier à la randonnée en traîneau à chiens, l'histoire se répète inlassablement.

Nos hôtes passent des heures dans les magasins à s'équiper de toutes sortes de chaussettes en laine extra ceci et cela, de sous-vêtements « ultra-respirants super-épais garantis moins trente », de cagoules intégrales en laine polaire, de triples paires de gants et de moufles « spécial blizzard testés en Arctique par moins cinquante »...

Pourtant, l'agence a répété qu'il ne fallait pas acheter ces équipements, très chers et qui ne resserviront pas. Ils sont mis à disposition de tous, au camp. Mais rien n'y fait. Ça rassure de les avoir avec soi, pour soi, bien avant de partir.

Le plus drôle est que, depuis qu'ils ont mis en place le système de tri électronique des valises, l'aéroport perd les bagages une fois sur trois. On appelle ça le progrès. Vous savez bien, celui qui est censé nous faciliter la vie en l'accélérant... Le tri des bagages à Montréal va deux fois plus vite qu'avant, mais vous arrivez régulièrement à destination sans valises. Celles-ci, égarées ou envoyées vers de mauvaises destinations, sont récupérées deux, trois jours plus tard, quand c'est trop tard pour les faire acheminer vers notre camp. Il faut voir la mine de ceux qui se retrouvent sans valises à l'arrivée, démunis, terrorisés, consternés.

Au camp, on va leur fournir tout le nécessaire, leur donner un ou deux conseils. Ils vont faire connaissance avec les chiens, déjà s'étonner de la température, prendre en photo le thermomètre... Un peu plus tard, sur le lac où s'effectuera la première pause, toute angoisse aura disparu. Ils auront oublié la valise et les précieux équipements qu'elle contenait.

Le froid : facile !

Lorsque les deux groupes se croiseront, les nouveaux arrivants et ceux qui repartent, ces derniers parleront du froid avec cette désinvolture qui caractérise les « vieux de la vieille ».

— Le froid ! Pfffff ! Pas de souci. Par contre, la conduite des chiens en descente...

— Oui, mais le froid ? insiste celui qui débarque à peine.

Pour autant, il ne faut pas minimiser les risques liés à ces températures extrêmes. Tout comme pour le grizzly, dont on a trop dit qu'il était le plus dangereux des animaux sauvages, il ne faut pas tomber dans l'excès inverse et faire preuve d'insouciance et de légèreté ; le froid est une chose sérieuse, comme un ours.

Il peut devenir méchant. Dans ces cas-là, mieux vaut savoir comment éviter sa charge.

Les grands froids s'apprivoisent.

À moins soixante, devant chez lui, j'ai filmé en temps réel François Varigas trempant un linge dans une bassine remplie d'eau bouillante. Il a ressorti le linge, l'a laissé, chrono en main, une minute à l'air libre puis, saisissant l'un des coins, l'a levé à l'horizontale comme un morceau de tôle. L'expérience était convaincante et la télévision qui a diffusé mon reportage, « Profession musher », avait apprécié le passage.

En Sibérie, j'ai été plusieurs fois confronté à de très grands froids, aux alentours de moins soixante. À ces températures, tout va très vite. Je compare cela à la conduite d'une voiture à deux cent cinquante kilomètres-heure. Sur une belle route rectiligne, pas de problème. De même, correctement équipé, n'importe qui peut passer plusieurs heures dehors à moins soixante.

Imaginons qu'un virage se présente un peu en dévers ou mouillé, c'est l'accident assuré – et fatal –, sauf à être un as du volant. Dans le Grand Nord, le virage peut prendre la forme de la glace qui casse, et l'on se retrouve dans l'eau. Le novice va mourir très vite. Il ne parviendra sans doute pas à remonter sur le bord et, même s'il y parvient, le froid va le saisir quasi instantanément. Il n'aura même pas le temps de s'en rendre compte qu'il va se retrouver pris dans une gangue de glace, incapable du moindre mouvement. Le sang va quitter ses extrémités, il va s'endormir et ne se réveillera pas.

L'homme expérimenté lui-même ne survivra pas toujours à un tel accident – j'estime ses chances à une sur deux. Il lui faudra de l'expérience et de la chance.

De l'expérience, pour parvenir à sortir de l'eau et à allumer un feu grâce à la bougie et aux allumettes que l'on conserve toujours précieusement sur soi dans un sachet étanche.

De la chance, pour trouver, à proximité immédiate, de quoi faire ce feu. Sans quoi, c'est la mort. Aussi sûr que un et un font deux.

Je suis passé trois fois au travers de la glace, sur près de trente mille kilomètres effectués en traîneau à chiens sur la surface gelée des rivières et des mers du Grand

Nord. Le jeu des statistiques, si l'on considère que l'on a une chance sur deux de survivre à un tel accident, donne une probabilité de une sur huit de survivre à trois. Certains de mes amis n'ont pas eu cette chance. Je connais au moins cinq mushers – trois au Yukon, un en Alaska et un au Québec – qui sont morts à la suite d'un accident de ce type ces cinq dernières années. La glace qui se brise est incontestablement le plus grand risque que le voyageur encourt en milieu sauvage, car c'est sur cette route naturelle qu'il voyage la plupart du temps. Quatre-vingts pour cent des kilomètres effectués dans mes deux traversées du Canada et de la Sibérie l'ont été sur l'eau gelée.

Le problème de la glace est qu'elle est recouverte d'une couche de neige qui masque ses irrégularités, particulièrement nombreuses sur les fleuves et rivières remplis de hauts-fonds, mais aussi sur la banquise à cause de l'effet de la marée. Les lacs sont plus sûrs, à l'exception de certains qui reçoivent des sources d'eau chaude comme en Sibérie ou en Alaska. Le courant et les vents violents peuvent retarder l'embâcle. Alors que la majorité du lac gèlera, un couloir de vent empêchera l'eau de prendre au même rythme dans une zone non abritée. Une chute de neige recouvrira et protégera cette mince couche de glace. En début d'hiver, le voyageur mal averti testera la glace sur le bord du lac puis, rassuré, le traversera sans plus de précautions... Il est illusoire de croire ce que certains prétendent, à savoir que les chiens préviennent du danger de la glace fragile. Cela arrive, mais généralement trop tard !

En la matière, seule l'expérience permet l'intuition, et elle s'acquiert après des milliers de kilomètres.

Je prétends à une certaine maîtrise de la progression sur glace. Celle-ci m'a permis de voyager sur des fleuves réputés extrêmement dangereux, comme le fleuve Stikine que j'ai emprunté à deux reprises.

Il est amusant de voir combien les Indiens sont mal à l'aise sur la glace. C'est peu de dire qu'ils s'en méfient.

J'ai traversé les montagnes Rocheuses, dans le nord du Yukon, en compagnie d'un métis, Bruce. Nous nous sommes trouvés devant un torrent ordinairement impraticable. C'était la seule voie possible dans ce dédale de ravins, de gorges et de pentes à pic. Par chance, nous avions vécu une période de très grand froid, inhabituelle dans cette zone de montagnes, et le torrent avait gelé. En partie. Peut-être pouvions-nous l'emprunter pour sortir de ce labyrinthe ? À cet endroit, plusieurs expéditions avaient dû renoncer à leur tentative de traverser les montagnes Rocheuses du Yukon d'ouest en est.

Beaucoup nous avaient dit que c'était impossible, et ils avaient raison. En temps normal, ça l'eût été.

Mais là, nous tenions notre chance.

La glace était fragile, par endroits impraticable, souvent irrégulière. De nombreuses zones étaient restées ouvertes car le courant les empêchait de geler, même par moins cinquante-cinq, température qui s'affichait au thermomètre depuis cinq jours. C'était plein de pièges, mais, en allant doucement, je jugeais qu'il était réalisable d'emprunter le passage. Ça méritait, en tout cas, d'essayer.

Bruce explosa quand je le lui dis. Je lui proposai de s'encorder avec moi et d'aller reconnaître le lit gelé du torrent pour le tester avant d'y engager les chiens. Je voulais choisir les meilleurs passages et éventuellement en consolider d'autres.

Hors de question pour lui d'y aller. De mon côté, je n'en démordais pas. Je voulais au moins m'assurer que c'était absolument impossible avant de faire demi-tour. Je décidai d'y aller seul, ce qui était dangereux, assurément.

Mais pas question de capituler si près du but.

Nous étions depuis trois semaines dans ces montagnes et presque arrivés au bout d'une zone que tout le monde jugeait infranchissable.

Il ne restait que vingt kilomètres à traverser, ensuite, les montagnes s'ouvraient.

Bruce me promettait l'enfer, m'insultait, suppliait.

Je lui dis de m'attendre.

Pendant que je me préparais, il se calma. Je le vis sortir la corde, s'y attacher et me la tendre.

Nous nous mîmes en marche. J'étais devant. Lui, livide, plus blanc que neige, suivait et m'assurait comme le font les alpinistes.

J'avançais doucement, concentré, tout à mon affaire.

J'aime mesurer la glace, tenter de comprendre ses irrégularités, déjouer ses pièges, dessiner mon itinéraire. Je suppose que le dresseur éprouve face à l'animal sauvage le même plaisir que le mien lorsque je dompte une rivière. Je comprends les notes que mes pas produisent sur le torrent gelé et fragile, comme le fait l'archet sur les cordes d'un violon. Je sais et comprends la musique de la glace – je réussis même à en jouer.

Nous sommes parvenus sains et saufs de l'autre côté de cette gorge, sans passer une seule fois au travers de la glace fragile. Un grand lac s'ouvrait vers l'ouest. Nous avions gagné. Bruce m'a remercié de l'avoir poussé à réaliser ce qui lui paraissait impossible. Mais, en me confiant sa vie au bout de cette corde, il m'avait surtout gratifié d'une belle marque d'amitié et de respect, et je le lui ai dit, yeux dans les yeux.

Cinq ans plus tard, nous avons reparlé de cette journée. Bruce m'a avoué, non sans émotion, que c'était celle où il avait ressenti la plus grande peur, mais aussi la plus grande joie de sa vie.

Il existe un vrai plaisir à réussir à dominer sa peur.

J'éprouve beaucoup de respect vis-à-vis de quelqu'un qui sait avouer ses peurs et ses faiblesses. Encore plus pour celui qui parvient à les maîtriser en les affrontant.

L'orignal, l'élan, le moose...

C'est le plus grand cervidé du monde. Il peut peser jusqu'à huit cents kilos et mesurer deux mètres vingt au garrot. C'est un géant aux panaches impressionnants dans lesquels certains habitants d'Alaska font des transats pour s'allonger au soleil pendant l'été arctique. On l'appelle orignal au Canada et élan en Scandinavie.

Le plus incroyable est que ces bois gigantesques, à l'envergure pouvant atteindre plus de deux mètres et pesant jusqu'à vingt kilos, tombent chaque année au milieu de l'hiver pour repousser au printemps, au rythme effrayant de près de deux centimètres par jour.

Ces bois, à l'allure de gigantesque pelle hérissée d'andouillers, leur servent de... pelle pour enlever la neige et atteindre les arbrisseaux dont ils se gavent en hiver. Ce sont aussi des armes, tout comme pour les cerfs, dont ils se servent au moment du rut, en automne.

À cette époque, l'élan devient fou et dangereux.

Aveuglé par la rage et par l'amour, il est prêt à toutes les confusions, à prendre par exemple pour un rival une vache ou un homme qui commettrait la lourde erreur de s'approcher de son harem, jalousement gardé et pour lequel il est prêt à se battre jusqu'à la mort.

Contrairement à une idée reçue, ce ne sont pas les ours qui provoquent le plus de morts au Canada, mais les élans. De même, en France, ce n'est pas des sangliers et de leurs redoutables défenses aiguisées comme des rasoirs qu'il faut le plus se méfier, mais de ces adorables chevreuils ne pesant guère plus de vingt kilos. Le danger ne vient pas toujours de là où l'on croit, même dans la nature...

Le problème de l'élan, c'est qu'il est irascible et que c'est un véritable bulldozer. Quand il charge, il devient éléphant.

En dehors de la période de rut, le risque demeure, surtout en hiver. Et ce, à cause des loups.

Les loups chassent l'élan car sa viande est riche et que la récompense est grande lorsque la meute parvient à en tuer un, même si c'est bien plus difficile et dangereux que de poursuivre un caribou. Ce sont près de cinq cents kilos de viande à prélever sur un grand mâle, contre à peine quarante kilos sur un caribou. Ça vaut donc le coup de se donner dix fois plus de mal pour l'obtenir !

La technique des loups consiste à épuiser les élans en les forçant vers des zones où la neige est épaisse. Les élans, trop lourds, possèdent des sabots inadaptés à la marche dans la neige et s'y enfoncent jusqu'au poitrail. Pour se déplacer d'une zone de gagnage (endroit où ils mangent) à une autre, ils entretiennent des sentiers tout l'hiver, comme le font les trappeurs sur leurs lignes de trappe. Tout l'art consiste à les déloger de ces traces dont ils ne veulent pas s'éloigner, bien entendu.

Les élans, contrairement aux chevaux, ruent très mal. En revanche, ils peuvent envoyer leurs pattes avant, surpuissantes, comme un coup de fusil dans la tête de leur adversaire, avec une grande précision. Certains mushers en ont fait la terrible expérience, comme on le verra plus tard. Les loups se gardent bien de les attaquer de front. Ils les poursuivent au cul, les poussant devant eux jusqu'à les coincer dans un endroit – l'épaisseur de la forêt par exemple – où ils ne pourront pas faire demi-tour. Ils chercheront alors à les forcer vers la neige fraîche. Ensuite, ils n'auront de cesse de les éloigner vers de la neige de plus en plus épaisse. Ils connaissent ces endroits et savent manœuvrer très intelligemment pour les y acculer par la ruse ou la contrainte. La traque peut durer des jours, mais les loups sont opiniâtres, patients, endurants. Quand les élans sont épuisés après une longue poursuite dans la neige épaisse, l'un des loups peut parvenir à leur mordre le jarret. Si la prise est bonne, il sectionnera le tendon. C'est synonyme de mise à mort pour l'élan qui ne tiendra plus longtemps, son arrière-train quasi immobilisé.

Mais les loups échouent souvent. Quand ils tuent un élan, c'est fête et Byzance. Ils en mangent tant que, le ventre lourd, ils ne peuvent guère s'éloigner que de quelques mètres de la carcasse sur laquelle s'abattent alors les grands corbeaux, ravis de l'aubaine. Ils viennent de nulle part, personne ne sait comment, mais ils sont là, aussitôt. Par dizaines parfois. Les loups les chassent mollement. Gavés, lourds, fatigués, ils s'endormiront vite pour digérer en les laissant faire.

Un jour, en Alaska, je suis tombé sur une meute de cinq loups – ou plutôt cinq tonneaux ! – qui venaient de terminer leur repas de fête. Ils avaient le ventre si gonflé qu'il touchait terre. Je n'ai eu aucun remords à leur voler un peu de viande sur les deux caribous qu'ils avaient tués pour en donner à mes chiens. Ils s'en fichaient. Gavés, fourbus, ils me regardaient découper leurs caribous avec désinvolture.

Les élans rechignent donc à quitter les zones où ils ont leurs sentiers – utilisés d'ailleurs par toutes sortes d'animaux, renards, lynx, martres et lièvres. Les trappeurs le savent bien, qui posent des pièges le long de ces passages lorsqu'ils en trouvent.

Les problèmes pour le musher commencent lorsque, traversant une zone où les élans hivernent, ceux-ci se mettent à utiliser ses propres pistes. Le face-à-face entre une meute de douze chiens et un élan peut vite dégénérer en catastrophe. Pour peu que la rencontre ait lieu dans une zone où la piste est creusée dans une grosse épaisseur de neige, l'élan préférera faire face plutôt que de fuir. C'est inscrit dans ses gènes. Il sait d'instinct qu'il ne doit pas quitter la « terre ferme » ! Les chiens, eux, ne se sont jamais frottés à un élan, à de rares exceptions près. Ils vont donc n'y voir qu'un gibier potentiel et se ruer vers lui. Le frein qui permet de contrôler ou de stopper le traîneau ne peut rien lorsqu'une meute de chiens, à l'unisson, tire de toutes ses forces vers un seul but. L'élan va se ruer lui aussi, fidèle au principe que la meilleure défense est l'attaque. On connaît des exemples atroces de ces face-à-face. Fameux fut celui de la plus célèbre des musheuses, Susan Butcher, qui remporta trois fois la plus connue des courses longue distance, l'Iditarod. Elle y perdit presque tous ses chiens. La charge de l'élan est d'autant plus redoutable que les pauvres chiens, vite emmêlés dans leurs harnais et leurs traits, ne peuvent ni éviter les coups ni s'enfuir. Ce fut un carnage, auquel mit fin un autre musher célèbre sur l'Iditarod en tuant l'élan avec... sa hache.

Aujourd'hui, la plupart des mushers portent dans leur traîneau un revolver ou une carabine 30/30. Au cas où.

Je me suis trouvé nez à nez avec un élan cinq fois.

Cinq fois en pleine nuit.

Chaque fois, les chiens se sont rués sur lui ou elle – car, à deux reprises, il s'agissait de femelles. Et chaque fois, j'en ai été quitte pour une vraie peur : les élans se sont écartés. De part et d'autre des pistes où je les ai rencontrés, la neige n'était pas trop épaisse. Par chance, car je n'étais, la plupart du temps, pas armé.

Une fois pourtant, en Alaska, Voulk et Nanook, placés en tête, ont fait claquer leurs mâchoires à quelques centimètres seulement de l'élan. Celui-ci n'a pris le parti de fuir qu'au tout dernier moment. Je n'ose penser à ce qui se serait passé s'ils l'avaient attrapé. En revanche, j'imagine assez bien la colère de l'élan et les dégâts qu'il aurait occasionnés avant même que les chiens et moi puissions éventuellement l'arrêter.

***

Je me suis fait charger par un élan pendant l'époque du rut, en automne. Il faut dire que nous l'avions bien cherché. J'accompagnais, au Yukon, une famille d'Indiens de Fort Ware partie « faire son marché ». Nous avions approché deux grands élans, en pleine nuit. Ils combattaient dans une clairière, au bord d'une petite mare. La végétation, broussailleuse, était assez dense et nous faisions du bruit. L'un des deux élans, le plus grand, nous a entendus. Il a pensé que c'était un second concurrent. Il a chargé. Nous n'avons eu que le temps de nous coucher sur le côté alors que la locomotive passait. Puis nous nous sommes relevés et l'Indien a tiré, à trois reprises pour lui faire peur. L'élan est parti et nous sommes rentrés bredouilles.

Chaque automne, les Indiens, ainsi que la plupart de ceux qui habitent en dehors des grandes villes, partent chercher leur élan. Au Yukon, comme dans de nombreuses provinces et régions du Canada, il en est attribué un par famille. Chasseurs dans l'âme ou non, par plaisir ou par nécessité, presque tous profitent de cette manne de la nature qui par ailleurs, dans le Grand Nord, n'est pas toujours tendre et généreuse.

Les chasseurs opèrent de plusieurs façons, légales ou illégales. Beaucoup remontent ou descendent les rivières en bateau à moteur tôt le matin et tard le soir. Le mieux est de se laisser dériver sans bruit le long des berges qu'affectionnent les élans. L'avantage est double. Pas besoin de marcher, et l'élan mort pourra être immédiatement découpé et chargé sur le bateau. Le portage fastidieux de la viande sera ainsi évité.

Mais le territoire n'est pas forcément traversé par une rivière ou ne dispose pas toujours d'un grand lac. Beaucoup se servent alors du pick-up, indifférents aux règles qui interdisent la chasse depuis un véhicule. Les Indiens, qui ont tous les droits et prennent ceux qu'on ne leur donne pas, surtout en matière de chasse et de pêche, sont particulièrement adeptes de cette technique.

Quelques irréductibles, surtout dans l'est du Canada, chassent depuis des miradors installés dans les arbres en bordure de marais, de friches, de lignes à haute tension où les élans aiment sortir à l'aube et au crépuscule. Les chasseurs s'aident alors d'un grand cornet taillé dans de l'écorce de bouleau pour imiter le râle de l'élan et défier le propriétaire du territoire.

Dans l'ouest, on utilise beaucoup l'hydravion, prétendument pour se rendre dans une zone éloignée et inaccessible par un autre moyen, mais surtout pour repérer sa cible, de préférence un grand mâle, porteur d'un beau panache qu'on exhibera au retour sur le pick-up. Le trajet de l'aérodrome à la maison sera d'autant plus rallongé que le trophée sera beau. Dans ce cas, l'hydravion se pose à quelques kilomètres du marigot où l'on a repéré l'orignal, qui sera approché à pied le soir même ou le lendemain matin.

Il est enfin quelques rares chasseurs à utiliser le cheval. On laisse ça pour le folklore aux riches touristes aimant la chasse « sportive ». Plus rares encore sont ceux qui utilisent les chiens, cette chasse étant réservée aux Scandinaves qui possèdent d'excellents chiens et des forêts trop épaisses pour procéder « à l'américaine ».

J'ai pratiqué avec des Indiens, des trappeurs, des Yukonais ou des Québécois toutes ces sortes de chasse, la quête de l'élan à l'automne faisant partie intégrante de la vie dans le Nord.

Début septembre, la question est sur toutes les lèvres :

— Tu as fait ton élan ?

— Pas encore, on y va la semaine prochaine.

— Et toi ?

— Oui, un jeune de deux ans. On a déjà tout découpé.

Ces chasses sont généralement le prétexte à une semaine de vacances en famille ou entre amis, l'occasion d'aller vivre dans le bush et de renouer avec la vie sauvage, qui s'éloigne à mesure que les regroupements se font dans les villages devenus villes.

Les élans se portent bien au Canada et en Scandinavie, moins bien en Sibérie où les habitants de la taïga manquent de tout et donc de l'essentiel : de nourriture. On comprendra qu'ils ne laissent pas passer une seule possibilité de se procurer à si bon compte autant de viande : de quoi nourrir une famille pendant un an. Aussitôt que la neige est là, toutes les pistes sont suivies, à ski ou en motoneige. Ce braconnage se fait avec la complicité des gardes-chasses, qui prélèvent leur dîme dans ce pays où la corruption est partout. Du temps de l'avant-perestroïka, ce braconnage était moindre car peu de gens possédaient un fusil et les balles étaient comptées. La délation faisait le reste. Aujourd'hui, la désorganisation du système est totale et les élans se portent mal.

L'hiver dernier, je suis arrivé par hasard dans une petite clairière au milieu de laquelle se dressait une cabane. Je m'y suis arrêté. Derrière une motoneige gisaient, au bout d'une corde avec laquelle on les avait traînés, une mère élan pleine et son petit de l'année précédente.

Nous étions en période de fermeture de la chasse et, de toute façon, les femelles sont protégées. N'est autorisé que le tir de quelques mâles.

Le propriétaire de l'endroit m'a accueilli.

Comme nous étions le long d'une piste où circulaient pas mal de gens, je lui ai montré les deux cadavres et l'ai questionné :

— Tu ne les caches pas ? Tu n'as pas peur qu'un garde te surprenne ?

Il est parti dans un grand éclat de rire et m'a invité à boire le thé et à partager un repas de poisson. Le garde-chasse était là, dans la cabane. Il l'avait aidé à ramener les deux bêtes en échange d'un gigot...

L'histoire est banale mais la situation inquiétante, tant pour les élans que pour les hommes qui s'en nourrissent, car à les tuer systématiquement, il n'y en aura bientôt plus. Et donc plus de possibilité pour ces hommes, déjà en manque de tout, de se procurer de la viande à bon prix...

Rencontres

En voyage, on ne rencontre pas que des animaux dangereux, loin s'en faut. Même les grizzlys sont généralement calmes et débonnaires. Je me souviens de cet ours que je vis au dernier moment alors que je cheminais à cheval dans une zone marécageuse. Il se baignait, assis dans une mare. Seule sa tête émergeait de l'eau tiède dans laquelle il était comme une belle jeune fille dans son Jacuzzi. Le corps à l'abri des moustiques qui le harcelaient, il chassait ceux-ci de sa truffe en la plongeant régulièrement dans l'eau. Je passai à trente mètres de lui. Mon cheval, qui ne l'avait pas vu, continua sans ralentir ni accélérer. L'ours, une grosse femelle, nous fixa sans bouger. Elle n'en avait pas du tout l'intention et je la comprenais. Il faisait chaud et je l'enviais, mais je ne suis pas allé jusqu'à lui demander une petite place.

⁂

Pour le franchissement d'un col en altitude, Charlie, un Indien Sekani, et moi avions dû mettre pied à terre tant la déclivité était importante. Parvenus au milieu de l'ascension, nous vîmes deux énormes grizzlys qui se battaient, cachés jusque-là par un amas de rochers. Ils avaient l'air très en colère. Ils grognaient furieusement, s'élançaient l'un contre l'autre, se frappaient à grands coups de patte, cherchaient à se mordre, se dressaient de toute leur hauteur pour s'impressionner mutuellement avant de charger de nouveau. C'était une chaude journée d'été. Ils s'affrontaient sur une zone de terre érodée par le vent entre deux langues enherbées et soulevaient des nuages de poussière. C'était magnifique, puissant, sauvage. Nous les avons regardés un moment, mais, comme ils ne semblaient avoir ni l'envie de bouger de cet endroit ni celle d'arrêter de se battre, la question se posa de savoir si nous allions tenter de passer ou non.

Nous ne pouvions éviter de nous approcher à moins de cent mètres des ours et devions coûte que coûte franchir ce col avant la nuit, pour rejoindre une vallée où nous devions récupérer des chevaux.

Vu l'humeur de ces deux ours, furieux et bagarreurs, je n'étais pas chaud pour aller les chatouiller. Charlie pensait autrement. Il argua qu'il était autant chez lui que ces ours et que, armé, il n'avait rien à craindre. Je tentai de le dissuader, mais Charlie est assez têtu et autoritaire. Il n'était pas chef de son village pour rien. Il se contenta de hausser les épaules, chargea sa carabine et reprit sa marche vers le col et vers les ours. Je lui emboîtai le pas, taciturne.

— On fait une belle connerie ! fut mon seul commentaire.

J'avais tort.

Charlie voulait essayer de passer sans que les ours, tout occupés qu'ils étaient à se battre, nous aperçoivent.

Mais tout à coup, alors que nous n'étions plus qu'à deux cents mètres d'eux, et pas loin de réussir puisque le col n'était plus très loin, une grosse compagnie de perdrix des neiges s'envola dans nos jambes en caquetant et donna l'alerte. L'un des ours nous aperçut. Il se dressa immédiatement sur ses pattes arrière pour mieux nous évaluer, imité par son adversaire qui était au moins aussi grand que lui. Je m'attendais à une charge immédiate.

Ils n'en firent rien, retombant simultanément sur leurs quatre pattes et s'enfuyant comme deux jeunes écoliers pris en faute. Dès qu'ils eurent mis un peu de distance, l'un d'eux dévia un peu sa course et alla renverser son adversaire qui, furieux, laissa entendre un mugissement terrible. Sans plus se préoccuper de nous, ils reprirent leur joute – pour un territoire, une femelle ou quelques cerfs, allez savoir...

J'ai croisé la route de beaucoup de grizzlys et la plupart ont réagi de cette manière. Le seul qui m'ait posé un vrai problème est celui qui est venu rôder autour de notre cabane, en Colombie-Britannique, puis s'est approprié l'espace.

Il s'approchait chaque jour un peu plus, défiant les chiens, saccageant notre stock de nourriture, pourtant installé en hauteur dans un arbre.

Nous avons tout essayé, les coups de feu, les chiens en liberté, rien n'y faisait. Cet ours devenait de plus en plus dangereux. Chaque nuit, il s'approchait à toucher la cabane, déclenchant la furie des chiens qui ne devaient leur survie qu'à l'effet de meute. Je pense que l'ours craignait d'attaquer un tel groupe, alors qu'il n'aurait sans doute pas hésité face à une ou deux bêtes.

Chaque jour, chaque nuit, la situation empirait. Il n'y avait aucune chance pour que les choses s'arrangent, bien au contraire. Je connaissais suffisamment les ours et leur comportement pour mesurer la menace.

Puis, un soir, je pris vraiment peur. Je vis l'ours à l'endroit exact où Diane et Montaine auraient dû se trouver, à quelques encablures de la cabane. Il n'avait plus peur de rien. Alors qu'il ne s'en approchait pas durant la journée, voilà qu'il franchissait une étape de plus. Je tremblais à l'idée de ce qu'allait être la suivante. Chaque année, dans les grands parcs américains et canadiens, les gardes identifient de tels ours, dénués de toute retenue, aux comportements agressifs. Ils les éliminent.

Cela s'appelle *preventive take-away*, « prélèvement préventif ».

Si j'avais été seul, j'aurais sans doute attendu le dernier moment, l'affrontement inévitable, mais j'étais en compagnie de ma femme et de notre plus précieux trésor : notre petite fille de deux ans. Nous la laissions jusque-là arpenter son jardin autour de la cabane en compagnie d'Otchum, qui veillait sur elle. Diane ne voulut et ne put plus sortir de la cabane et de ses environs immédiats. Elle n'autorisa plus Montaine, qui ne comprenait pas, à s'éloigner un tant soit peu. Nous ne dormions plus de la nuit. Nous tremblions toute la journée. La situation devenait intolérable.

Lorsqu'il s'est approché une nouvelle fois, je n'ai plus hésité. Je suis allé à sa rencontre. J'avais peur de ce grizzly impressionnant, mais, surtout, je n'avais pas très confiance en l'arme à un seul coup dont je disposais alors. Je n'avais pas le choix. C'était lui ou nous.

L'ours s'approcha de moi. La distance nous séparant se mit à fondre comme neige au soleil. Arrivé à soixante mètres, il fallut se décider et tirer.

Advienne que pourra.

Je tirai.

La balle atteignit l'ours en pleine poitrine, mais, plutôt que de le laisser raide mort, la blessure déclencha l'attaque. Je n'avais pas le temps de recharger mon arme. J'essayai pourtant, car je n'avais pas d'autre solution. Je n'y serais jamais parvenu si Otchum, déboulant de nulle part, ne s'était pas interposé, au risque de sa vie, me donnant quelques secondes indispensables.

Alors, je pus achever l'ours.

J'ai gardé de cet épisode un très mauvais souvenir. Vraiment très mauvais. C'est la seule fois de ma vie où j'ai tué un animal pour me défendre et non pour me nourrir.

Au soulagement a succédé l'amertume. Je souhaite ne plus avoir à en venir à de semblables extrémités. Il est cependant illusoire de croire que l'on peut éviter un tel accident. Dans une vie comme la mienne, durant laquelle j'ai rencontré quelques centaines d'animaux à risque, le dérapage de l'homme ou de l'animal est inévitable un jour ou l'autre.

Ce fut la seule ombre au tableau d'un automne mémorable durant lequel nous avons eu, dans ce havre de paix, tant de plaisir à vivre en harmonie avec le territoire et les animaux qui le partageaient avec nous.

***

J'ai observé beaucoup d'animaux, vraiment beaucoup, en faisant preuve parfois d'une patience qui ne me ressemble pas, car je suis un impatient-né. C'en est presque une maladie, disent quelques-uns de mes amis – qui n'ont pas tort.

Les animaux me soignent. Je peux rester des heures durant, faisant preuve d'une patience infinie, devant une tanière en attendant la sortie des louveteaux ou sur le bord d'une rivière pour observer un ours en train de pêcher des saumons.

De tous les animaux que j'ai observés dans leur intimité, deux m'ont bouleversé et ont changé mon approche de l'animal et mon rapport à la vie sauvage. Il s'agit du castor et de la loutre

C'est en Alaska, au bord d'un grand barrage que les castors avaient construit, que j'ai longuement observé une famille en train de travailler. Je les ai vus choisir des arbres, les couper, les scier puis les transporter. Je les ai vus aménager, sous l'eau, leur garde-manger, cette sorte de jardin d'hiver où ils plantent dans la vase, par trois mètres de fond, les branches d'aulne et de saule dont ils vont se nourrir durant la saison froide. J'ai pu les observer en train de réparer leur hutte, de construire leur barrage dont ils calculent la hauteur de façon à maintenir un niveau d'eau suffisant pour pouvoir continuer à circuler en hiver sous la glace dans un ou deux mètres d'eau libre.

La technicité dont ils font preuve est remarquable. L'organisation est encore plus spectaculaire.

On remarque une vraie distribution des rôles en fonction des aptitudes, du rang social, de l'âge. Il y a les bûcherons et ceux qui transportent les branches qu'un autre groupe de castors a débitées. Il y a les « maçons » qui fabriquent le mortier que d'autres véhiculent. Il y a l'architecte qui pose longerons et traverses en faisant preuve d'une maîtrise qui laisse pantois.

Je me souviens de cet immense barrage dans les montagnes Rocheuses du Yukon, qui retenait un bon hectare d'eau. Ils avaient noyé toute une forêt de bouleaux et de trembles.

J'avais détruit une partie du barrage pour provoquer une importante fuite d'eau afin d'observer la réparation. Mon forfait accompli, je m'étais caché à une vingtaine de mètres, derrière un buisson. Je n'avais pas attendu longtemps. Quelques minutes plus tard, averti je ne sais comment, un groupe de castors avait surgi de nulle part et à toute vitesse, tels des camions de pompiers arrivant sirène hurlante sur un feu !

Aussitôt, l'un d'eux s'était rendu sur l'ouvrage à l'endroit exact où la fuite avait été provoquée, tandis que les ouvriers partaient dans toutes les directions à la recherche de matériaux : cailloux, branches, boue...

J'étais fasciné par ce ballet de travailleurs qui semblait parfaitement organisé. En à peine un quart d'heure, ils avaient colmaté la fuite grâce à un entrelacs de branches disposées perpendiculairement aux longerons taillés à la longueur souhaitée. C'était captivant et remarquable de les voir œuvrer avec tant de méthode. À tel point que je n'éprouvai que peu de remords de leur avoir donné cette surcharge de travail.

***

Un animal moins connu est néanmoins surprenant : la loutre. Si le castor est remarquable pour ses qualités de travailleur, c'est la faculté à s'amuser, à jouer qui me sidère chez la loutre.

La première fois que je l'ai constaté, c'était au cours d'une expédition hivernale en traîneau à chiens. J'étais seul, en raquettes, devant les attelages que j'entendais au loin dans la vallée. Tout à coup, j'aperçus, en haut d'un monticule de neige couvrant les berges assez abruptes de la rivière que je suivais, une petite loutre brune avec des reflets noirs dans la fourrure. Elle avait des yeux noirs magnifiques et malicieux que soulignait une belle moustache blanche.

Je ne bougeai pas d'un pouce et l'observai. Elle examinait la descente. Visiblement, elle voulait gagner la rivière. Elle se décida et plongea dans la pente, sur le ventre, les pattes relevées comme des gouvernails. Elle slaloma un peu et arriva en bas sans encombre. Je la vis alors se lever et admirer sa trace dans la neige vierge comme l'eût fait un skieur, puis, à ma grande surprise, elle remonta. Je pensais qu'elle avait décidé de rebrousser chemin mais, arrivée en haut, elle se décala un peu par rapport à la trace précédente et redescendit dans la neige fraîche.

Comme un jeu.

J'étais fasciné.

Mais ce ne fut pas tout. Elle remonta encore une fois, malgré l'effort qu'elle devait fournir pour cela, et choisit un nouvel emplacement pour une autre descente.

Enfin, jugeant qu'elle en avait assez profité, elle remonta la rivière et disparut dans une brèche, rejoignant l'eau libre que j'entendais murmurer sous la carapace de glace.

La seconde fois que j'en vis une jouer de façon aussi manifeste, ce fut en Sibérie, au bord d'une rivière qui, en ce mois de juin, charriait encore des blocs de glace. Je regardais le spectacle époustouflant de toutes ces glaces sur lesquelles le soleil jouait comme sur les facettes d'une pierre précieuse lorsque j'aperçus, en face, sur l'autre rive, une magnifique loutre. Elle était ruisselante et luisait dans le soleil. Elle se laissait caresser par les rayons chauds. Je pensais qu'elle allait profiter de ce bon bain de soleil lorsqu'elle sauta sur un bloc de glace qui venait frotter la rive encore enneigée. En aval, le débit de la rivière s'accélérait dans une zone de hauts-fonds où l'on apercevait les cailloux à fleur d'eau. Je me demandais comment, dans ce charivari, la loutre allait tenir sur son radeau improvisé. Celui-ci, heurté par les cailloux, bringuebalé par le courant, tournoyait, bondissait, s'enfonçait tant et si bien que son imprudente passagère tomba à l'eau.

La loutre regagna immédiatement la rive en slalomant entre les blocs de glace. Elle revint à son poste initial et se choisit un autre radeau pour s'offrir une nouvelle partie de rigolade.

Elle recommença quatre fois puis ne revint pas. C'est vrai qu'à la troisième tentative, elle avait réussi à se maintenir sur son radeau de glace jusqu'en bas. Ayant réussi, n'ayant plus rien à prouver, je subodorai qu'elle avait trouvé la quatrième tentative moins drôle !

Ce genre d'observation me laisse un sentiment mitigé. Je suis exalté par ce que je viens de voir, mais je n'en reste pas moins frustré.

Pour ne pas l'être, il faudrait que je puisse interpeller la loutre :

— Hé ! Salut ! Génial, ton jeu. Je peux participer ?

Mais il faut se cacher, voler le spectacle. Il en découle ce soupçon de frustration pour le joueur que je suis et qui aimerait tant partager les amusements des loutres.

⁂

Ma première rencontre avec le lion des montagnes, le puma, a été marquée d'une émotion toute particulière, parce que j'ai ressenti sa présence avant de le voir.

Cela m'arrive de temps en temps, notamment en France avec des oiseaux comme la bécasse des bois ou des mammifères tels que les sangliers. Je ne sais pas de quoi il s'agit exactement. Sommes-nous dans le domaine de l'intuition pure ou mes sens enregistrent-ils des sons ou autres manifestations de présence que mon cerveau analyse inconsciemment ? Je ne saurais le dire. Nous avons tous été confrontés à ce genre de pressentiment tenace. Lorsqu'il concerne la présence d'un animal, cela confine à l'extraordinaire.

Lors de notre première traversée des montagnes Rocheuses, nous cheminions à cheval dans une vallée sauvage du Wyoming, nous élevant doucement pour aller franchir à plus de quatre mille mètres d'altitude un col enneigé. La pente était faible mais s'accentua au moment où nous allions sortir de la forêt. Nous débouchâmes au-dessus d'une jolie barre rocheuse pleine de cavités et de grands rochers plats, baignés de soleil, sur lesquels quelques rapaces surveillaient leur domaine. De vieux pins, noueux et épais, aux branches basses, ombrageaient ces pierres chaudes sur lesquelles j'imaginais très bien un lion des montagnes, les yeux mi-clos, en train de se reposer.

Plus nous montions et plus le biotope me semblait lourd d'une promesse : celle d'y voir ce lion des montagnes. Celui que je n'avais jamais pu apercevoir tant il est discret, terriblement sauvage et particulièrement invisible.

Plus nous approchions de la fin de cette zone rocheuse, plus je pensais à ce félin prestigieux. Pourquoi ici plus que dans l'une ou l'autre de ces nombreuses vallées que nous avions suivies ? Je ne saurais le dire, d'autant plus que, n'étant pas un spécialiste du lion des montagnes et n'en ayant jamais vu, je n'avais aucun repère, aucune compétence pour affirmer que c'était ici, plus qu'ailleurs, que j'avais une chance d'en apercevoir.

Toujours est-il que c'est précisément là que j'ai vu le premier des deux lions que la vie m'a permis de croiser dans leur milieu sauvage.

Ce fut fugace, mais tellement beau... Une flèche fauve dans la verdure. Je revois encore son bond, juste devant mon cheval. Il avait sauté gracieusement par-dessus un arbre mort qui barrait sa route. Un corps tout en muscles roulant sous un pelage de feu. Un cou puissant, des épaules noueuses comme un vieux cep de vigne. Une longue queue ondulant avec la souplesse d'un serpent.

Je n'échangerais pas une rencontre comme celle-ci, si furtive fût-elle, contre dix autres, cent autres en espace fermé. Je n'aime pas les animaux assujettis aux hommes qui les nourrissent, ils y perdent toute leur noblesse et leur fierté.

Le deuxième puma que j'ai rencontré m'a laissé un peu de temps pour l'admirer. Contrairement au premier, je ne m'attendais pas à le voir là. À vrai dire, je ne me donnais pas plus de chances de voir un puma à cet endroit que d'y trouver un mammouth vivant. Lorsque je l'ai aperçu, je n'ai pas compris de quel animal il s'agissait, car il ne correspondait à rien de ce que je m'attendais à voir dans ces hautes montagnes du Yukon où vivent lynx, loups, coyotes et carcajous. À force d'écarquiller les yeux, il a fallu me rendre à l'évidence : la bête qui marchait tranquillement sur cette petite vire rocheuse était bel et bien un puma !

On allait me prendre pour un fou.

Il n'en fut rien.

Le trappeur avisé à qui je racontai l'incroyable histoire me dit que les pumas, tout comme les cerfs-mulets dont ils se nourrissent volontiers, montaient vers le nord et que l'on commençait à en apercevoir, notamment dans ce territoire. Cette rencontre prouvait, si besoin était, que l'aire de répartition géographique des animaux, tout comme celle des végétaux, évoluait vers le nord.

Il me cita l'exemple du renard polaire, dont les effectifs chutent partout où le renard roux est venu lui faire concurrence. L'augmentation des températures a permis à ce dernier de coloniser de nouveaux territoires, alors que celui du renard blanc n'est pas extensible vers le haut, bien au contraire : l'élévation du niveau des océans réduit au nord un espace déjà rogné au sud !

***

J'ai vu beaucoup de lynx. En été comme en hiver.

Il possède une tête magnifique, absolument superbe, mais, pour le reste, je trouve cet animal assez disproportionné, un peu dégingandé sur ses hautes pattes aux extrémités tellement larges qu'on dirait des raquettes Rien à voir avec le puma, le tigre de Sibérie ou même la panthère des neiges, qui sont tous les trois de sublimes félins.

On prête au lynx – et Jack London y est pour beaucoup – une nature belliqueuse et agressive. Il n'en est rien. Le lynx est un grand timide pas dangereux pour un sou, à de très rares exceptions près.

J'ai acculé un lynx dans le fond d'une petite gorge. Une cascade de glace empêchait sa fuite. Il a essayé de s'échapper par les rochers mais ceux-ci, abrupts et glissants, rendaient l'escalade impossible. Alors le lynx s'est ramassé sur lui-même et s'est mis à feuler de colère. Mais je ne m'y trompai pas, il ne s'apprêtait pas à me sauter dessus. La pauvre bête était terrorisée. Il ne se bagarrerait qu'en tout dernier recours, avec l'énergie du désespoir.

Je me mis à lui parler.

— N'aie pas peur. Moi non plus, vois-tu, je ne peux pas aller plus loin et je vais faire demi-tour. Mais, avant de te quitter, on va essayer quelque chose...

Il me fixait avec une sorte d'incrédulité qui me fit penser qu'il s'était un tout petit peu calmé. J'avais un appareil photo avec moi et avais réalisé quelques clichés de piètre qualité. Le lynx apparaissait dans l'ombre, ramassé sur lui-même, comme blessé. J'étais un peu frustré que cette rencontre insolite se termine ainsi.

Je voulais l'amener à sauter dans la lumière pour fuir et me donner ainsi l'occasion d'une jolie photo, en mouvement.

Je me calai contre la paroi en face de lui et glissai vers le fond de la gorge. Je vis que le lynx avait compris que son axe de fuite se libérait, car il se risqua, furtivement, à me lâcher des yeux un dixième de seconde pour regarder dans cette direction. Je ne pouvais aller plus loin. J'étais à cinq mètres de lui à peine et bloqué par la cascade de glace.

— Allez, vas-y ! La voie est libre.

Mais il ne se décidait pas. C'était comme s'il doutait, craignant un piège.

Puis, tout à coup, il s'élança, sans prévenir, sans que le moindre changement dans son attitude m'ait prévenu que le ressort était en train de s'armer ! Ce n'est pas un lynx qui décampa, mais un projectile, une balle de carabine. Inutile de dire qu'au 1/125 de seconde, la photo que je tentai était bonne à jeter.

Aux traces dans la neige, je vis qu'il avait couru, ventre à terre, jusqu'à l'embranchement avec la rivière au bord de laquelle j'avais établi mon campement, à plus de deux kilomètres de cette ravine que j'avais voulu explorer.

Pauvre lynx. Il en avait été quitte pour une belle frousse.

Les lynx sont très peureux. Nous avons pu nous en rendre compte, une nouvelle fois, au cours du tournage d'un film. Pour une séquence, j'avais besoin d'un animal dressé afin de réaliser quelques belles images de cette bête emblématique des trappeurs. Elles étaient impossibles à réussir en milieu sauvage. Le lynx était arrivé avec son propriétaire dans une grande cage, spécialement aménagée pour lui. Il était magnifique. La météo était parfaite : grand soleil, moins quarante degrés, pas un souffle de vent. La neige brillait de mille diamants et nous étions prêts.

— Silence, on tourne !

Il lâcha le lynx qui devait aller d'un dresseur à l'autre en traversant la zone magnifique où nous tournions la séquence.

Le fauve s'élança. Nous filmions et tout était parfait… sauf qu'au lieu de rejoindre le dresseur qui l'appela avec de plus en plus d'insistance à mesure qu'il le voyait dévier de trajectoire, il décida de monter dans le plus grand des trois seuls arbres du coin : un pin.

Comme c'est un excellent grimpeur, il était rendu en haut en moins de temps qu'il ne faut pour l'écrire.

Nous étions bien embarrassés, car nous avions organisé une journée de tournage avec lui, et notre plan de travail prévoyait bien d'autres images que celles que nous avions réalisées.

Le dresseur appela, siffla, agita des foulards, proposa de la nourriture, rien n'y fit. Le lynx monta encore un peu et s'installa au faîte de l'arbre. Le dresseur grimpa le plus haut qu'il put, c'est-à-dire jusqu'à trois ou quatre mètres du lynx qui le regarda avec condescendance, sans bouger.

Nous restâmes là des heures, inactifs, alors que la météo se prêtait admirablement à la prise de vues. Il fut à un moment question de couper l'arbre. Oui, mais comment faire pour que dans sa chute le lynx ne se blesse pas ?

Il fallut attendre la nuit pour que le seigneur daigne redescendre.

Le lendemain, revoyant un peu à la baisse nos prétentions, nous avons pu réaliser quelques belles prises de vue avec l'acteur rebelle.

Au Canada et en Alaska, le lynx se porte bien. Le gouvernement autorise des quotas de prises, rarement atteints car le prix des fourrures a trop chuté. Une peau valait près de mille dollars dans les années 1980. Elle ne vaut plus que le cinquième de cette somme aujourd'hui. Un grand nombre de trappeurs ont abandonné ce métier difficile, qui ne rapporte plus assez, et les jeunes renâclent, préférant la vie facile. Les pays d'en haut deviennent des déserts. Lorsque j'ai traversé le Grand Nord canadien d'un océan à l'autre, je ne comptais plus le nombre de cabanes et de petits villages abandonnés que j'ai croisés. Dans ces grands espaces sauvages, l'espèce en voie de disparition, c'est l'homme, le trappeur, l'Indien, l'Inuit, dont une grande partie des revenus était liée à la trappe des animaux à fourrure que nous avons dévalorisée. Je ne fais pas partie de ceux qui s'en réjouissent et jugent que c'est un progrès. Là où l'homme recule, c'est la nature tout entière qui recule...

L'affaire des bébés phoques

Parlons un peu de cette affaire qui a fait couler au moins autant d'encre que de sang sur la banquise, parce qu'elle symbolise assez bien ce que je veux combattre et illustre les pièges dans lesquels il ne faut pas tomber sous le coup d'une émotion soigneusement orchestrée. On le sait, l'émotion et la raison font rarement bon ménage.

Rappelons tout d'abord un certain nombre de choses. Premièrement, les phoques du Groenland et les phoques à crête, concernés par la chasse au Canada, ne sont pas menacés, loin s'en faut : leur population a plus que triplé en trente ans, pour atteindre plus de six millions de têtes en 2007. Cet accroissement des densités n'est pas sans poser de graves problèmes sur les populations de poisson dont ils se nourrissent, comme les morues, par exemple. D'après les données produites par les experts scientifiques, les populations actuelles de phoques, surtout celles du Groenland, sont déjà ou sont sur le point d'atteindre la capacité maximale que le milieu peut supporter. Le rétablissement des stocks de poisson restera impossible dans de nombreux secteurs si les troupeaux de phoques demeurent à leur niveau actuel.

Deuxièmement, la chasse des « bébés » phoques (ou blanchons), dont on se sert encore pour faire la promotion de campagnes antichasse destinées à remplir les caisses de certaines organisations, est interdite depuis plus de vingt ans.

Troisièmement, la méthode de mise à mort des phoques, malgré ce qui a pu être affirmé dans ces campagnes mensongères, n'est pas plus cruelle que les méthodes utilisées dans les abattoirs commerciaux, loin s'en faut. Les techniques employées pour les phoques ont été certifiées sans cruauté par l'Association canadienne des médecins vétérinaires, ce qui n'est pas le cas de beaucoup d'autres techniques largement utilisées dans le monde concernant les animaux d'élevage, notamment en France...

Commençons par faire le ménage devant nos portes avant d'aller frapper à celles de nos amis canadiens, que cette affaire n'a pas fait rire.

Alors, pourquoi cette « affaire des bébés phoques » ?

Parce que le bébé phoque est mignon et que le sang se voit bien sur la neige. C'est « vendeur ». Les organisations comme celle de Brigitte Bardot ne pouvaient choisir meilleur symbole pour promouvoir une certaine idée de la défense de l'environnement.

L'annonce suivante, qui a si bien fonctionné avec ces adorables bébés phoques – « Vous pouvez mettre fin à la tragédie que vivent les bébés phoques. Votre contribution nous permet d'informer le monde entier de la chasse aux phoques et de la combattre » (IFAW) –, n'aurait pas beaucoup d'impact avec d'autres animaux moins télégéniques. Pourtant, et c'est bien là l'un des aspects du problème, il y en a beaucoup dont l'avenir est sérieusement menacé et qui mériteraient qu'on en parle. Mais, à force de crier au loup, on ne sait plus qui croire. Si certaines associations, fondations et autres ONG réalisent des actions pertinentes, efficaces, en se fondant sur le travail de scientifiques rigoureux, d'autres organisations portées par des extrémistes idéologiques et malheureusement médiatiques ternissent ce qui devient la grande foire à l'environnement.

Brigitte Bardot a fait quelques belles choses. Elle s'est battue pour certaines causes justes. Mais elle a surtout fait beaucoup de mal en agissant, souvent aveuglément, à l'émotion et sans discernement.

Elle n'est pas la seule.

Le sénateur Céline Hervieux-Payette, leader de l'opposition au Sénat du Canada, signe ce texte qui enrichit notre réflexion d'un éclairage pertinent :

> Cette guerre du phoque, dit-elle, ouvre le débat du discours moral de ces organisations et de leur vision de l'Homme dans son milieu naturel.
>
> Pour nous, citoyens d'Amérique ou d'Europe, urbains pour l'essentiel, tout se passe comme si nous découvrions une loi fondamentale vieille comme le monde : l'espèce humaine survit parce qu'elle se nourrit d'autres espèces vivantes (animales ou végétales) et se développe en en faisant commerce.
>
> Nos villes aseptisées nous ont progressivement éloignés de cette réalité où l'Homme puise dans son environnement les ressources dont il a besoin. Que l'on ne s'y méprenne cependant pas : cette réalité n'a jamais disparu. Mais nos modes de vie occidentaux ont réduit ces récolteurs de ressources à une toute petite minorité, presque invisible pour la grande majorité de bénéficiaires que nous sommes.
>
> Oui, nous mangeons les autres espèces vivantes pour exister. Oui, nous faisons commerce de ces autres espèces vivantes pour prospérer.
>
> Le discours de la Humane Society of the United States (HSUS) et de ses alliés propose donc une autre vision morale de l'Homme dont il convient de s'interroger sur ses caractères sectaire et religieux : « Souligner qu'il existe un avantage économique ne constitue pas une justification morale suffisante [...] », écrivait le révérend Andrew Linzay dans un document publié en 2005. Plus loin, le révérend ajoute : « Il n'existe aucune justification morale pour la chasse aux phoques. »
>
> Dans ce nouvel ordre moral, l'animal a des droits et étonnamment pas de devoirs car, comme le dit le révérend : « Sur le plan moral, les animaux sont innocents. » La pureté de l'animal s'oppose ici à l'Homme, auteur du péché originel, corrupteur du jardin d'Éden. Est-il donc moralement acceptable que l'Homme puisse froidement enlever la vie pour subvenir à ses besoins, se comportant comme un apprenti créateur capable de tous pouvoirs ? « Parler des phoques comme une ressource est sous-éthique », répond le révérend Linzay, ajoutant : « L'instrumentalisation des animaux prévaut toujours dans le monde d'aujourd'hui. »

Suggérer, alors, que l'homme puisse être supérieur à l'animal relève, dans cette vision des choses, du blasphème. Mais les faits sont là : l'Homme est une espèce qui a su surpasser toutes les autres. Cela lui donne une immense responsabilité : garantir la pérennité du vivant et des ressources inertes tout en agissant avec sensibilité et compassion. En outre, l'Homme a organisé ses relations avec ses congénères dans des rapports qui se sont affranchis de la loi du plus fort : le concept de justice est, en effet, inconnu de la vie sauvage. Nous aurions donc tort de succomber à cette nouvelle définition du bien et du mal qu'implicitement nous livrent HSUS et ses alliés. D'après eux, « les animaux qui ne peuvent donner ou refuser leurs consentements, vulnérables et sans défense », représentent le bien, tandis que l'Homme, usant de sa toute-puissance de manière supposément barbare, est le mal.

Or toute la manipulation de l'information tient dans cette dissimulation : en se posant comme le défenseur des espèces et de l'environnement, HSUS et ses alliés évitent ainsi soigneusement de parler de leur vision morale de l'Homme tout en fédérant l'opinion publique à leur croisade.

On comprend donc toute l'ambiguïté du discours : lorsque HSUS et ses alliés parlent de protéger le phoque, ils évoquent officiellement une menace sur l'espèce – ce qui est scientifiquement faux –, alors qu'officieusement, il faut comprendre qu'ils remettent en question le positionnement de notre humanité dans son milieu naturel selon lequel l'Homme peut tuer des animaux – de manière durable et en évitant toute souffrance –, pour vivre, commercer et prospérer. Comment expliquer, sinon par cette logique, la position de Brigitte Bardot lançant une pétition contre la consommation de cheval ou intégrant le végétarisme comme revendication dans son rassemblement national en France le 24 mars 2007 ?

L'usage de l'image du phoque blanc, capable d'émouvoir – l'émotion étant le contraire de la raison –, alors qu'il n'est plus chassé depuis 1987, s'intègre dans cette stratégie de la manipulation d'un discours environnementaliste au service d'une idéologie moralisatrice.

Au cœur de ce système de pensée se trouvent ceux que l'on appelle les « animalistes », non des experts mais des extrémistes de la cause animale. Leur doctrine s'appuie sur une armée de bénévoles et de supporters à travers le monde, que je qualifierais d'« animaleux », c'est-à-dire des citoyens ordinaires mais dont les penchants anthropomorphiques sont soigneusement flattés.

Cet amalgame entre la science et le sacré, la raison et la spiritualité est le trou noir de cette guerre du phoque : il en est le cœur tout en demeurant invisible. Que des sociétés souhaitent librement adhérer à cette vision, on peut le déplorer mais cela reste légitime. Vouloir l'imposer relève d'un fanatisme bien dangereux qu'il convient de combattre avec détermination.

Je rejoins cette pensée, admirablement formulée.

Mais continuons sur le phoque.

L'effet pervers de cette campagne, qui, rappelons-le, a rapporté beaucoup d'argent aux organisations qui l'ont lancée – et sont allées jusqu'à produire de faux témoignages et à mettre en scène des séquences préparées à l'avance –, a été le même que pour celle menée contre la fourrure.

Tout le monde se souvient de la campagne où de belles femmes connues ont posé nues pour défendre le slogan : « Plutôt à poil qu'en fourrure. »

Je tairai le nom de celle que j'ai rencontrée par hasard lors de l'enregistrement d'une émission de télévision avec Mireille Dumas et qui m'a avoué s'être laissé embarquer dans cette campagne sans être allée assez loin dans la réflexion.

— À vrai dire, j'ai eu tort. Je n'ai pas réfléchi du tout. Je me suis dit que le combat était juste, que je n'avais rien à perdre et tout à gagner en termes d'image à figurer sur cette photo. Je pensais que tout le monde ne pouvait qu'être d'accord sur le fait qu'il valait mieux utiliser de la fourrure synthétique que de tuer ces pauvres petites bêtes.

Mais ce n est pas si simple.

Premièrement, la plupart des populations d'animaux trappés pour la fourrure se portent bien et sont aujourd'hui parfaitement contrôlées. C'est notamment le cas au Canada et en Alaska. Dès lors, une fois de plus, pourquoi l'homme ne prélèverait-il pas une part, les intérêts durables de ce capital renouvelable ? Au nom de quel principe devrait-on préférer le synthétique qui génère, pour sa fabrication, l'utilisation d'autres ressources non renouvelables comme le pétrole ?

Oui, mais l'élevage ? réplique-t-on.

Pourquoi serait-on contre l'élevage d'animaux à fourrure alors même qu'on le pratique sans que personne s'en émeuve pour se nourrir ou pour s'habiller ? Qui a fait campagne pour que cesse l'utilisation du cuir pour les chaussures et les sacs de voyage ?

Il est temps de faire preuve d'un peu de discernement et de ne pas se tromper de combat. Il en est de plus urgents et importants à livrer que de poser à poil pour priver les derniers trappeurs de leurs moyens de vivre dans la nature, qu'ils aiment et protègent bien mieux que ne le font beaucoup d'entre nous. N'oublions pas que l'empreinte écologique d'un trappeur comme Alex est de l'ordre de zéro, tout comme celle d'un Inuit chassant le phoque. Il n'en est pas de même de celle du mannequin qui pose pour prétendument « protéger la nature ».

Notre empreinte écologique, la mienne, la vôtre, est forte car nous consommons (et gaspillons souvent) chaque jour de la matière non renouvelable, contrairement à certains trappeurs. C'est à cela que nous devons dépenser de l'énergie et de l'argent, pour cela que nous devons faire preuve d'imagination et nous unir plutôt que de livrer des combats souvent inutiles, aux effets contradictoires.

Le mannequin, actrice de cinéma bien connue du grand public à qui j'expliquais tout cela, intelligente de surcroît, a fait amende honorable en défilant deux ans plus tard en manteau de fourrure. Un geste symbolique pour expliquer aux journalistes surpris ce qu'elle a compris, tardivement mais clairement.

Ce n'est pas de la chasse que les phoques vont souffrir, ce n'est pas de la trappe que les animaux à fourrure doivent se méfier, mais d'une menace bien plus grande, dont nous sommes responsables, chacun d'entre nous : la banquise fond un peu partout et les phoques pleurent le manque de glace.

Dans le golfe du Saint-Laurent et de Terre-Neuve, un groupe de scientifiques a enregistré les conditions de la glace au cours du dernier centenaire – neuf mesures (épaisseur, solidité...) étaient en dessous de la moyenne ces onze dernières années. En 2002, 75 % des blanchons nés dans le golfe sont morts en raison du manque de glace. En 2007, l'état de la glace était encore plus mauvais qu'en 2002. « Il est probable qu'on atteigne en 2007 près de 100 % de mortalité des bébés phoques dans le golfe du Saint-Laurent, en raison des mauvaises conditions de la glace causées par la hausse des températures », a dit le Dr David Lavigne, conseiller scientifique d'IFAW, qui a récemment coécrit un rapport sur l'impact du réchauffement climatique sur les phoques.

Cet exemple se répète au large de l'Alaska, en Sibérie, partout...

Nous pourrions aussi parler de la taïga, cette immense forêt boréale pleine de conifères qui s'étend vers le nord jusqu'à la terre sans arbres que l'on appelle la toundra, où ne poussent que des mousses et des lichens. La forêt, très pauvre, chétive et sans valeur, s'étend vers le nord et « mange » peu à peu la toundra, menaçant d'extinction toutes les espèces qui en dépendent, alors qu'au sud les compagnies forestières abattent sans discernement, « à blanc », des centaines de milliers d'hectares de belles forêts...

Voilà ce contre quoi il faut se battre, ce pour quoi il faut récolter, donner, dépenser de l'argent, ce pour quoi il faut imaginer des solutions – il en existe déjà beaucoup –, encourager leur application, en proposer. Au diable les extrémistes, vendeurs de sensationnel et de mensonges. Nous n'avons plus le temps de nous apitoyer sur le sort de « ces adorables petits blanchons que d'horribles Canadiens tuent à coups de bâton en les écorchant vivants sur la banquise rouge de sang ».

En revanche, il est temps de prendre nos responsabilités et d'œuvrer pour un développement durable des ressources de cette belle petite planète avec ses phoques, ses ours, ses lynx, sa forêt et sa banquise, car « tout se tient », comme disent les Indiens.

Ne culpabilisons pas. Nous ne sommes pas vraiment responsables parce que nous ne savions pas. Nous n'étions pas sûrs. Plusieurs théories s'affrontaient sur le réchauffement climatique. Aujourd'hui, toute la communauté scientifique internationale est d'accord. Nous savons pourquoi, comment. Surtout, nous avons une idée précise de ce à quoi ressemblera la planète demain si nous ne faisons rien.

Alors oui, dans cinq ans, dans dix ans, il y aura lieu de culpabiliser si nous n'agissons pas, dès maintenant, pour changer de cap. Les solutions existent dans beaucoup de domaines.

C'est souvent plus une affaire de volonté que de capacité.

Un nouvel ordre moral va devoir se mettre en place, à l'échelle du monde. Un nouvel ordre qui intégrera cette donnée toute simple qu'on semble découvrir aujourd'hui mais que les Indiens ou les trappeurs connaissent depuis longtemps. La Terre ne pourra donner plus que ce qu'elle possède, ce capital que nous dilapidons, brûlons, gaspillons.

Laisserons-nous en héritage une terre stérile ?

Je ne pense pas. Nous allons vivre des années passionnantes. Il faut s'enthousiasmer à l'idée de participer à cette période historique à l'échelle de l'humanité, qui n'a jamais connu autant de bouleversements que depuis un demi-siècle.

Celui qui s'ouvre est le renouveau d'un contrat naturel, prôné par Michel Serres, que nous allons devoir signer avec la Terre. Après avoir conjugué le verbe « avoir » sous toutes ses formes depuis quarante ans – avoir, avoir toujours plus –, nous nous rendons compte qu'il va falloir commencer à conjuguer le verbe « être ». Le « mieux-être » à mettre dans la balance face à l'« avoir plus ».

Quels merveilleux défis !

Relevons ceux-là plutôt que de nous battre à l'envers.

Le trappeur, ennemi de la nature

Pour un grand nombre de citadins, coupés de ce qu'est la réalité de la nature, le trappeur est un homme qui tue des animaux.

Si l'on en croit leur raisonnement, il y aurait donc une densité plus forte d'animaux sur un territoire non exploité par un trappeur que dans une région exploitée.

C'est pourtant faux.

Les animaux sont comme des arbres. Une forêt, à la condition évidemment qu'elle soit exploitée intelligemment, produira bien plus d'arbres et de bien plus belle qualité si l'homme intervient. Le bûcheron, le vrai, coupe les arbres en surnombre afin que d'autres puissent profiter pleinement de la place pour se développer. Avant qu'ils ne dégénèrent, il coupera aussi les arbres arrivés à maturité, en prenant soin de laisser assez d'arbres adultes pour assurer une bonne régénération.

L'homme occupe ici parfaitement sa place. Il profite d'une quantité de bois qui va lui servir pour un grand nombre de choses, et la forêt bénéficie de son intervention raisonnée et réfléchie.

C'est un échange de bons procédés.

Le trappeur agit sur un territoire de la même façon. Grâce à son intervention de prédateur intelligent, il va dynamiser les populations d'animaux. En prélevant essentiellement des jeunes, les adultes vont se mettre à produire plus. C'est scientifiquement prouvé. Ces animaux seront plus sains et en meilleure santé. Cette part, environ 20 % de la population de martres par exemple, est celle qui revient à l'homme. L'homme appartient à la nature et y a sa place. Certes, la nature peut se débrouiller sans l'homme, mais ils y perdraient tous les deux. Pourquoi tenter de créer un monde artificiel, invivable et impossible, avec la nature d'un côté et l'homme de l'autre, alors qu'ils pourraient si bien vivre ensemble ? C'est ce que les trappeurs nous montrent. C'est ce qu'ils ont à nous réapprendre. Cette philosophie est ce qu'il y a de plus beau dans cette façon qu'avaient de vivre ces hommes de la nature, Indiens, Inuits, trappeurs, que nous avons voulu absorber en leur inculquant une façon prétendument moderne de vivre. Façon dont on sait aujourd'hui qu'elle ne fait que détruire cette Terre malade.

L'homme est un animal parmi tant d'autres, mais doté de quelque chose d'unique et de formidable, l'intelligence, qu'il utilise si mal. Tous les scientifiques s'accordent à dire que, si nous ne changeons pas de cap, l'espèce humaine ne survivra pas aux blessures que nous infligeons irrémédiablement à celle qui nous fait vivre : cette si belle Terre que nous partageons avec d'autres animaux, que nous entraînons dans notre chute.

Pourtant, l'homme a tout pour vivre heureux. Car la Terre est généreuse. Elle peut lui donner tout ce dont il a besoin, mais il détruit tout, gaspille, coupant la branche sur laquelle il est assis. Il va bientôt tomber. La chute a commencé.

Aujourd'hui, deux voies se profilent : continuer à détruire en condamnant l'humanité du même coup, ou changer la façon de faire afin de vivre en accord avec la nature. Il faut passer de l'ère de la destruction à celle de la préservation.

Le vrai trappeur ou le bon bûcheron nous montrent la voie. Ils sont des modèles d'avenir.

Certains pensent que la nature se porte mieux sans nous. Certes, les mauvais bûcherons que sont ces entreprises forestières lucratives et aveugles qui saccagent nos forêts sont aussi destructeurs que les chasseurs modernes du dimanche qui n'ont d'autre but que de s'amuser.

Mais, de grâce, ne faisons pas la dramatique erreur, trop commune, de jeter tout le monde dans le même panier.

J'évoque souvent le cas de ces parcs créés un peu partout dans le monde au milieu du XXe siècle. Il s'agissait, au moment où l'on a commencé à s'apercevoir que l'homme ne pouvait pas impunément et indéfiniment prélever tout et n'importe comment, d'imaginer et de créer des espaces préservés. Il s'agissait de protéger la nature de l'homme. Une aberration sous forme de constat : puisque nous sommes définitivement incapables de vivre avec la nature, créons des endroits où elle survivra sans nous !

Ces parcs ont permis de sauver des espèces animales, quelques fleurs, et surtout d'empêcher que de fabuleux paysages soient à jamais dénaturés par l'expansion de l'humanité, qui aime à « coloniser » et à « urbaniser » les endroits les plus féeriques de notre monde. Reste-t-il beaucoup de plages de sable fin bordées de cocotiers qui ne soient pas dénaturées par le tourisme ? *Quid* de beaux lacs dans leur écrin de montagnes, de forêts enchanteresses et de criques paradisiaques ?

La création de ces parcs était nécessaire, salutaire. Elle l'est plus que jamais.

Mais ces parcs ont aussi permis de mettre en lumière les limites de la non-intervention de l'homme. Les expériences se sont souvent soldées par la prolifération de certaines espèces animales au détriment d'autres. Il a fallu revoir le principe même du fonctionnement de base de ces parcs, à savoir la non-intervention de l'homme.

Pour protéger certaines espèces, rétablir un équilibre que l'on voulait naturel, il a bien fallu intervenir en introduisant des loups ici, des lynx là-bas, en embauchant des chasseurs professionnels pour réduire les populations malades d'animaux en surnombre qui détruisaient toute la flore, il a fallu protéger les forêts des feux qui les ravageaient...

L'homme a soudain compris qu'il avait un rôle à jouer, qu'il était capable de faire du bien à la nature. Quelle découverte ! Le trappeur le sait depuis longtemps, lui qui vit dans et avec la nature.

Il habite sur un territoire vaste de plusieurs dizaines de kilomètres carrés, des milliers d'hectares qu'il sillonne de long en large. Il y habite et y vit avec des animaux dont il sait quelle part revient à chacun d'entre eux : les loups mangent quelques élans et caribous, les lynx mangent les lièvres, les castors coupent des arbres, et les perdrix se nourrissent tout l'hiver de bourgeons de saule, empêchant la prolifération de ceux-ci. Les renards mangent ces perdrix et les corbeaux se contentent des restes. Les relations entre les animaux, la flore et les paysages sont une vaste toile d'araignée, aussi complexe que fabuleusement organisée. Chacun y a sa place, son rôle. Aucune espèce n'est nuisible. L'homme pas plus qu'une autre.

En 1987, un terrible blizzard de printemps qui a suivi un brusque redoux a formé une croûte de neige dure que les perdrix, enfouies dans le tunnel de neige leur servant d'abri, n'ont pas pu crever. Elles sont mortes par milliers. Les renards se sont régalés. Les femelles grasses et en bonne santé ont mis bas d'importantes portées de renardeaux, qui ont tous survécu parce qu'ils trouvaient à se nourrir de toutes ces perdrix conservées par le froid dans la neige jusqu'au printemps. Les rares perdrix survivantes ont eu bien du mal à couver leurs œufs, harcelées par une densité tout à fait inhabituelle de renards. L'hiver suivant, il y avait trois fois plus de renards que d'habitude et dix fois moins de perdrix. Comme celles-ci n'allaient pas freiner la croissance des saules en mangeant les bourgeons, cette végétation envahissante allait coloniser de nouveaux espaces, faisant reculer d'autres espèces qui se nourrissent du lichen, tels les caribous.

La nature peut se débrouiller d'une situation comme celle-là. Elle y mettra du temps et de l'énergie, mais elle finira par retrouver son équilibre. L'homme peut l'aider. Le trappeur attrapera cinq à dix fois plus de renards qu'il n'a l'habitude d'en prélever. Cet hiver-là, il ne chassera pas les perdrix. Au contraire, il évitera de se rendre dans leurs zones d'hivernage, piégeant à la périphérie de celles-ci pour éviter que les prédateurs n'y aillent. Son intervention va permettre à la nature de retrouver plus vite son équilibre. L'homme vient d'agir là comme il le doit. Il a fait consciemment ce qu'un autre prédateur comme le loup fait parfois inconsciemment, en prélevant un caribou malade plutôt qu'un adulte en pleine santé, difficile à attraper.

Et cette part qu'il prélève, c'est la sienne. Prélever sans appauvrir. Prélever pour enrichir. Voilà la devise du vrai trappeur, de celui qui n'existera bientôt plus parce que l'humanité décide de se « moderniser », d'avancer sans ce type d'hommes, qui ne correspond pas au schéma de l'évolution que nous avons imaginé.

La nature livrée à elle-même, orpheline de ces hommes qui l'aimaient et la protégeaient, devra se débrouiller seule, et elle le fera comme une veuve. Son deuil est en train de se faire. Elle commence à s'habituer à vivre sans nous, et nous croyons pouvoir nous habituer à vivre sans elle. C'est une erreur.

Nos enfants mangent des animaux sans savoir qu'il a fallu les tuer avant de les découper et de les mettre sous cellophane. Certains pensent qu'il s'agit là d'un progrès. Mais celui qui a été obligé de tuer un animal pour manger éprouve pour celui-ci un respect qui l'empêche de gaspiller. Combien d'assiettes repartent pleines de restes vers les poubelles de nos maisons et des restaurants ? Un trappeur ne peut pas comprendre ce genre de comportement. C'est pour cela que l'Indien parle à l'animal avant de le découper et qu'il le remercie en lui expliquant pourquoi il a besoin de sa viande, de ses os, de son cuir.

Je reste persuadé que le gaspillage monumental de nourriture, de matières premières, auquel nos sociétés se livrent alors que nous allons bientôt manquer de tout, provient de ce décalage, de cette distance qui s'est créée par la présence de tous ces intermédiaires. *Idem* pour l'eau ou la lumière.

Je raconte souvent l'histoire de ces vieilles femmes que j'ai vues en plein hiver en Sibérie, sortir de chez elles à moins cinquante pour aller sur le fleuve chercher de la glace cassée à la hache. Il faut les voir remonter la berge du fleuve, courbées sous le poids des deux seaux portés au moyen d'une perche de bois qui leur laboure les épaules. Arrivées chez elles, elles vont mettre la glace à fondre au-dessus du poêle chargé du bois qu'elles ont souvent elles-mêmes coupé, fendu, ramené, empilé. Alors, seulement, l'eau claire sera disponible... Dès lors, imaginez-vous un instant qu'elles vont la gaspiller comme nous le faisons tous, souvent par inconscience, parce que, à l'inverse de ces femmes, nous ne faisons que tourner un robinet ?

Il nous faut reprendre conscience de la valeur des choses, de leur rareté, de ce que nous pouvons utiliser pour laisser aux générations futures le droit de pouvoir le faire aussi. Nous ne pouvons continuer d'aimer nos enfants en nous exonérant de cette responsabilité.

Totoche

C'était un personnage. Un cas.

Il fut un grand et fidèle ami.

Sa relation au Grand Nord venait de celle qu'il entretenait avec la nature et la forêt en particulier. C'est dans l'une d'entre elles que je l'ai rencontré, il y a plus de vingt-cinq ans, alors que je me promenais avec l'un de mes chiens.

Nous fîmes connaissance et rapidement Totoche m'exprima son envie de découvrir les pays d'en haut et de m'accompagner lors d'une prochaine expédition, ce que j'acceptai. Pourtant, je découvris vite que c'était quelqu'un d'infréquentable, en tout cas sur le papier. Il connaissait et entretenait d'étranges relations avec quelques grands truands, ceux de l'ancienne école qui avaient, *dixit* Totoche, « le sens de l'honneur ». Pas ces voyous de la nouvelle génération qui font tout et n'importe quoi... Il avait lui-même participé à quelques « coups » et avait fini par se faire pincer. N'ayant pas voulu dénoncer ses complices, il avait écopé d'une peine maximale de quelques mois fermes de prison dont il ne gardait pas un si mauvais souvenir que ça.

— Le pire, disait-il, c'est le manque de pastis !

Car Totoche en buvait, à l'époque, une bonne vingtaine par jour. Mais l'homme, têtu, n'était pas du genre à baisser les bras. À un problème, une solution. Rusé comme un renard auquel il a emprunté le regard perçant et malicieux, il a mis au point une technique qui a fait école et lui a permis de boire du pastis durant tout son séjour en prison. Sa femme, Françoise, lui rendait visite deux fois par semaine. Elle prenait son linge sale et lui en rapportait du propre. À l'une de ces visites, Totoche lui demanda d'acheter quatre serviettes de bain jaunes.

— Des serviettes jaunes ? Tu deviens coquet maintenant ! s'étonna Françoise.

— Au lieu de raconter des conneries, écoute-moi.

À voix basse, sans se faire entendre de celui qui était censé surveiller les conversations, et auquel il fit croire d'un clin d'œil qu'il voulait dire quelques grivoiseries à sa femme, il expliqua son plan :

— Dans un lavabo, tu mettras un litre d'eau et une demi-bouteille de pastis. Tu y tremperas la serviette que tu laisseras s'imprégner du liquide pendant une bonne demi-heure. Ensuite, tu fais sécher et tu me les ramènes pour les échanger contre les deux autres.

Ça fonctionnait à merveille.

De retour dans sa cellule avec les serviettes miraculeuses, Totoche réalisait l'opération inverse et obtenait deux litres de pastis concentré par serviette, qu'il recoupait avec de l'eau.

— Ça me faisait au moins quatre à cinq litres par serviette, soit près de dix litres par semaine.

Et d'ajouter, l'œil rieur et malin :

— J'en buvais les trois quarts et je vendais le reste.

Toute sa vie, Totoche a trouvé des combines.

C'était, de notoriété publique, l'un des plus grands braconniers de Normandie. Il faisait partie de cette génération de braconniers dite « à l'ancienne », qui chassait sans jamais céder à l'appât du gain. Totoche n'a jamais vendu un seul morceau de viande, ni un seul trophée.

Il braconnait en partie parce qu'il ne pouvait pas payer les droits de chasse exorbitants détenus par les nantis. Il était né dans cette forêt qu'il considérait comme la sienne, tel le Raboliot de Maurice Genevoix qui était partout chez lui dans les propriétés de Sologne. À la nuit tombée, pour peu que le ciel déchiré laissât apparaître une lune pleine qui lui permettait de voir sans être vu, Totoche ne pouvait résister. C'était au-delà de ses forces. La forêt l'appelait comme la mer attire le marin. Les sirènes de Totoche ressemblaient à des grands cerfs. Il vouait à ces cervidés une passion étrange. Leur noblesse le fascinait. Il éprouvait le besoin de les voir, de les suivre, de les entendre bramer, de respirer leur odeur forte de gibier, de les « posséder », à l'image de l'homme partant à la conquête d'une femme et qui éprouvera vite le désir, le besoin impérieux d'un contact physique dont l'aboutissement le délivrera momentanément de sa frustration. Mais la mort qu'il donnait, la chair de l'animal dont il se nourrissait ne comblaient jamais cette faim insatiable. Alors il repartait. Les gardes-chasses le poursuivaient sans jamais l'attraper. Ils ne comprenaient pas comment il leur échappait toujours. Ils firent venir une brigade d'intervention spéciale, dotée de moyens technologiques considérables. Totoche rencontra la femme du chef de la brigade, par hasard, en allant déposer un de ses copains à la mairie. Elle lui dit qu'ils s'installaient là, elle et son mari, pour au moins cinq jours.

Ils parlèrent, sympathisèrent. Elle finit par expliquer la raison de leur présence.

— Le gibier que mon mari chasse n'est pas né de la dernière pluie. Il s'agit DU braconnier de la forêt de B.

Totoche avait l'œil rieur, espiègle. Il racontait des histoires. Ils se revirent. Elle aimait sa compagnie, d'autant plus qu'avec son chef de mari, ça n'allait pas très fort depuis quelque temps. Il finit par lui avouer :

— Celui que ton mari recherche, le braconnier de B., c'est moi.

Elle éclata de rire. La farce était énorme.

Elle le mit en garde :

— Cette nuit, ils sont en planque dans toute la forêt. Ils ont l'appui des gendarmes. Il y en a un dans chaque fossé avec des lunettes à infrarouge. Il ne fera pas bon être dehors.

L'occasion était trop belle pour Totoche.

— Tu seras donc sans mari et moi sans forêt. Profitons-en pour nous voir et noyons notre chagrin ensemble... ?

Elle eut un mouvement de surprise puis éclata de rire. Elle dit oui.

Ils se revirent chaque fois que la brigade le chercha en forêt. Il braconna les quelques soirs où les gardes, épuisés par plusieurs nuits blanches successives, laissèrent la forêt libre. Et il le fit savoir.

La brigade, mise en échec, ridiculisée, cocufiée, en fut pour ses frais. La presse s'en mêla lorsque, le soir du petit pot organisé par le préfet pour son départ, un coursier déposa un colis de la part d'un « anonyme » contenant une peau de cerf et ce petit mot reproduit en une de *Paris Normandie* – les anciens s'en souviennent encore :

« La peau pour les cons, la viande pour les pros. Au revoir. Le braconnier de B. »

Des histoires, avouables ou non, j'en connais assez pour remplir un livre.

Totoche est mort de ses excès. Sa vie était loin d'être un modèle, mais il avait le culte de l'amitié, le sens de l'honneur, un attachement profond à tout ce qui touchait à la nature, dans laquelle il prélevait directement ce dont il avait besoin pour vivre. Il ne tuait pas. Il vivait. Comme le font les loups et les renards. Totoche était un peu des deux.

La première fois que nous sommes partis ensemble, c'était pour traverser en canoë la péninsule du Québec-Labrador. Nous étions quatre : Totoche, un de ses amis surnommé « le Lièvre », un de mes amis et moi.

Totoche est mort quinze ans après ce premier voyage. Pourtant, celui-là aurait dû être le dernier.

Un hydravion nous a déposés au beau milieu de nulle part, au bord de la toundra, dans un camp fréquenté par quelques riches amateurs de pêche à la mouche qui venaient taquiner le saumon. Nous profitions à moindre coût de l'aller à vide de cet avion affrété par un groupe de pêcheurs composé d'avocats américains. Il nous déposa au camp par une belle fin d'après-midi. Pendant plus de deux heures, nous avions survolé l'immensité sauvage de la taïga puis de la toundra du Québec-Labrador sans apercevoir une seule maison ni une seule route. Le Lièvre trouvait cela « angoissant ». Pour moi, il était formidable qu'il existe encore sur cette petite Terre surpeuplée des endroits où l'on peut marcher pendant des mois sans rencontrer âme qui vive.

Au camp se trouvaient deux Indiens Montagnais embauchés pour l'été en tant que guides de pêche et de chasse. L'un d'eux était allé voir Totoche et le Lièvre au retour de la navigation d'initiation que nous avions effectuée devant le camp. Un élargissement de la rivière formait comme un petit lac. Totoche et le Lièvre, qui n'étaient jamais montés dans un canoë de leur vie, ne connaissaient donc pas son instabilité. Ils s'étaient renversés à deux cents mètres de la rive. L'Indien qui les avait repêchés dans son canoë à moteur, alors qu'ils suffoquaient dans l'eau proche du point de congélation, leur avait expliqué qu'ils n'avaient pas une chance sur cent de franchir un seul des innombrables rapides que nous devions négocier d'ici au premier village, au bord de la baie d'Ungava, à un bon mois de navigation. Il n'avait pas tout à fait tort. La rivière George n'est pas une rivière de débutants. Les rapides de force quatre et cinq (assez difficile et difficile), voire six (très difficile), se succèdent sans répit. L'eau est glaciale et les rapides sont jonchés de pierres et de blocs rocheux contre lesquels l'imprudent va se fracasser. Beaucoup y ont laissé leur vie. L'Indien prédit donc à Totoche et au Lièvre qu'ils seraient sur la liste de l'année...

Ils se laissent convaincre.

— On repart ! m'annonce le Lièvre qui n'a pas desserré les dents depuis qu'on a atterri.

La baignade n'a rien arrangé. Loin s'en faut.

Ils vont voir le pilote. Celui-ci repart le lendemain avec les deux Indiens et leurs clients, mais il lui reste deux places.

Totoche décide alors d'organiser une soirée dont il a le secret.

Il fait partie de ces gens qui créent l'ambiance comme d'autres font du bon pain. Il connaît les ingrédients nécessaires. Il sait les assaisonner, les mélanger, leur donner le petit plus du chef qui force l'admiration.

De son sac, il sort deux bouteilles de calvados qu'il a fait lui-même. Il jure qu'on doit les finir ce soir ou mourir. Il rassemble tout le monde, trouve une guitare qu'il met entre les mains de celui qui sait en jouer le moins mal et c'est parti. Le voilà qui commence à raconter quelques histoires, puis il trouve une tête de turc indispensable à son jeu : un avocat au crâne dégarni dont la tête ne lui revient pas. Il se moque de lui et tout le monde est hilare. C'est pas méchant, juste un peu « vachard ». Il sert les verres, en redemande, ressert tout le monde, encourage ceux qui les vident vite et se moque de ceux qui vont trop lentement à son goût. Le pilote fait partie de ceux qui tentent de suivre Totoche. Il se met à chanter. Il commence à faire chaud dans la cabane. Les rires se chevauchent. On entend Totoche plus que tous les autres. Il est devenu le copain de tout le monde.

— Il est incroyable, ton copain, me dit le propriétaire du camp. Il me faudrait un gars comme ça pour décoincer mes groupes un peu rigides.

Oui, Totoche est incroyable.

Le pilote s'endort, raide soûl.

Le lendemain, tout le monde a la gueule de bois. Je réveille Totoche et le Lièvre.

— Les autres ne repartent qu'en fin de journée car les deux Indiens doivent tout plier. Profitons-en pour aller pêcher quelques saumons en haut du prochain rapide. Ce serait bête de repartir d'ici sans avoir profité au moins de cette journée.

Ils sont d'accord.

Ils ne soupçonnent pas une seule seconde que je suis en train de mentir pour les forcer à rester et à faire ce que nous avions décidé d'effectuer : la descente de la rivière jusqu'à la baie d'Ungava.

Sans le savoir, je suis en train de leur sauver la vie.

Nous partons vers neuf heures.

Une heure plus tard, le pilote embarque les huit avocats et les deux Indiens. Ne nous voyant pas, il en déduit que les deux Normands ont finalement changé d'avis. À onze heures, l'avion nous survole. Il bat un peu des ailes au-dessus de nous avant de mettre le cap sur Schefferville, où il n'arrivera jamais.

Il s'écrasera sur l'une des collines noyées dans la brume proches de Schefferville, alors que le pilote se dirigeait aux instruments vers l'aérodrome qu'il connaissait parfaitement. Il n'y aura pas de survivant.

L'avion s'est écrasé alors que, au bord de la rivière George, le Lièvre m'accusait de le condamner à mort parce qu'il n'avait plus d'autre choix que de descendre la rivière jusqu'au prochain village.

Comprenant tout à coup ma manœuvre qui visait à les forcer à me suivre, il hurlait comme un fou, prêt à m'égorger.

— Tu veux nous tuer ! Tu n'avais pas le droit de faire ça !

Pour les calmer, je leur proposai d'établir un camp un peu plus bas, au pied du premier rapide, facile celui-là.

Boudeur, le Lièvre refusa de répondre à ma proposition. Totoche hésitait sur l'attitude à adopter. Il trouvait la « blague » un peu costaude, mais la situation dans laquelle nous nous trouvions ne manquait pas, à ses yeux, de piquant

Nous avons réussi à descendre la rivière, non sans mal et quelques frayeurs véritables, mais le Lièvre et Totoche ont appris. Nous y avons mis le temps, portageant sur toute la première partie les rapides les plus dangereux. Lorsque le portage se révélait impossible, je passais le premier canoë, remontais à pied pour descendre le second, tandis que Totoche et le Lièvre marchaient le long de la berge.

Nous avons vu des centaines de milliers de caribous traverser le fleuve. Le troupeau de la rivière George compte plus de sept cent mille têtes ! Nous avons approché des ours qui se gavaient de baies, assis dans les myrtilliers. Nous avons admiré les corps fuselés des saumons franchissant par dizaines une chute de plus de trois mètres de hauteur en haut de laquelle nous avions établi notre campement. Nous avons vu une meute de sept loups chasser des caribous isolés. Nous avons vu tant de choses...

C'est en arrivant à Kangiqsualujjuaq, au bord de la baie d'Ungava, que nous avons appris la nouvelle.

— Mon salaud, tu nous as sauvé la vie ! fut le seul commentaire de Totoche, ravi de cette histoire qui allait rejoindre le réservoir de toutes celles qu'il avait mises de côté durant un mois.

Totoche est un conteur hors pair. Lorsqu'il raconte, il est captivant. Le silence se fait et l'auditoire est suspendu à ses lèvres. Dire qu'il n'enjolive pas un peu les choses serait faux mais, à sa décharge, c'est pour le plus grand plaisir de ceux qui l'écoutent. Une histoire racontée par lui, c'est comme un bon pot-au-feu mangé au coin de la cheminée. Ses histoires sont comme le vin. Elles se bonifient avec l'âge et peu importe que les détails s'écartent de la réalité.

Ce voyage sur la rivière George était le premier d'une longue série. Totoche a été de ceux qui m'ont accompagné pour traverser l'Alaska sur un radeau construit de nos mains, puis il a fait partie de l'équipe avec laquelle nous avons descendu la rivière Jana, dans l'Arctique sibérien. Il est venu me rejoindre dans le Yukon alors que je participais à l'une des plus grandes courses de traîneau à chiens du monde : la Yukon Quest.

Enfin, il a été là chaque fois que j'avais besoin de lui.

De tous ces voyages partagés, je ne résiste pas à l'envie de vous raconter cette histoire.

C'était en Alaska. Totoche était de mauvaise humeur, grognon comme il savait l'être parfois, le plus souvent sans bonne raison, sinon que les choses n'allaient pas dans son sens, un peu comme un enfant.

Au terme d'une épuisante journée de canotage, nous sommes arrivés dans un élargissement de la rivière sur laquelle nous naviguions depuis des semaines. Ces zones, aux eaux profondes, sont particulièrement poissonneuses et nous avons décidé de nous arrêter là pour la nuit. Ce genre de décision n'était pas pour déplaire à Totoche, qui retrouva immédiatement le sourire. Pas pour longtemps.

Nous accostâmes le bord de la rivière. Je descendis le premier du canoë instable en prenant les précautions d'usage pour ne pas le faire chavirer avec son occupant. Puis ce fut au tour de Totoche. Nous ne savons toujours pas comment il a fait son compte, toujours est-il que tout à coup, nous l'avons vu disparaître pile entre le canoë et la berge abrupte sur laquelle son pied avait dû glisser. En l'espace d'une seconde à peine, tout avait disparu. Sans un cri, sans un bruit autre qu'un léger glissement d'eau. À la surface, il ne restait que le chapeau de laine qui ne le quittait jamais.

Nous nous sommes regardés, Benoît et moi, l'espace d'un dixième de seconde. Puis, alors que nous nous apprêtions à plonger pour secourir notre camarade, la tête de celui-ci est réapparue. À la manière d'un phoque, il a soufflé un grand coup et a nagé jusqu'à la rive. Nous avons eu toutes les peines du monde à l'aider à remonter tant nous étions secoués de rire. Un de ces fous rires incontrôlables que la colère de Totoche, trempé de la tête aux pieds, transi de froid, ne pouvait empêcher. Sa fureur en était décuplée et notre fou rire allait croissant. Il lui fallut du temps pour en rire avec nous.

Dès le lendemain matin, il se vengeait.

Jérôme, qui faisait partie du voyage et que Totoche n'aimait pas beaucoup – Totoche avait ses têtes –, avait eu l'insolence de rire aussi. Va pour Benoît et moi, mais Jérôme n'avait pas, selon Totoche, le droit de se moquer.

Totoche l'a donc pris pour cible. Il avait noté que chaque matin, sitôt son petit déjeuner avalé, Jérôme s'en allait à quelques pas du campement faire sa grosse commission. Ce matin-là, comme à son habitude, il s'était accroupi derrière un buisson, à simplement quelques mètres – alors que nous allions bien plus loin. Totoche s'est approché sans faire un bruit, et a réussi à glisser sa rame sous lui sans éveiller son attention. Jérôme y a déposé son fardeau, que Totoche, en ramenant la rame vers lui, a dérobé. Jérôme s'est refroqué et, se retournant, a voulu, dans un réflexe commun à beaucoup d'entre nous, voir ce qu'il avait fait. Il n'y avait rien, bien entendu. Un immense point d'interrogation s'est affiché sur son visage que la surprise contractait. Il a continué ses recherches, en vain. Il fallait se rendre à l'évidence, il n'y avait pas de crotte. Il a essayé de se souvenir. L'avait-il bien faite ? Oui, mais alors où pouvait-elle bien se trouver ?

Il a cherché encore pendant que nous nous retenions d'exploser de rire, ce qui n'était pas facile.

Finalement, il a abandonné ses recherches et est revenu autour du feu, son air très contrarié contrastant avec notre parfaite désinvolture.

— Ça n'a pas l'air d'aller ? s'enquit Totoche.

Jérôme a répondu en bougonnant vaguement puis, au bout d'un moment, n'y a plus tenu.

— Il faut que je vous raconte.

Et il s'est lancé dans le récit de ses malheurs.

— T'as cru faire, mais t'as pas fait, lui a rétorqué Totoche, pince-sans-rire.

Ce qui a eu pour effet de nous faire exploser du rire que nous retenions jusque-là.

Le pauvre Jérôme faisait peine à voir. Il n'y comprenait plus rien. Il a porté cette incompréhension jusqu'au soir, où Totoche lui avoua enfin son larcin.

Voilà pourquoi on aimait ou on détestait Totoche. C'était sa façon, bien à lui, de faire rire la vie.

Je l'aimais. Il me manque.

Une leçon

Nain, juché sur la côte déchiquetée du Labrador, a été mon premier village eskimo... à l'époque, déjà, il fallait dire inuit.

« Eskimo » vient d'une insulte des Blancs qui traitaient ces hommes de « mangeurs de viande crue ». Lesquels n'aiment pas ça, et on les comprend... Inuit, en langue inuktitut, signifie « les vrais hommes », sous-entendant que nous en sommes des faux ! Ce qui est souvent vrai, mais bon ! Entre le barbarisme d'« Eskimo » et l'égocentrisme d'« Inuit », il resterait la place pour quelque chose d'un peu plus consensuel. Mais va pour Inuit.

Ce fut donc mon premier village « inuit ».

Nain était un magnifique petit groupement de maisons perdu quelque part le long de la côte inhospitalière du Labrador. Jacques Cartier, en partant à la découverte du Canada du Sud, n'avait vu, dans la côte du Labrador qu'il longeait pour la première fois, qu'une « terre de pierres et de rocs, effrayante, misérable et laide ». Il a un peu exagéré, comme tout bon explorateur, mais il est vrai que le Labrador n'est pas à proprement parler l'endroit idéal pour l'installation d'un club de vacances. Cartier ne fut pas le seul à souligner l'effrayante désolation de ces paysages difficiles.

J'ose avouer que j'aime cette terre-là. Ces paysages, souvent jugés austères, mornes et monotones, me font penser à certaines zones de l'Écosse que je connais bien. Le charme de ces paysages, l'émotion qu'ils suscitent viennent de quelque chose de subtil, de moins habituel. Il faut être capable de s'asseoir sur un caillou face à l'immensité désertique et d'y rester longtemps pour s'imprégner de la force de cet endroit, pour commencer à en ressentir toute la diversité et enfin pouvoir s'émerveiller devant un spectacle aussi simple que l'envol d'un bruant des neiges dans la toundra. Il faut être capable d'attendre encore bien plus longtemps pour pénétrer l'intimité de ces panoramas qui s'ouvrent comme la corolle d'une fleur à ceux qui savent les aborder.

Lorsque j'y suis arrivé en hiver, j'avais déjà la prétention de les connaître un peu. J'avais passé une grande partie de l'été et de l'automne à traverser le pays en canoë. Il m'avait fasciné, empoigné, conquis à tel point qu'en le quittant je n'imaginais pas une seule seconde ne pas y revenir en hiver.

Nous sommes arrivés à Nain, mes compagnons de voyage et moi-même, après deux mois de progression en raquettes et en traîneaux à chiens à travers les grandes étendues de forêts et de toundra du Québec-Labrador.

Nous avions prévu de nous accorder cinq jours de repos dans ce petit havre de paix niché au fond de l'un des nombreux fjords de cette côte déchiquetée. Nous en avions bien besoin et les chiens aussi. Nous étions épuisés, amaigris, usés mais ravis de ce que nous avions vu et vécu avec deux coureurs des bois canadiens, Michel et Jacques, qui nous avaient initiés à l'hiver et à la conduite des chiens de traîneau.

Une escorte de motoneiges est venue à notre rencontre pour nous demander d'entrer dans le village par une rue adjacente qui nous ferait passer devant l'école.

— Afin que nos enfants voient des chiens de traîneau !

Pour une douche froide, c'en était une. Le monde à l'envers... Il fallait qu'une équipe franco-québécoise traverse leur territoire pour que des Inuits voient des chiens de traîneau en vrai !

Va pour le détour. Nous ferons même plus. Nous nous arrêterons une bonne demi-heure devant l'école pour donner aux enfants l'occasion d'approcher les chiens, de soupeser les traîneaux, de poser les questions qu'ils avaient préparées.

C'est là que j'ai entendu parler pour la première fois d'Iruktik, un Inuit de soixante-deux ans. Sa fille, professeur d'anglais, m'a adressé la parole en apercevant la carabine ficelée sur l'un des deux traîneaux.

— Mon père est le plus grand chasseur du village. Il revient demain d'une longue expédition de chasse au phoque et il sera sûrement intéressé de voir cette arme et de parler avec toi.

Je lui ai répondu que l'envie était réciproque.

Les Inuits qui me proposent de visiter leur nouveau centre de retransmission de chaînes de télévision par satellite ne m'intéressent pas beaucoup. Je me sens plus proche d'Iruktik dont on me dit qu'il n'est bien que là-bas, loin du village, dans l'immensité blanche qu'il sillonne de long en large.

Il rentrera dans la nuit.

Au petit matin, je l'ai trouvé devant chez lui, en train de séparer à la hache les nombreux morceaux de viande de phoque congelée rapportés de son expédition vers le nord.

— C'est toi ? furent ses premiers mots.

Il s'est redressé et m'a fixé malicieusement avec un curieux mélange d'amusement et d'incrédulité.

— Allons boire un thé.

Ce n'était pas une question.

Docile, mais dubitatif sur le personnage qui imposait au lieu de proposer, je suis entré chez lui.

C'était un beau bazar.

Pour boire le thé, il fallait dégager un bout de table encombré par tout un tas de choses : pièges, lignes de pêche, boîtes de conserve, outils...

— On ira voir les chiens après.

Je n'appréciais pas beaucoup cette façon qu'il avait de tout diriger, d'imposer, d'ordonner. Mais je ne dis rien. D'ailleurs, il n'attendait pas de réponse.

Il me posa quelques questions précises sur l'itinéraire que nous avions suivi pour venir jusqu'ici. Je compris vite qu'il se fichait bien de notre histoire, de notre itinéraire. Ce qui l'intéressait, c'était de savoir si nous avions croisé des traces de caribous, à quel endroit et en quelle quantité !

Je lui donnai les renseignements qu'il demandait. Il parut un peu surpris lorsque je lui livrai mon analyse.

— Les traces que nous avons croisées étaient celles de jeunes et de femelles. Deux, trois cents bêtes environ qui se dirigeaient apparemment vers l'est. Je ne serais pas étonné qu'ils bifurquent vers le sud pour rejoindre cette zone que nous avons longée près du lac aux Outardes.

Il se mit à rire, moqueur – ou du moins fut-ce ainsi que je pris la chose sur le moment.

— Allons voir les chiens.

Je n'ai compris que plus tard pourquoi il tenait tant à voir les chiens.

Nous y sommes allés en motoneige.

Il a passé en revue chacun des chiens, étudiant leurs pattes et massant leurs muscles. Je m'étonnais de tant d'intérêt et d'attention.

Il avait eu des chiens pendant quarante ans. Puis il s'était mis à la motoneige, comme tout le monde dans le village et ailleurs.

— Vous ne voyagez plus en charrette à cheval, vous. Si ? Eh bien, nous, on ne voyage plus en chien !

Rien à dire.

— Tes chiens, ils sont trop maigres. Il leur faut de la viande. De la vraie viande.

Si un Inuit est un vrai homme, la vraie viande pour lui, c'est le phoque. La seule capable de redonner rapidement un peu de tonus aux chiens tout en leur apportant une bonne dose de calories et de graisse.

— Tu nous en vendrais ?

Il ne répondit pas. Je savais qu'il avait parfaitement entendu la question que je reformulai autrement et distinctement. Pas plus de réponse. Il commençait à vraiment m'énerver, cet Inuit !

Il acheva l'inspection des vingt chiens. Un à un, jusqu'au dernier. Puis il se redressa en se tenant les reins et en poussant une sorte de « han ! » plaintif.

— Ça s'achète pas, le phoque. Ça se chasse...

— Bon, très bien. On part quand ?

J'avais posé cette question sous forme de boutade, un peu provocant.

Il me répondit du tac au tac :

— Demain. Je passerai te prendre vers cinq heures trente. On y sera vers huit heures.

— On sera où ?

Cette question-là fut de trop. Il n'y répondit pas, me déposa devant la maison où nous étions logés et s'en alla sans mot dire.

Cet Inuit m'énervait vraiment. Je n'aimais pas sa façon de faire, de ne pas répondre, d'être dédaigneux. J'hésitais à partir avec lui, sachant pertinemment que l'expérience valait bien le sacrifice d'un guide bizarre et un peu caractériel.

À cinq heures quinze le lendemain, il était là, rieur.

— T'es en avance, me lança-t-il.

Alors que c'était lui qui venait me chercher !

— Est-ce que je prends une carabine ?

De nouveau, un rire.

— À moins que tu ne veuilles chasser au harpon.

Très drôle.

Nous partons : deux heures et demie de motoneige dans la froidure de l'aube hivernale, dont deux sur la banquise, blanche, immense, sans repères.

Je ne comprends pas comment il fait pour s'y retrouver dans ce néant.

Je ne comprends pas pourquoi on va là-bas alors qu'ici, c'est pareil.

Bref, je ne comprends rien.

On s'arrête enfin.

Pour boire un thé qu'il conserve brûlant dans une Thermos enveloppée dans un énorme fourreau en ours polaire.

Soudain, il relève la tête, prend ses jumelles.

— Tu as un phoque, là-bas.

Un point noir, au loin.

Il tend une sorte de drap blanc sur un cadre qu'il me passe.

— Le phoque relève la tête à intervalles réguliers, toutes les trois minutes environ, et ce, pendant une bonne minute, pour surveiller la banquise et un ours éventuel. Durant ce laps de temps, tu ne dois pas bouger d'un cheveu, surtout sur la fin de l'approche.

Je ne pose pas de questions. Je connais l'énergumène.

Je m'en vais vers le point noir, à trois ou quatre kilomètres.

Je suis bien décidé à ramener ce phoque, pour les chiens, mais surtout pour clouer le bec à l'Inuit.

J'avance en m'imprégnant du rythme. Couché, relevé. Couché, relevé. J'avance, je m'arrête. J'avance, je m'arrête, et ainsi de suite... Deux heures durant dans le froid et le vent. Arrivé à environ cinq cents mètres du phoque, celui-ci montre des signes évidents d'inquiétude. Il reste longtemps relevé, redressé sur l'une de ses nageoires comme une jeune fille couchée sur le sable, en appui sur un coude. Et il fixe l'horizon dans ma direction !

Un instant plus tard, il a disparu. D'un coup de queue, il a regagné les profondeurs de l'océan en sautant dans le trou par lequel il était monté sur la banquise.

— Et merde !

Piteux, je reviens sur mes pas.

Est-ce un coup de feu, ou le craquement de quelques glaçons que le mouvement de la marée brise ?

C'était bien un coup de feu, car un gros phoque gît dans le fond de la luge que l'Inuit traîne derrière sa motoneige.

Il ne me laisse pas le temps de raconter ma chasse ni ne me raconte la sienne. Il m'invite à monter rapidement sur la motoneige, car le vent annonce un *white-out* imminent, une tempête blanche où la neige qui tombe du ciel se mélange à celle que le vent soulève du sol. On n'y voit plus rien. On peut se perdre à trois mètres d'une maison.

Au lieu de rentrer directement, Iruktik file vers la côte que nous longeons alors que la tempête se lève. Emmitouflé dans une énorme parka qu'il avait apparemment emportée pour moi, je profite de la protection de mon conducteur derrière lequel je suis assis. Le trajet, rallongé par le détour que nous avons fait, dure indéfiniment. On ne distingue rien, mais Iruktik voit.

Nous arrivons enfin. Iruktik bourre de bois son poêle de fonte qui se met immédiatement à ronfler. Je suis transi.

— Fais-toi un thé.

Et il disparaît pour ne revenir qu'une heure plus tard, avec le foie du phoque qu'il fait cuire et que nous partageons. Pas une question sur ma chasse ni sur la sienne.

— Demain, la tempête sera calmée, on ira en chercher un autre. Il en faut un par jour pour les chiens jusqu'à ton départ.

Je réalise soudain qu'Iruktik a découpé et distribué la viande du phoque aux chiens. Je m'excuse de ne pas être allé l'aider. Ce ne sont pas ses chiens. C'était son phoque et c'est lui qui s'est tapé le boulot dans la tempête, alors que je me réchauffais chez lui. J'ai honte et le lui dis. À peine un léger haussement d'épaules en guise de réponse.

Avec le recul, une fois de plus, je mesurerai la futilité de ce genre de chose. À quoi bon s'excuser ? Iruktik n'en avait que faire.

Nous repartirons trois fois encore. Je regarderai Iruktik œuvrer. Il en tuera deux de plus alors que j'échouerai deux fois encore. Pas une seule fois Iruktik ne se moquera du pauvre Blanc que je suis, perdu sur la banquise et incapable de nourrir ses chiens. Patiemment, il m'apprendra à sa manière un peu de son monde.

Et j'ai commencé à m'attacher à cet « idiot » d'Inuit, pas si bourru que ça, plutôt subtil et d'une rare ingéniosité. Les deux derniers jours, nous ne nous sommes pratiquement pas quittés et Iruktik a commencé à me parler. La perspicacité avec laquelle il analysait l'évolution de son peuple m'a sidéré. Nous avons commencé à rire. Son humour était surprenant. Il surgissait toujours au moment où l'on s'y attendait le moins.

Carte en main, il m'a conseillé sur l'itinéraire à suivre pour atteindre, en longeant la côte, les monts Torngat que nous voulions traverser pour rejoindre la baie d'Ungava, deux mois plus tard. Il m'a montré les zones où il faudrait nous méfier des ours polaires, celles où nous serions susceptibles de trouver de belles bandes de phoques.

Nous devions repartir le lendemain à l'aube. Le soir, Iruktik est parti vers l'intérieur des terres relever des pièges qu'il avait posés la semaine précédente, visant les renards polaires. Pendant ce temps-là, avec mes camarades d'expédition, nous avons veillé jusque tard dans la nuit pour achever les préparatifs.

Le lendemain, tout le village de Nain était là. Mais pas d'Iruktik. En chargeant les traîneaux et en attelant les chiens, je ne pouvais m'empêcher de jeter des regards inquiets autour de moi à la recherche de mon ami. Mais il fallait se rendre à l'évidence. Il ne viendrait pas. Il se fichait de moi et j'avais été trop bête pour croire le contraire.

Au moment de partir, alors que nous avions dit au revoir à la plupart de ceux qui nous avaient si gentiment aidés, logés, dépannés, la fille d'Iruktik est arrivée.

Je suis allé la voir pour lui dire au revoir et la remercier, cependant que les chiens, revigorés par cinq jours de repos et forts de toute la bonne viande qu'ils avaient ingurgitée, tiraient à tout rompre sur leurs traits. Je lui ai dit ma déception, mon amertume de ne pas voir Iruktik.

Elle m'a gratifié d'un splendide et profond sourire dont je me souviens encore.

— Iruktik est rentré vers onze heures hier soir. Il a passé toute la nuit auprès de tes chiens. Il a réparé et consolidé tous les harnais et remplacé les ligatures sur les traîneaux...

J'ai baissé les yeux pour dissimuler mon émotion et cacher les larmes qui embuaient ma vue. J'ai regardé l'un des harnais et reconnu l'empreinte d'Iruktik. Du fil de nerf de caribou, d'une solidité incroyable, remplaçait les anciennes coutures. Des heures de travail.

Dire « au revoir » ne sert à rien. Souhaiter bon voyage non plus.

Des actes plutôt que des paroles.

Merci, Iruktik, pour la leçon.

Que ceux qui m'en veulent car je ne dis plus très souvent « au revoir » fassent preuve d'un peu d'indulgence.

Car je n'ai jamais oublié la leçon.

Animaux dangereux

Parmi les dangers potentiels du Grand Nord viennent très vite à l'esprit les menaces que représentent les animaux sauvages : grizzly, ours polaire, loup, lion des montagnes, lynx... Menaces soigneusement entretenues par toutes sortes de récits qui mettent en scène les accidents spectaculaires et donc vendeurs auxquels on assiste chaque année. Pourtant, l'analyse objective de ces accidents montre que, dans plus de neuf cas sur dix, la faute incombe à l'homme. Le principe de précaution s'applique en tout premier lieu à l'ours grizzly, irascible et potentiellement dangereux. Dans quatre-vingt-dix-neuf pour cent des cas (voire plus), un grizzly préférera la fuite à l'affrontement. L'homme doit donc lui offrir la possibilité de s'échapper, ce que l'ours ne fera pas s'il est surpris. C'est pour cette raison que le port de clochettes accrochées à la ceinture ou au sac à dos est recommandé, et a même été rendu obligatoire dans certaines zones à risque des grands parcs américains.

Deux cas se présentent alors.

Premier cas : le grizzly est dérangé. Prévenu, il déguerpit, alors que, surpris, il va se lancer dans l'intimidation ou, pis, charger.

Second cas : l'ours est avec quelque chose qu'il défendra. Il peut s'agir de son ou de ses petits, ou bien d'un animal qu'il aura tué pour se nourrir et qu'il laisse généralement pourrir pour s'en délecter plus tard. Un homme pénétrant dans un cercle plus ou moins restreint en fonction de la personnalité de l'ours (cinquante à deux cents mètres) peut être attaqué par un ours soucieux de défendre son bien, mais, contrairement à une idée reçue, ce n'est pas automatique. Il m'est arrivé, et à plusieurs reprises, d'approcher des grizzlys avec des petits ou autour d'une carcasse et de les voir s'enfuir sans demander leur reste. D'autres, curieux ou un peu énervés par le dérangement, se dressaient sur leurs deux pattes arrière pour mieux me voir, râlaient un peu, puis, taciturnes et grognons, s'en allaient nonchalamment. D'autres encore, campés sur leur position, commençaient à fouetter l'air de leurs énormes pattes, signe qu'il était temps de reculer prudemment afin de sortir du cercle et d'atteindre la zone de sécurité. Il faut reculer sans tourner le dos, en restant face à la bête, sans précipitation, en n'hésitant pas à parler de façon ferme mais sur un ton apaisant

— Doucement, l'ami. J'ai compris. Je m'en vais. Ne te fâche pas. Regarde, ça y est, je recule.

L'ours grognera sans doute encore un peu mais se calmera vite.

Je me souviens d'un gros grizzly grognon sur lequel j'étais tombé complètement par hasard dans les montagnes Saïan, non loin de la frontière mongole. Je poursuivais des bouquetins que je voulais filmer lorsque, au détour d'un gros caillou, j'ai entendu un énorme grognement, avant même d'apercevoir, à vingt mètres de moi, un grizzly dressé de toute sa hauteur et, à ses pieds, un jeune bouquetin à moitié dévoré. Je n'étais pas fier et l'adrénaline coulait dans mes veines comme de la bière pression !

Je me suis aussitôt adressé à lui :

— Désolé ! Désolé ! Je ne savais pas que tu étais là. Je m'en vais tout de suite.

Ce que j'ai fait très lentement, à reculons, sans cesser de le fixer dans les yeux et en continuant à lui raconter ma vie à laquelle je tiens tant !

Depuis maintenant presque trente ans, je sillonne les pays d'« en haut », et vous me faites l'honneur et l'amitié de me suivre. Nous nous croisons parfois, au hasard de signatures. Mais ces moments sont toujours trop brefs, trop fugaces. Comme le disent les Indiens : « C'est drôle, vous, les Blancs, vous avez tous des montres, mais vous n'avez jamais le temps ! » Avec ces pages, je voudrais vous emmener une fois encore dans mon monde. Qu'elles me permettent aussi de vous dire merci. Merci de me faire vivre mes rêves...

© Nicolas Vanier.

© Nicolas Vanier.

Conduire mes propres chiens a été le rêve de toute ma vie d'enfant et d'adolescent. Quelques années avant mes trente ans, j'ai enfin pu le réaliser.

Lorsque je prépare les traces pour les traîneaux dans la neige vierge, je m'avance religieusement avec l'impression fabuleuse d'être seul au monde. En me retournant, je contemple la trace que j'ai dessinée comme sur une belle feuille blanche.

Les formidables Nanook, Baïkal et Torok méritent le respect. Ils ont traversé l'Alaska, tout le Grand Nord canadien, d'un océan à l'autre, la Laponie, la péninsule de Kola. Ils ont effectué des voyages dans les montagnes Rocheuses, à travers le Yukon, dans les Carpates roumaines, le Jura… Ils ont participé à plusieurs grandes courses dont la mythique Yukon Quest… Je me suis amusé à calculer les kilomètres que nous avions effectués ensemble : plus de quarante mille !

© Thibault Branquart.

© Nicolas Vanier.

On demande beaucoup à un vrai chien de tête. Ce dernier doit interpréter les ordres, parfois les anticiper, prendre des initiatives, assumer ses responsabilités. Je me souviens avec émotion de deux arrivées en ville. La première dans la ville de Québec avec Voulk, un chien de tête aussi exceptionnel que Gao, qui, la seconde fois, a conduit l'attelage jusqu'au centre de Moscou.

« C'était le grand silence. On entendait juste un léger cliquetis provenant de quelques mousquetons jouant dans les boucles d'acier. Le traîneau glissait sans bruit sur la piste de neige. Mes chiens allaient bien, en ligne, traits tendus, en bon ordre, sans relâchement. On voyait à leur façon de relancer le rythme qu'ils aimaient cette course. Rarement au cours de ma vie, j'ai connu un tel sentiment de plénitude. »

© Nicolas Vanier.

© Nicolas Vanier.

À deux mois de marche du village le plus proche, de la moindre route, au bord de ce grand lac entouré de montagnes, nous avons construit la cabane de nos rêves et y avons vécu en famille, Diane, Montaine et moi.

Nous avons arrêté notre choix sur une zone proche de l'endroit où le lac se jette dans la rivière, face aux plus belles montagnes de cet écrin majestueux, au bord d'une petite crique qui donne à ce lieu si grandiose une intimité qui nous plaisait.

© Nicolas Vanier.

Bien au chaud, à l'abri dans cette cabane construite de nos mains, nous étions, ma femme Diane, notre petite fille Montaine et moi, les plus heureux. Nous n'aurions pas échangé notre paillasse dans cette petite cabane contre le meilleur des lits dans la plus belle suite du plus luxueux hôtel du monde.

Alors qu'elle n'avait pas deux ans, ma fille Montaine a effectué des milliers de kilomètres à l'arrière de mon traîneau. J'avais acheté et un peu adapté un petit système de chauffage mis au point par l'armée scandinave. Le système chauffait tout l'intérieur du sac où elle était couchée ou assise, bien au chaud malgré les températures glaciales qui régnaient parfois.

© Nicolas Vanier.

Diane porte Montaine sur ses épaules. Malgré son jeune âge, notre fille participe pleinement à l'aventure, comme ce sera le cas de son frère Loup, quelques années plus tard. Côme, le dernier, ne sera pas en reste...

© Nicolas Vanier.

© Nicolas Vanier.

© Nicolas Vanier.

© Nicolas Vanier.

En Sibérie, les poneys yakoutes font partie de la vie quotidienne. J'en ai utilisé pour traverser pendant plusieurs mois, en plein hiver, une grande partie de la Yakoutie, qui s'étend au nord du lac Baïkal. Ces poneys, d'une rusticité incroyable, sont d'une résistance exceptionnelle.

Le radeau et le canoë ont été deux autres moyens de transport qui m'ont été fort utiles, notamment pour traverser l'Alaska.

© Nicolas Vanier.

Les zones les plus montagneuses de Finlande et de Norvège sont des territoires où l'élevage des rennes bat son plein. Les Sami élèvent quelques centaines de milliers de ces animaux qu'ils font pâturer dans ces hauts alpages de lichen. Durant tout l'hiver, les Sami voyagent en motoneige pour surveiller leur harde. Les pistes sont nombreuses, régulièrement empruntées par les éleveurs et donc parfaites pour les chiens et ceux qui les conduisent.

© Nicolas Vanier.

Lorsqu'on choisit un emplacement pour creuser un trou de pêche dans un lac gelé, mieux vaut être sûr qu'il reste de l'eau libre sous la glace...

La canne à pêche est de chaque voyage. Dans ces zones éloignées de tout, en Alaska, en Sibérie ou au Canada, où chacun rêve un jour d'aller tremper sa canne, j'ai souvent pêché par nécessité plus que par plaisir, pour me nourrir et nourrir mes chiens.

© Nicolas Vanier.

« Le phoque relève la tête à intervalles réguliers, toutes les trois minutes environ, et ce, pendant une bonne minute, pour surveiller la banquise et un ours éventuel. Durant ce laps de temps, tu ne dois pas bouger d'un cheveu, surtout sur la fin de l'approche. » Voilà la leçon que m'a donné Iruktik, un Inuit, et que je n'ai jamais oubliée.

© Nicolas Vanier.

Un équipier, c'est comme un restaurant. Il y en a des bons, des mauvais, des sympathiques, des extravagants, ceux dont la carte est alléchante mais qui déçoivent, ceux qui ne paient pas de mine mais qui surprennent…

Totoche a été de ceux qui m'ont accompagné pour traverser l'Alaska sur un radeau construit de nos mains, puis il a fait partie de l'équipe avec laquelle nous avons descendu la rivière Jana dans l'Arctique sibérien. Il est venu me rejoindre dans le Yukon alors que je participais à l'une des plus grandes courses de traîneaux à chiens du monde : la Yukon Quest.

Enfin, il a été là chaque fois que j'avais besoin de lui. (Ci-contre.)

Mon Derzou Ouzala : Nicolaï. Il m'a proposé d'effectuer avec sa famille la transhumance de printemps jusque sur les hauts alpages où ils nomadisaient durant tout l'été. (Ci-dessous.)

© Nicolas Vanier.

© Nicolas Vanier.

© Nicolas Vanier.

(Ci-dessus.)

Norman, dans *Le Dernier Trappeur*, joue son propre rôle. Son chien, Nanook, a connu un destin hors du commun. Abandonné à la SPA par des maîtres peu scrupuleux, je l'ai recueilli et il s'est avéré un comédien hors pair. Il vit aujourd'hui dans les montagnes Rocheuses, avec Andrew, qui l'a préparé pour le film.

Alain Brénichot, c'est le grand frère que je n'ai pas eu. Une indéfectible amitié affectueuse, basée sur une admiration mutuelle, nous lie, malgré nos différences. (Ci-contre.)

© Nicolas Vanier.

© Nicolas Vanier.

Benoît est mon ami d'enfance, le compagnon de mes premiers voyages. C'est un optimiste qui ne fait jamais la gueule, mais surtout quelqu'un de sûr, et c'est suffisamment rare pour être signalé. (Ci-dessus.)

© Nicolas Vanier.

Avec Jérôme (en haut à droite), nous avons partagé beaucoup d'aventures, au Québec, en Laponie, dans le Yukon... Il fait partie des fidèles parmi les fidèles, au même titre que Pierre, Thomas, Didier, Emmanuel...

Volodia était géologue (au centre). Je l'ai rencontré alors que je préparais ma première grande expédition en Sibérie. Il a exprimé le souhait de faire partie de l'équipe avec laquelle je planifiais d'aller de la frontière mongole jusqu'au lac Baïkal. J'aimais son regard, sa façon d'aborder les problèmes. Je lui ai dis oui, spontanément, sans réfléchir. Nous n'allions plus nous quitter pendant un an et demi.

© Nicolas Vanier.

Notre complicité extraordinaire tient au fait que nous partageons, les chiens et moi, la même passion : celle de parcourir les immensités sauvages.

Le lac Baïkal est un joyau. La perle de la Sibérie. Je l'ai quitté un beau matin de décembre en promettant de ne pas y retourner. Je veux garder en moi le souvenir du lac que j'ai aimé et qui s'en va... (Ci-contre.)

Le recul de la banquise, la disparition de la taïga, voilà ce contre quoi il faut se battre. Il est temps de prendre nos responsabilités et d'œuvrer pour un développement durable des ressources de cette belle petite planète avec ses phoques, ses ours, ses lynx, sa forêt et sa banquise, car « tout se tient », comme disent les Indiens. Après avoir conjugué le verbe « avoir » sous toutes ses formes depuis quarante ans – avoir, avoir toujours plus –, nous nous rendons compte qu'il va falloir commencer à conjuguer le verbe « être ».

Le camp des Écorces.

Avec Alain Brénichot, mon grand complice, nous avons monté ce camp, dont je parle à plusieurs reprises dans ce livre. C'est à partir de ce camp, où vivent mes chiens depuis près de dix ans, que nous organisons des initiations et des randonnées en hiver et en été.

© Nicolas Vanier.

© Nicolas Vanier.

© Nicolas Vanier.

© Nicolas Vanier.

S'il est un message que je veux transmettre, c'est bien celui-ci : il nous faut reprendre conscience de la valeur des choses, de leur rareté, de la part de ce que nous pouvons utiliser pour laisser aux générations futures le droit de pouvoir le faire aussi. Nous ne pouvons continuer d'aimer nos enfants en nous exonérant de cette responsabilité.

L'ours a immédiatement cessé de grogner et m'a fixé avec un drôle d'air renfrogné mais étonné. Il penchait la tête, perplexe, cherchant à mieux voir cet animal curieux qu'il n'avait assurément jamais rencontré.

L'ours voit très mal. Il est même complètement myope, ce qu'il compense par un excellent odorat, et ce que sentait cet ours furieux ne ressemblait à rien de connu.

En parlant à un ours menaçant qui hésite toujours à attaquer un homme, « cet étrange animal debout sur ses pattes », on gagne quelques secondes déterminantes, celles qui peuvent ou non déclencher le cauchemar. Car il est des cauchemars. J'en ai vécu un.

C'était dans les montagnes Rocheuses, en Colombie-Britannique. J'allais rendre visite à l'un de mes amis, un Indien Sekani de Fort Ware. En route, j'avais décidé d'aller faire des photos dans un parc de cette magnifique région, accueilli par un garde mandaté par son chef qui m'avait gentiment accordé le droit d'aller partout.

Le deuxième jour, un message d'alerte avait été diffusé et capté par nos soins sur notre talkie-walkie : « *Grizzly attack !* »

Nous étions proches de la zone et nous y sommes rendus alors qu'un hélicoptère s'envolait immédiatement de Prince George. Pendant ce temps-là, la procédure habituelle se mettait en place : la fermeture et la sécurisation de toute la zone grâce à un système de messages radio, de panneaux sur les routes et de barrages filtrants. Des gardes prévenaient les automobilistes qu'ils avaient interdiction de s'arrêter et de descendre de leur véhicule à l'intérieur du périmètre de sécurité.

Rares sont ceux qui veulent enfreindre ce genre de recommandations quand on sait la peur que le grizzly génère.

Nous nous sommes informés de ce qui s'était passé.

Les nouvelles étaient vagues, et pour cause.

Un automobiliste avait aperçu une sorte d'amas sanguinolent de chair rampant vers la route. Il s'agissait d'une femme, ou du moins de ce qu'il en restait. L'automobiliste avait juste eu le temps de comprendre qu'elle parlait d'un grizzly avant qu'elle ne s'évanouisse.

Nous avons aperçu la femme, prise en charge, compte tenu de la gravité de ses blessures, par un hélicoptère.

La pauvre femme, dans le coma, avait une jambe à moitié arrachée, ainsi qu'un bras, une horrible morsure au visage qui la défigurait totalement, ainsi que de nombreuses estafilades et morsures sur le corps.

Garrottée, déjà sous perfusion, elle luttait, entre la vie et la mort.

Un peu plus loin, son mari n'avait pas eu cette « chance ».

Il était mort.

L'ours s'était déchaîné sur lui..

Nous avons approché de la zone de l'accident avec trois gardes armés, décidés à tuer l'ours. L'expérience prouve qu'un ours ayant goûté à la chair humaine devient potentiellement très dangereux.

L'ours avait tué un cerf. Nous le découvrîmes non loin de l'endroit où avait eu lieu l'attaque. Les deux jeunes mariés s'étaient approchés de la zone sans le savoir. Ils n'étaient pas équipés de clochettes et avaient surpris l'ours qui s'était manifesté. Ils avaient sans doute tenté de fuir. L'ours, tel un chat derrière une balle, s'était élancé, avait fauché l'homme d'un seul coup de patte. Celui-ci avait bien essayé de se défendre, mais que faire face à un ours furieux, excité par l'odeur du sang ?

La femme s'était alors élancée dans l'arbre le plus proche et l'avait escaladé, pour assister à l'horrible spectacle de l'ours labourant le corps de son compagnon à coups de griffe, le retournant pour mieux le saisir dans ses mâchoires et le secouer comme on le fait d'un vulgaire jouet désarticulé.

Puis, lorsque l'homme n'avait plus du tout bougé, qu'il était devenu une masse inerte, l'ours s'était intéressé à cette femme criant dans l'arbre le plus proche.

Oh ! pas un gros arbre, un petit pin d'à peine huit mètres de haut. De la rigolade pour un grizzly faussement pataud qui peut faire preuve d'une étonnante agilité lorsqu'il s'agit de grimper dans un arbre.

La femme, terrorisée, avait hurlé, hurlé, en vain.

L'ours l'avait décrochée en l'attrapant par l'une de ses jambes qu'il avait presque arrachée. En tombant sur le sol, elle s'était évanouie. C'est ce qui l'avait sauvée ! L'ours s'en était désintéressé. Lassé de tout ce bruit, fatigué par cette histoire, il s'en était retourné dans la montagne.

La femme s'était réveillée. Elle perdait beaucoup de sang. Infirmière, elle avait eu la présence d'esprit de se poser un garrot puis avait rampé le long du sentier jusqu'à la route située à une cinquantaine de mètres. C'est là qu'un automobiliste l'avait aperçue.

La jeune femme n'a pas survécu à ses blessures.

Le grizzly est mort lui aussi, le soir même, abattu depuis un hélicoptère du parc qui a réussi à le repérer non loin de la zone.

Le lendemain, l'affaire faisait la une de tous les journaux, comme chaque année, parce que les lecteurs sont friands de ce genre d'histoire. Frissons garantis, relation au sauvage...

Pas un seul article n'évoquait le fait qu'il s'agissait encore une fois d'une erreur assez grossière et qu'avec un minimum de précautions la vie de ces deux personnes et celle de l'ours auraient pu être épargnées. Sachant qu'ils pénétraient dans une zone à forte densité d'ours, le couple aurait dû se munir de clochettes. L'ours, averti, se serait contenté de grogner lorsque les deux personnes se seraient approchées des limites à ne pas dépasser. Ils auraient pu faire prudemment marche arrière au lieu de fuir à toute vitesse en lui tournant le dos. En lui faisant face, et en reculant doucement, on désamorce neuf fois sur dix la bombe prête à exploser. En parlant à l'ours, on augmente encore d'un demi-point les chances de s'en sortir indemne !

En cas de conflit, tous les psychologues de la terre vous le diront : il faut parler. Alors, la prochaine fois que vous tombez nez à nez avec un grizzly pas très content de vous voir sur son territoire, voici un bon conseil ! Demandez-lui n'importe quoi – s'il est satisfait de sa nouvelle coupe de cheveux, ce qu'il pense du fond de l'air un peu humide – ou donnez-lui des nouvelles de la chaudière à bois que vous venez d'installer chez vous, n'importe quoi, mais parlez-lui !

Les ours polaires sont d'une autre trempe. Ils sont encore plus sauvages et peureux que les grizzlys, si bien que, dans la plupart des cas, ils s'enfuient à toutes jambes à l'approche d'humains – à l'exception bien entendu de ces ersatz d'ours blancs habitués aux touristes qui, à longueur de journée, les mitraillent avec leurs téléobjectifs depuis les cars aménagés pour ça.

Je me suis toujours demandé ce qui motivait ces myriades d'amateurs à passer des journées à photographier ces animaux, l'œil vissé dans l'objectif, plutôt que de les admirer tranquillement. Autant rester chez soi et regarder les nombreuses chaînes animalières qui diffusent des reportages en boucle. Si le but est de réaliser de belles photos, donc de pouvoir les regarder et les montrer ensuite, pourquoi ne pas acquérir l'un de ces albums fantastiques réalisés par de grands photographes professionnels, remplis de photos dont la plus mauvaise ne sera jamais aussi mauvaise que la meilleure de ces amateurs ? Il y a là quelque chose qui ressemble au plaisir assez malsain, il faut bien en convenir, du chasseur collectionneur de trophées dont le but n'est pas dans l'approche et la compréhension d'un territoire, mais dans la conquête pure et simple. Je porte le même regard sur ces gens qui collectionnent et « font » les pays comme on se « fait » une nana ou un sanglier. Beaucoup de chasseurs, collectionneurs de trophées, disent aussi : « Ce week-end, je me suis fait un énorme cerf. »

Les ours polaires ne « se font » pas beaucoup de gens parce qu'ils sont peureux. Robert Brown, un voyageur naturaliste anglais de renom, a bien résumé la chose, en réaction aux légendes que l'on entretient : « Je ne peux m'empêcher de penser que les impressions que nous tenons pour acquises concernant la férocité des ours polaires sont dues davantage à notre notion de ce qui *doit être* qu'à ce qui *est.* »

C'est parfaitement résumé.

Pourtant, à l'inverse des grizzlys qui ne prennent jamais l'homme pour proie quand ils sont en appétit, l'ours polaire fait partie de la liste très réduite des animaux qui, sur cette belle petite Terre, sont capables de « chasser » un homme pour se nourrir.

J'en ai fait l'expérience.

J'étais sur la banquise. Les vingt chiens de mes deux amis québécois avec lesquels nous voyagions depuis deux mois avaient faim de viande. Nourris exclusivement avec des granulés d'une qualité médiocre, ils avaient besoin de cette énergie. C'était le mois de mars et de nombreux phoques se prélassaient au soleil comme de jolies jeunes filles se dorant la pilule sur la plage. Pour ces bains de soleil, les phoques se hissent sur la glace par un trou qu'ils entretiennent soigneusement. Ils se tiennent au bord de celui-ci, prêts à sauter pour regagner l'eau et sa protection à la moindre alerte. Ils font preuve d'une prudence maladive, que l'on comprend bien en voyant la fulgurance des attaques de l'ours polaire. Ceux-ci s'approchent en rampant, prenant soin de marcher avec le soleil dans le dos pour que leur proie soit éblouie. La légende dit que l'ours qui n'a de noir que le nez le cache avec sa patte pour mieux se noyer dans le blanc de la banquise. Ces belles demoiselles rôtissant leur fourrure au soleil ne dorment donc que d'un œil, voire d'un demi, et se redressent toutes les minutes pour scruter la banquise et s'assurer que, dans tout ce blanc, il n'y a pas un peu de blanc d'ours !

J'aurais dû apprendre à en faire de même, car l'ours qui m'approchait ainsi, alors que je rampais moi-même vers un phoque, aurait dû me tuer. Il ne lui restait que soixante mètres à franchir avant de se lancer sur moi à la vitesse de l'éclair et de me fracasser le crâne d'un seul coup de patte.

Mais j'ai eu de la chance. Un énorme coup de pot, à dix minutes près votre dévoué serviteur ne serait plus là pour le raconter.

Le phoque que je visais n'était plus qu'à deux cents mètres. Je l'approchais depuis des heures, courbé en deux derrière l'écran de toile blanche censé me cacher, ruisselant de sueur sous le soleil de plomb que réverbérait la banquise. Quel dur métier que celui d'ours polaire ! Les chiens avaient faim mais n'est pas inuit qui veut et, en trois jours, je n'avais pas pu en mettre un seul en joue. Celui-là, je croyais enfin le tenir, mais voici que tout à coup, il se dressa à l'aide de ses deux nageoires et resta un long moment à fixer droit dans ma direction. Je ne bougeais pas mais il était inquiet. Soudain, il fit un bond de côté et glissa vers le trou qui allait l'engloutir. Je tentai ma chance, tirai une balle, d'instinct, sans vraiment ajuster car je n'en avais pas le temps. Le projectile passa au-dessus du phoque. Le coup de feu avait fait un bruit énorme dans ce grand silence, troublé seulement de temps en temps par les grincements des blocs de glace enchâssés les uns contre les autres.

Ce bruit me sauva la vie, car l'ours n'était plus très loin de moi. Je ne le vis pas tout de suite. Penaud, traînant ma toile, la carabine en bandoulière, je m'en retournai sur mes pas, grognon et surtout vexé, imaginant déjà le regard implorant des chiens qui avaient pris l'habitude de me voir revenir de la chasse avec quelque chose, au moins quelques perdrix à leur distribuer en guise de friandise. Mais, ce jour-là, je n'avais rien, comme la veille et l'avant-veille. Six bons kilomètres me séparaient du camp. Alors, je m'appliquais à marcher exactement dans mes traces pour ne pas peiner dans la croûte neigeuse, épaisse d'une dizaine de centimètres.

Je n'avais pas fait soixante mètres que je tombai sur une empreinte d'ours, si grande qu'elle recouvrait presque entièrement les traces de mes deux pieds, si fraîche que des flocons de neige glissaient encore à la surface de la banquise, chassés par un petit vent de surface. Je me souviens encore du jet d'adrénaline qui m'a fait faire un bond incroyable. Fébrilement, j'ai déverrouillé la carabine, puis, seulement, j'ai osé regarder autour de moi. Aussi loin que je pouvais voir, les empreintes suivaient exactement les miennes. Mon sang s'est glacé dans mes veines en remarquant la distance qui le séparait de sa proie. Sa trace quittait brusquement la mienne – au moment du coup de feu – pour se diriger vers la mer libre que l'on observait au loin, au-delà de toute une constellation d'icebergs piégés par la glace.

Reprenant mes esprits, j'ai compris ce qui s'était joué : l'ours chassant l'homme qui chassait le phoque. Remerciant déjà la providence, je décidai de suivre la piste.

Je le vis rapidement, aussitôt que je dépassai, très prudemment, l'iceberg que la piste frôlait. Les traces indiquaient qu'il avait galopé jusque-là. Avec un amusement teinté encore d'un peu de peur rétrospective, j'imaginai celle de l'ours, le sursaut qu'il avait dû faire en entendant ce coup de tonnerre alors que, peinard, il effectuait sa petite approche sur la banquise et s'apprêtait à conclure, à quelques minutes d'un bon festin.

Je l'observai longtemps, ce seigneur de l'Arctique, déambulant, hiératique, puissant mais terriblement gracieux. À un moment, l'ours observa la mer qu'il longeait. Je crus apercevoir quelques flèches noires, comme des épées : peut-être des narvals, mais cela disparut trop vite. L'ours se laissa glisser dans l'eau à cet instant.

Je m'approchai de la mer libre et restai un long moment à observer le ciel d'une épaisseur de bleu infini, une voûte immense qui rejoignait l'arrondi de la terre. J'admirai l'eau sombre, d'un bleu presque noir, de la mer libre qu'une immense plage de glace bordait tout au long du fjord au fond duquel nous avions établi notre camp.

Je n'avais plus envie de rentrer. Je prenais mon temps. J'étais bien car je ressentais un plaisir simple, tenace, vrai.

Celui d'être en vie.

Sur les traces de Jack London

Nous avons hiverné plusieurs fois à Whitehorse : pendant la préparation de la Yukon Quest, grande course de traîneaux à chiens à laquelle j'ai participé deux fois, puis pendant le tournage du *Dernier Trappeur*, qui a duré un an et demi.

La première fois, nous logions, avec Diane et nos deux enfants – Loup était alors âgé de quelques mois –, dans un petit mobil-home que m'avait prêté Frank Turner, le recordman de l'épreuve : 1 600 kilomètres en moins de onze jours ! Record battu en 2007 par Lance Mackey, qui a réalisé l'incroyable exploit d'enchaîner avec l'autre grande course mondiale, l'Iditarod, et de gagner ! Chapeau bas.

C'est Frank Turner qui m'avait donc suggéré l'idée de participer à cette course mythique et m'avait proposé de m'initier.

Nous avions fabriqué quatorze niches pour mes chiens, installées devant le mobil-home. À l'extrémité de ce chenil improvisé, une route de neige rejoignait le fleuve Yukon puis le grand lac Laberge. À partir de là, une multitude de pistes permettaient de varier les itinéraires dans les grandes plaines du Yukon ou vers les vallées sauvages des montagnes Rocheuses.

Frank entraîne toujours sur la même piste, s'étonnant de la variété de mes itinéraires. Son plaisir est de faire courir ses chiens. Il ne regarde qu'eux et sa montre pour calculer les moyennes réalisées en fonction des équipes qu'il forme à partir de ses cent cinquante chiens !

Pour cela, il lui faut des repères précis qui lui servent de référence. « Quarante-sept minutes pour arriver à l'embranchement de la rivière Yukon et de la rivière Fraser, c'est trois minutes de moins qu'avec l'attelage d'hier. » Le lendemain, il repassera à la même place, empruntant la même piste, avec un attelage qu'il modifiera en fonction des enseignements de cet entraînement chronométré, disséqué, étudié à l'ordinateur où il entre toutes les données qu'il analysera, froidement.

C'est à ce prix qu'on gagne des courses comme la Yukon Quest ou l'Iditarod. Les premières places sont aujourd'hui réservées aux professionnels et à leurs chiens : des alaskans, obtenus à partir de croisements réfléchis entre différentes races de chiens, nordiques ou non.

Mon objectif n'était pas de devenir un de ces mushers professionnels entraînant plus de cent chiens, auxquels on donne des numéros parce qu'il devient difficile de trouver des noms : A1, A2, A3 sont trois chiens de la même portée, B1 à B6, les six chiens d'une autre, et ainsi de suite... Je n'avais pas envie de consacrer mes jours à entraîner des numéros, comme une voiture tournant indéfiniment sur le même circuit.

Mais je n'étais pas là non plus pour faire de la figuration. J'entraînais et je préparais cette course le plus sérieusement du monde. Je voulais obtenir le meilleur de mon petit attelage de quatorze chiens. Alors, j'apprenais l'excellence auprès d'un grand musher, coureur de longue distance, passionné à l'idée de pouvoir participer à une course mythique, réputée comme étant l'une des épreuves sportives les plus difficiles au monde.

Pour prétendre arriver au bout de cette course au cours de laquelle un attelage sur deux ou trois, en fonction des années, abandonne, il fallait s'entraîner très sérieusement. Ce que je faisais, car je n'avais pas du tout envie de faire la course en queue de peloton. Quitte à prendre le départ, autant courir le mieux possible, le plus vite possible.

Une épreuve de qualification d'au moins deux cents miles était requise pour prétendre s'aligner au départ. Elle eut lieu au plus froid de l'hiver, à une température record de moins cinquante-huit degrés, ce qui n'était pas pour nous gêner, ni les chiens ni moi.

Il s'agissait d'un aller et retour sur une distance d'environ quatre cents kilomètres. Nous prenions le départ à une douzaine. J'étais le seul à conduire un attelage de chiens nordiques. Tous les concurrents alignaient des alaskans : de véritables machines de course, effilés, rapides, endurants. Après celle-là, il n'y avait pas d'autre épreuve qualificative pour la Yukon Quest, ce qui me causait un stress terrible. C'était la première course à laquelle je participais et tout m'inquiétait. Je pris le départ en septième position. Dès le début, je frisai la catastrophe. À peine parti, je crus avoir raté un embranchement et fis demi-tour. Je n'avais pas fait cent mètres que je vis débouler un attelage à fond de train, au grand galop, qui arriva sur moi comme le ferait un boulet de canon. Au départ, les chiens sont fous furieux et ne se calment qu'au bout d'une bonne vingtaine de kilomètres. Je hurlai à Voulk, mon chien de tête, de tourner à droite, ce qu'il fit en plongeant dans la neige profonde. Si les premiers chiens suivirent, les autres n'en eurent pas le temps et le croisement de nos deux attelages sur une piste aussi étroite qu'un seul traîneau se fit de justesse, le musher ayant eu le réflexe de coucher son traîneau sur un patin pour éviter le mien. Il me gratifia d'une injure méritée et s'en alla en brandissant le poing. Je courus vers Voulk pour lui faire effectuer un demi-tour, ce qui ne se fit pas sans que quelques chiens s'emmêlent, et ce qui devait arriver arriva. L'attelage suivant – il en partait un toutes les deux minutes –

déboula. Il n'eut pas le temps de freiner et arriva sur nous. S'ensuivit une pagaille indescriptible. Les deux attelages emmêlés, coincés dans leurs traits, ressemblaient à une pelote. Quelques-uns de mes chiens – Baïkal, le chef de ma meute, ainsi qu'Oumiak, Amarok et Kurvik – grognaient en montrant les crocs. Il aurait suffi d'une étincelle pour qu'éclate une bagarre générale dont les alaskans feraient les frais, car mes chiens étaient bien plus puissants et bagarreurs. Je hurlais pour les calmer, brandissant un bâton au-dessus d'eux, prêt à frapper à la moindre incartade. Ils comprirent qu'il valait mieux ne pas moufter.

Surtout, il fallait faire vite ! Un autre attelage allait débouler. Ce ne serait plus vingt-huit chiens qui seraient emmêlés, mais quarante-deux, en attendant les quatorze suivants. J'étais mort de honte. Si j'avais pu, je me serais enfoncé dans la neige avec mes chiens pour n'en ressortir qu'à la fin de l'hiver !

Je ne sais comment je réussis à démêler les chiens, en coupant notamment quelques traits au couteau. Le musher put se dégager et reprendre la piste avant que le suivant arrive. Je l'aidai comme je pus à remettre la ligne et ses chiens en marche.

Dès qu'il eut disparu, je poussai mon traîneau hors de la piste et essayai de mettre de l'ordre, de remplacer ou de réparer ce que j'avais coupé. Je ne pensais déjà plus à la qualification, certain que les juges, qui ne manqueraient pas d'en être informés, allaient me disqualifier, cette course étant censée prouver à ceux qui l'observaient la compétence des mushers.

En matière de compétence, ce que j'avais prouvé en moins d'un kilomètre frisait le ridicule. Je m'étais perdu, emmêlé. J'étais un danger public pour les autres et j'avais déjà rétrogradé de six places en quelques minutes !

J'en aurais pleuré.

Je remis tout en ordre et repartis juste avant que le dernier musher s'élance. Excités, les chiens galopaient mais n'allaient pas aussi vite que l'attelage d'alaskans qui arriva derrière nous et demanda le passage. Je m'arrêtai aussitôt et le laissai passer.

Le musher m'adressa un grand sourire en guise de remerciement, ce qui me redonna un peu de courage. Je me mis derrière lui et mes chiens galopèrent sans lâcher prise.

On alla ainsi une heure durant, puis le musher stoppa pour donner un snack à ses chiens. Dans la demi-heure qui suivit, j'en doublai deux autres, arrêtés pour mettre des bottines à leurs chiens. Par un froid pareil, les alaskans souffraient de l'abrasion de leurs pattes fragiles sur la neige, alors que les miens, plus rustiques, s'en fichaient.

La nuit commença à tomber. Je m'arrêtai pour m'y préparer en vérifiant mes deux lampes frontales, puis je repartis. Je doublai encore deux attelages, ceux avec lesquels je m'étais emmêlé. J'en profitai pour m'excuser maladroitement, expliquant que j'avais fait une fausse manœuvre, ce qu'ils savaient déjà !

Je commençais à retrouver un petit peu le moral. Mes chiens couraient bien, plus vite que je ne le pensais. Nous allions pratiquement au même rythme que la plupart des attelages alaskans.

Oui, ça allait bien.

Mais ça ne dura pas.

La nuit était maintenant tombée, noire et froide, sans lune. Je suivais une route de neige qui traversait une forêt de conifères lorsqu'un ruisseau gelé barra le chemin. Avec le froid, la glace s'était épaissie et de l'eau était remontée au-dessus d'elle. Je tentai une manœuvre pour l'éviter, mais la surface trop glissante ne permettait pas la moindre prise de carres. Le frein ne mordait pas et m'empêchait de contrôler la vitesse. Or les chiens avaient accéléré. Ils voulaient franchir le mauvais passage au plus vite sans trop se mouiller les pattes. Je ne sais pas comment je me débrouillai, mais je perdis l'équilibre et mon pied, qui retomba à côté du patin, accrocha un bloc de glace qui me fit tomber. Je perdis le traîneau qui continua, entraîné par les chiens lancés au galop. J'eus quelque peine à me remettre debout. Lorsque j'y parvins, je me retrouvai sur le chemin, dans la nuit noire. L'ampoule de ma lampe frontale s'était brisée. Celle de rechange était sur mon traîneau qui avait disparu.

— Vouuulk !

Mais il n'y avait plus de Voulk, ni de chiens ni de traîneau.

J'étais ridicule et tout mon flanc droit, mouillé, allait geler.

J'hésitai sur la marche à suivre. Devais-je faire un feu pour me sécher ? Attendre qu'un musher veuille bien me prendre en stop afin de rejoindre mon attelage, qui pouvait être loin ? Devais-je immédiatement me lancer à sa poursuite ?

C'est ce que je fis, mort de honte à l'idée de devoir demander de l'aide après ce que j'avais déjà fait au départ. Si j'avais une chance sur mille de rejoindre mes chiens avant qu'un musher déboule, cela méritait d'être tenté.

Je partis trop vite et m'essoufflai rapidement, ce qui, par moins cinquante, est dangereux car on se brûle l'intérieur de la gorge. Il faisait nuit noire, mais le ruban gris du chemin contrastait bien dans le noir de la forêt. Je me retournais souvent, cherchant derrière moi la lueur d'une lampe frontale, sans savoir vraiment si je l'espérais ou la craignais.

Et, tout à coup, je les vis, sagement couchés sur le bord du chemin, qui m'attendaient. J'en aurais pleuré de joie. Je courus vers eux, les embrassai un à un, les félicitai, leur donnai des tranches de poisson, et ils durent se demander ce qu'ils avaient fait de si fantastique pour être si chaudement récompensés.

Une lueur creva l'obscurité au loin. Un musher se profilait, qui ignorerait donc tout de ce qui m'était arrivé. Je me changeai et enquillai derrière lui.

Durant deux heures, nous allâmes ainsi, l'un derrière l'autre dans la froideur de la nuit. Puis il s'arrêta. Cela faisait six heures que le départ avait été donné et nous avions parcouru près de cent kilomètres. Il en restait un peu moins de cent encore avant le *check point* où nous devions faire demi-tour, après un contrôle vétérinaire obligatoire.

Comme mes chiens allaient bien, je continuai pour deux heures encore. Je doublai trois attelages qui se reposaient au bord de la piste.

Celle-ci débouchait sur les hauteurs après une longue et lente montée. Une succession de petits lacs s'égrenaient comme un chapelet. La piste les traversait en leur centre puis s'enfonçait dans les petites forêts environnantes. Au fond d'un des lacs, je vis des lueurs de feux et plusieurs faisceaux de lampes frontales qui allaient et venaient des chiens jusqu'aux traîneaux. Les quatre mushers qui restaient devant moi s'étaient arrêtés ensemble. Ils s'étaient installés au milieu de la piste pour profiter de la surface dure, mais la bloquaient. Comme ils étaient en tête, ils n'avaient pas imaginé qu'un attelage allait réclamer le passage, ce que je fis. Ils se garèrent dans la neige fraîche en ronchonnant. Un des mushers m'interpella :

— Tu ne vas pas aller au *check point* d'une seule traite quand même. Tes chiens ont besoin d'une pause.

Je répondis que cela me regardait et que je m'arrêterais quand je l'estimerais nécessaire.

Il me dit que j'avais tort d'aller si loin sans donner un peu de repos aux chiens, que je le paierais au retour.

Je compris vite que ce musher-là visait la prime promise au premier et qu'il s'inquiétait.

Je le rassurai, lui expliquant que j'allais m'arrêter plus loin. Il crut à une ruse de ma part. Lorsque je m'arrêtai, une heure plus tard, en plein bois, et commençai à allumer un feu pour fabriquer de l'eau, je le vis débouler, prouvant qu'il m'avait suivi sans s'accorder le repos qu'il avait prévu.

C'est lui qui allait griller ses chiens !

Le thermomètre continua à descendre pour atteindre près de moins soixante. Nous n'étions plus très loin des records.

Après deux heures de pause durant lesquelles je m'accordai une demi-heure de sommeil, allongé sur mon traîneau, je repartis. Les trois autres mushers m'avaient doublé pendant la pause. Ils étaient donc quatre devant moi et sept derrière. Piqué au jeu, je décidai d'aller d'une seule traite jusqu'au *check point*. Là, tous les mushers allaient accorder au moins six heures de repos aux chiens. Ayant environ une heure de retard sur les trois mushers qui voyageaient ensemble, je décidai de repartir avec eux du *check point*, visant alors une place sur le podium.

Malheureusement, je ne pus mettre ce plan en application. En arrivant, le directeur de course me dit que le retour était annulé en raison du très grand froid. J'étais consterné car j'imaginais que je n'allais donc pas me qualifier. Mais les juges annoncèrent qu'ils allaient tout de même valider la qualification de ceux qui avaient été capables d'atteindre le *check point* en un temps raisonnable et avec des chiens suffisamment frais pour repartir. Les vétérinaires étaient chargés d'émettre leur avis. Ils dirent au directeur de course que les chiens les plus en forme étaient les miens, ce qui se comprend dans la mesure où leur rusticité leur permettait de courir sans problème par des froids pareils. En revanche, nombre de chiens alaskans, aux pattes fragiles et à la fourrure trop fine, souffraient d'engelures et de déshydratation.

J'étais donc qualifié, et il ne se trouva pas un seul musher pour aller déposer une réclamation concernant mon départ. Tout cela était déjà oublié.

Pour que les chiens soient capables de courir près de deux cents kilomètres par vingt-quatre heures à un tel rythme, l'entraînement est primordial.

Il commence dès le mois de juillet. Les chiens tirent un quad sur les chemins de terre aux heures les plus froides de la journée, entre cinq et sept heures du matin. Cette mise en jambes, ou plutôt « en pattes », qui se poursuit jusqu'aux premières neiges permet d'obtenir des chiens en pleine forme, musclés et endurants, pour les grands entraînements de l'hiver.

Cinq jours sur sept (ils se reposent deux jours par semaine après un long entraînement de plus de cent kilomètres), les chiens sont alors attelés pour une randonnée d'au moins quatre-vingts kilomètres.

Pendant les entraînements que j'avais faits au Yukon avant la Yukon Quest, Montaine, ma fille, alors âgée de quatre ans, m'accompagnait parfois. Elle connaissait. Alors qu'elle n'avait pas deux ans, elle avait voyagé des mois durant à l'arrière du traîneau et elle avait effectué avec Diane et moi plusieurs milliers de kilomètres à travers le nord de la Colombie-Britannique et du Yukon, jusqu'en Alaska. Pour ce voyage, j'avais acheté et un peu adapté un système de chauffage mis au point par l'armée scandinave pour l'évacuation de blessés en période de grand froid. Il s'agissait d'une sorte de petit boîtier métallique dans lequel un morceau de charbon se consumait, alors qu'un moteur à pile évacuait la chaleur ainsi produite dans des tentacules dont on entourait le blessé.

Positionné à l'extrémité d'un sac de couchage où il fallait prévoir une aération, le système chauffait tout l'intérieur du sac où elle était couchée ou assise, bien au chaud, malgré les températures glaciales qui régnaient parfois. Par moins cinquante, nous pouvions progresser avec notre petit trésor en ayant l'assurance de ne pas la retrouver gelée dans le sac au bout de quelques heures ! Il suffisait de vérifier le bon fonctionnement du système et de surveiller le petit bout de nez et les deux petits morceaux de joue qu'elle exposait parfois lorsqu'elle sortait sa tête du sac pour admirer le paysage ou voir « ses » chiens au travail.

Ce système, une fois refaite la provision de briquettes de charbon si difficiles à obtenir, a repris du service au Yukon. Je m'en servais pour Montaine qui, à quatre ans, était encore un peu petite pour produire assez de chaleur pour supporter les frimas de l'hiver, mais surtout pour le « p'tit Loup », son frère de cinq mois, qui, dès son premier hiver, effectuera plusieurs centaines de kilomètres d'entraînement avec moi.

Le plaisir était total et immense lorsque nous partions pour de grandes randonnées en famille. Diane se mettait à l'arrière avec moi, sur l'un des deux patins du traîneau. Elle veillait sur Loup et Montaine, qui se pelotonnaient l'un contre l'autre, chaudement et douillettement installés à l'arrière du traîneau alors que je me concentrais sur la piste et les chiens. Nous choisissions des itinéraires faciles et sans danger, remontant de longues vallées boisées où les trappeurs entretiennent en motoneige des lignes de trappe qui sont d'excellentes pistes d'entraînement pour les chiens. Lorsque nous partions plusieurs jours, nous emportions la tente et l'indispensable petit poêle à bois en tôle légère qui permettait d'obtenir une relative chaleur le soir et le matin.

La nuit, Loup dormait dans mon sac de couchage et Montaine dans celui de sa mère. Nos enfants profitaient alors de notre chaleur respective.

Parfois, nous utilisions la cabane de l'un ou l'autre de ces trappeurs dont nous suivions les lignes de trappe. Nous faisions alors l'économie d'un montage et démontage de camp, avec surtout la perspective d'une bonne nuit au chaud.

C'est ainsi que nous avons rencontré Alex, le doyen des trappeurs du Yukon, connu et reconnu, l'une des figures de cette province du Canada où personne ne passe inaperçu. Alex a quatre-vingt-un ans. Son père est arrivé au Yukon pendant la fameuse ruée vers l'or du Klondike. En montant le *Chilkoot pass,* en août 1897, il avait échangé du tabac avec un certain Jack London, croisé à de nombreuses reprises dans un bar de Dawson où le père d'Alex vendait de la viande. Ils se revirent ensuite dans l'une des cabanes où Jack London passa une partie de l'hiver 1898. Le père d'Alex lui avait souvent parlé de ce Jack qui ne faisait pas grand-chose d'autre que de fréquenter les bars. Il lui avait fait part de son étonnement lorsque, quelques années plus tard, il s'était aperçu que cet homme un peu désœuvré avait signé les œuvres exceptionnelles que l'on connaît.

Alex avait conservé une photographie de son père et de Jack London. On les voyait ensemble avec deux de leurs copains, dont Emil Jensen, qui avait fourni le personnage de Malamute Kid dans plusieurs nouvelles du *Fils du loup*. Ils se tenaient autour d'un feu qu'ils avaient construit, non loin de cette cabane, et posaient devant un élan que le père d'Alex avait tué à proximité.

Ce dernier était assez sévère avec Jack London. Il le considérait comme un feignant et s'était indigné à la lecture du livre d'un biographe nommé Irving Stone. Il l'accusait d'avoir inventé des tas d'histoires sur le compte de Jack London. La plus connue était celle, reprise partout, selon laquelle Jack London avait proposé à des chercheurs d'or de passer leurs bateaux dans le terrifiant rapide de Whitehorse. D'après Irving Stone, cela lui aurait pris plusieurs jours et il aurait gagné plusieurs milliers de dollars. Or le père d'Alex avait voyagé dans le même groupe de radeaux que le *Yukon Belle*, celui de Jack London. Ils étaient arrivés ensemble en haut du rapide et l'avaient franchi ensemble pour en repartir dès le lendemain. C'est ainsi que les légendes deviennent vérité... Non loin du rapide, assagi aujourd'hui par un barrage, se trouve une plaque rendant hommage aux nombreuses victimes et à « Jack London, pour le courage dont il a fait preuve ici »...

Dans le Grand Nord, Jack London n'a jamais brillé autrement que par son exceptionnelle assiduité dans les différents bars de Dawson. Beaucoup lui en veulent de cette fausse image d'aventurier du Nord qu'il n'a jamais été, tel Edward Morgan, véritable coureur des neiges qui a publié ses souvenirs en 1948 sous le titre *God's Loaded Dice*. Edward Morgan portait sur London un jugement sévère. Sans doute lui en voulait-il d'avoir si bien réussi là où lui s'était essayé sans grand succès : la littérature.

Jack London n'était pas souvent sur les pistes, ni dans le froid ni à la chasse. Il était là où il fallait être pour entasser dans sa mémoire des personnages, des histoires, des accidents, des exploits. Et où mieux que dans les bars recueille-t-on ce genre de choses ? Grâce à cette moisson, il a retiré de cette épopée de l'or, la matière de plus de douze volumes exceptionnels.

J'aime, comme tout le monde, les plus connus, *L'Appel de la forêt* et *Croc-Blanc*, mais j'ai un faible pour une histoire plus rare, *Radieuse aurore*, et enfin une passion pour la petite nouvelle *Mille douzaines d'œufs*, qui raconte de façon un peu romancée l'histoire vraie de cet homme qui a effectué tout le voyage jusqu'à Dawson avec des œufs afin de les revendre au prix fort.

Ils avaient été nombreux, en effet, comme le père d'Alex, à croire au miracle colporté dans les journaux, à savoir qu'il suffisait de se rendre là-bas puis de se baisser pour ramasser des tonnes d'or. Ils avaient été tout aussi nombreux à se retrouver entassés dans cette ville où l'on manquait de tout, de toit pour se loger, de bois pour se chauffer, de nourriture, de femmes et de travail, car bien évidemment, quand ces milliers de chercheurs d'or ont débarqué, les quelques secteurs aurifères étaient déjà réservés par les Yukonnais, arrivés avant tous les autres. Et ce n'est que justice.

Mais ils avaient été quelques malins à réfléchir comme au jeu d'échecs, avec un coup d'avance. C'était le cas de ce fameux David Rasmunsen qui, plutôt que de partir comme tous les autres avec le matériel du parfait chercheur d'or, s'était dit que tous ces hommes allaient avoir faim, que la farine et les œufs allaient devenir plus rares que l'or. Il en avait été de même avec Ladue, qui avait fait venir des filles : Freda, Klondike Kate, Yukon Belle pour les plus célèbres. On les habillait d'or, ou plutôt on les déshabillait avec le poids en or des vêtements qu'elles ôtaient. C'est ce que fit la plus célèbre d'entre elles, Freda, un soir de nouvel an dans le bar du Monte Carlo où elle se produisait et travaillait. Plus de quatre kilos d'or pour se montrer nue quelques secondes au terme d'une « vente » assez originale, puisqu'il s'agissait seulement de s'acheter le droit de voir, en le partageant avec tous les autres, une femme nue dont on pouvait par ailleurs profiter complètement et pour soi tout seul pour un prix en rien comparable. Mais à Dawson, la démesure était à l'image du pays, et les hommes qui y vivaient n'échappaient pas à son emprise. Ils finissaient tous par lui ressembler, extrêmes en tout.

Partage des eaux

Une rivière, c'est comme un escalier roulant, il vaut mieux le prendre dans le sens de la marche – ou du courant.

J'en parle en connaissance de cause.

Lorsque l'envie m'a pris d'aller vivre un peu en Alaska, j'ai voulu commencer par traverser de part en part cet immense et mythique pays. Pour m'en faire une idée générale.

J'ai réuni quelques copains tentés par l'aventure et le périple a débuté en radeau. Il y avait Totoche, Benoît, mon ami d'enfance, Pierre, mon oncle et complice de beaucoup d'expéditions, et enfin Jean-Christophe, un copain breton, toujours partant pour une virée aventureuse.

Ce radeau, nous l'avions construit fidèle à ceux que les chercheurs d'or concevaient à l'époque de la fameuse ruée vers l'or du Klondike. Nous l'avons fabriqué à Dawson, ville située au confluent du fleuve Yukon et de la rivière Klondike, et née à la suite de la ruée de ces dizaines de milliers d'aventuriers dont faisait partie Jack London.

Le radeau, baptisé le *Coulapic,* devait nous permettre de descendre le fleuve sur plus de mille kilomètres jusqu'au village indien de Tanana, à partir duquel je voulais remonter la rivière Kantishna. Mon but était de traverser l'une des zones les plus sauvages de l'Alaska. Rechercher du sauvage en Alaska est un pléonasme. Disons que je voulais absolument voir les zones les plus éloignées de toute civilisation. Non pas par rejet de la gent humaine, que je n'ai jamais cherché absolument à fuir, mais parce que j'aime « le » profondément sauvage. J'aime me retrouver loin de tout, à des semaines, à des mois de marche de la moindre route, du premier village. La sensation que j'éprouve alors est indescriptible.

Ce n'est pas seulement psychologique. Se savoir loin de tout, sans filet en quelque sorte, force à une gestion différente, qui influe beaucoup sur la façon de voyager, sur le rythme aussi. On se sent plus intimement dans le pays. On fait corps avec le territoire et les animaux qui y vivent. On n'est plus un spectateur ni un observateur, mais un acteur parmi tout ceux qui jouent la grande aventure de la vie dans cette nature sauvage.

Une fois de plus, je voulais aller au fond du pays, dans son cœur, et je pressentais que le cœur de l'Alaska était là, dans cet immense *no man's land* situé à l'ouest du mont McKinley. Sur une carte, on voyait gros comme une maison que ce coin avait tout pour me plaire.

Le problème pour s'y rendre par l'eau était que cette zone se situe entre le bassin du Yukon et celui de la Kuskokwim. Il fallait donc obligatoirement quitter le Yukon en remontant l'un de ses affluents, franchir la ligne de partage des eaux pour enfin redescendre vers la Kuskokwim, qui se jette quelques milliers de kilomètres plus loin dans la mer de Béring.

Le principe me plaisait car il était nouveau. J'ignorais tout des techniques de cordelage et de portage. Je ne savais pas diriger un canot contre le courant en m'aidant d'une perche, comme savent le faire les Indiens Montagnais. Enfin, je ne savais pas suffisamment lire une rivière, les courants et contre-courants, pour profiter au mieux de la complexité du mouvement des eaux s'enroulant dans les méandres, accélérant dans les rapides, formant des vagues et des remous dans les hauts-fonds à négocier par le centre ou par les côtés, tout en sachant qu'il y en a toujours un plus rapide que l'autre. Ces techniques m'étaient bien connues dans le principe grâce à toutes les lectures que j'avais pu faire, notamment de l'époque des coureurs des bois, français et anglais, qui avaient sillonné et prospecté le pays dans tous les sens. Sur le papier, cette nouvelle expérience avait tout pour me plaire. Les copains qui avaient décidé de me suivre dans cette aventure partageaient cet enthousiasme.

L'expédition avait bien commencé. Trop bien. Les quatre semaines que durèrent les travaux de construction de notre *Coulapic* furent un enchantement. Nous étions Jack London. Nous construisions le radeau le jour et profitions de Dawson, des jeux et des filles la nuit, si tant est que l'on puisse parler de nuit à une latitude où, en été, le soleil brille vingt-quatre heures sur vingt-quatre. Ma copine était une jeune étudiante de Vancouver qui travaillait au casino pendant l'été. Elle était ravissante, pleine de vie, et on s'entendait comme larrons en foire. Elle venait souvent sur le chantier. J'étais l'un des rares à garder la même, mes copains préférant butiner d'une fleur à l'autre...

Je jouais beaucoup à la roulette et gagnais presque toujours. « Jouer beaucoup » n'est pas le terme approprié. Je jouais chaque soir mais d'une seule manière, efficace et rapide. Je misais cent dollars sur une couleur, noire ou rouge, qui me rapportait le double si elle tombait. Le hasard aurait dû me faire gagner une fois sur deux. Je gagnais plus de trois fois sur quatre. S'agissait-il d'intuition ? De chance plutôt. Toujours est-il que je gagnais assez pour offrir à boire à mes amis, ce qui est bien l'essentiel. Nous étions de très bons clients du Sunlight et nous y avions notre table. Pendant ce temps-là, la construction du radeau n'avançait pas aussi vite qu'elle aurait dû, mais Dawson est un piège dans lequel on se laisse prendre aussi délicieusement que dans les bras d'une belle jeune fille.

Pourquoi résister ?

Parce que l'Alaska nous attendait.

Alors, il a bien fallu quitter le casino, l'ambiance du Sunlight, les filles et les copains. Nous en avions une belle bande à Dawson. Ils étaient tous là pour la fête organisée avec les huit cents dollars que j'ai gagnés à la roulette, la veille de notre départ. Lorsqu'ils ont commencé à monter tous sur le radeau, il a failli couler. Un Allemand était tellement soûl qu'il est tombé sur le dos dans le feu. Il était torse nu, car en train de se déshabiller pour plonger dans le Yukon. Sur le feu, un gril fait de grosses barres de fer de récupération posées sur des briques avait été porté au rouge, attendant la viande... Le pauvre s'est brûlé profondément. Dans son dos se dessinaient toutes les irrégularités de notre gril. On y voyait même les vis et les encoches ! Je suppose qu'il en porte encore les marques, alors que notre *Coulapic* a sûrement coulé depuis belle lurette.

Nous sommes partis le lendemain de cette fête mémorable, dont Dawson se souvient encore.

Avec un courant de plus de dix kilomètres à l'heure, le petit village a vite disparu. Nous nous sommes retrouvés à dériver sur ce beau tapis roulant d'eau argentée tandis que le paysage de forêts et de montagnes défilait Avec deux rames disposées sur les côtés du radeau, nous le maintenions au centre du courant qu'il ne fallait pas quitter, au risque de nous échouer sur les hauts-fonds et autres bancs de sable. Nous avions organisé des quarts. Nous nous relayions afin de responsabiliser deux d'entre nous à la lecture des cartes et au maintien du radeau dans le courant. Si besoin, ils appelaient à la rescousse ceux qui dormaient, mangeaient, jouaient au poker ou profitaient du soleil sur le pont... ce qui arrivait souvent, car on ne déplace pas un radeau de plusieurs tonnes si facilement que ça.

Parfois, nous nous échouions sur un haut-fond, un banc de sable ou dans un bras mort. Nous en sortions après une heure ou un jour. Pour se nourrir, c'était simple. Nous posions le filet sous le radeau et ramassions des saumons, ou bien nous tirions sur quelques canards et oies qui passaient au-dessus de nos têtes. Notre chien, Uno, plongeait dans l'eau et revenait avec notre repas dans la gueule.

Nous étions bien.

Jusqu'à ce que nous quittions le radeau, un mois plus tard.

Pourtant, sur le moment, nous étions ravis de changer de crèmerie.

Cela faisait un mois que nous vivions à cinq sur les seize mètres carrés de ce rafiot qui prenait l'eau, et nous avions hâte de troquer cette embarcation contre deux canoës légers et plus maniables.

C'est un Indien qui nous racheta le *Coulapic* pour en faire une plate-forme de pêche au saumon. En tant qu'Indien, il disposait du droit de fabriquer une roue à saumon et de la faire fonctionner vingt-cinq jours par an, ce qui peut permettre de récupérer plus de trois mille saumons, à condition de la placer à un bon endroit. Grâce au radeau, il pouvait l'arrimer où il voulait.

Ce système de pêche est simple et ingénieux. Ce sont quatre paniers en grillage qui tournent par la force du courant, comme un moulin à eau. Les saumons qui remontent le fleuve butent contre le grillage. Ils ne peuvent s'en échapper avant que le panier ressorte de l'eau. Les poissons tombent alors dans une sorte de rampe en bois sur laquelle ils glissent jusque dans un grand bac où l'Indien les récupère vivants une fois par jour, voire plus, car il arrive que le bac déborde tant les saumons sont nombreux à remonter le fleuve au pic de la migration.

L'Indien était ravi de l'aubaine.

Il nous accompagna avec son bateau jusqu'au confluent du Yukon et de la Kantishna. Il eut le temps de nous dire qu'il voyait mal comment nous allions atteindre la Kuskokwim puis le détroit de Béring avant l'hiver, vu la distance qu'il nous restait à parcourir et surtout le courant contraire contre lequel il allait falloir nous battre.

Nous avons répondu avec ce sourire narquois, suffisant et condescendant, propre aux Blancs qui savent tout mieux que les autres. Totoche a été le seul à suggérer qu'il vaudrait peut-être mieux revoir notre copie à la baisse et prévoir un ravitaillement en hydravion, au cas où nous n'atteindrions pas, comme prévu sur notre plan de route, le premier village avant un mois.

J'ai répondu que c'était hors de question, que nous maintiendrions le rythme, quitte à faire de grosses journées, mais que nous atteindrions notre but coûte que coûte.

Et nous sommes partis, la fleur au fusil.

Deux jours nous ont suffi pour nous rendre compte de notre ingénuité. En ramant de toutes nos forces, nous pouvions atteindre durant une dizaine de minutes la vitesse de treize kilomètres à l'heure. Or le courant était de plus de dix kilomètres à l'heure, soit une progression effective d'à peine trois kilomètres à l'heure. Je vous laisse imaginer le souci... Compte tenu des arrêts que nous devions effectuer toutes les dix minutes pour nous reposer, nous avancions au mieux de deux kilomètres à l'heure, soit à peine vingt kilomètres par jour dans le meilleur des cas. C'était la moitié de ce que nous nous étions fixé comme moyenne pour respecter notre programme.

Dès lors, nous avons essayé d'autres techniques.

La perche. Longuement éprouvée par les Indiens, elle n'est pas très adaptée à ce type de rivière. Le fond est trop boueux, et la perche sur laquelle on est censé pousser pour faire avancer le canoë s'enfonce.

Pour la déloger, il faut tirer, ce qui casse totalement l'élan et empêche de rester sur son erre, qu'il faut conserver pour maintenir l'embarcation dans l'axe du courant. Cette technique ne peut être utilisée que sur de très courtes distances, pour vaincre des passages particulièrement rapides où, heureusement, les fonds sont généralement caillouteux.

Le cordelage semblait plus adapté et comportait l'avantage de reposer les bras, que la rame soumettait à rude épreuve. Pour cordeler, il faut être deux. Le premier tire le canoë depuis la berge au moyen d'une longue corde, la force à exercer pour tirer l'embarcation étant d'autant plus grande que l'angle du canoë par rapport à la berge et au marcheur est grand. Le second reste dans le canoë pour le diriger et le maintenir suffisamment éloigné de la berge pour qu'il ne touche pas le fond ou ne frotte pas contre la rive.

En théorie, le cordelage correspondait exactement à ce qu'il nous fallait. En pratique, il en était tout autrement car le terrain ne s'y prêtait que très rarement. Les rives étaient souvent trop abruptes ou trop boueuses, ou encore si encombrées de végétation qu'il était impossible de marcher, même au ralenti.

Le plus souvent, ramer contre le courant restait le meilleur moyen, ou plutôt le « moins pire ». Parfois, nous cordelions un peu, perchions, mais ça ne durait jamais très longtemps. Pour couper certaines boucles qui, après un kilomètre de détour, revenaient pratiquement au même point, nous avons même essayé de porter les canoës et tout le barda, mais ça nous prenait un temps fou.

Nous n'avancions pas. Au terme d'un mois de navigation, de portage, de cordelage en tout genre, nous n'étions même pas arrivés au milieu de la distance qui nous séparait du village. La nourriture commençait à sérieusement manquer. Heureusement, la nature est généreuse, surtout en Alaska. Il est difficile d'y mourir de faim avec une canne à pêche et un fusil, à condition d'avoir suffisamment de cartouches, ce qui n'était pas notre cas... Nous avons donc confié celles-ci aux meilleurs chasseurs d'entre nous avec pour mission de ne tirer qu'à coup sûr les plus gros gibiers possible. Pas question d'user une cartouche pour une bécassine de cent grammes. En revanche, pas d'hésitation pour l'une de ces lourdes et grasses oies bernaches. Les autres cueillaient des baies, ramassaient des champignons et des légumes sauvages, pêchaient brochets, truites et saumons. Nous nous débrouillions, mais tout cela prenait du temps, durant lequel nous n'avancions pas. C'était l'histoire du serpent qui se mord la queue ou celle de cinq copains qui voulaient remonter une rivière à contre-courant...

Nous sommes pourtant arrivés jusqu'en haut de cette rivière. Il restait à porter les deux canoës et tout notre matériel de l'autre côté des montagnes, à travers dix kilomètres de forêts, d'éboulis et de marais. Ça n'était pas une mince affaire.

De l'autre côté, la rivière était tout juste un peu plus large que nos canoës, mais l'eau coulait enfin dans le bon sens jusqu'au détroit de Béring !

Il fallait nous hâter, ce que nous fîmes, pour atteindre la mer avant l'hiver.

En arrivant enfin au détroit de Béring au terme de cinq mois d'aventures, nous scellâmes une promesse. Plus jamais de rivière à contresens. Mais j'en fis aussitôt une autre, celle d'aller traverser cet immense pays interdit qui se trouvait de l'autre côté de ce détroit de Béring...

Baïkal

Ce lac qui ressemble à une mer est un lieu qui, dans mon histoire, s'apparente à d'autres lieux comme la ville de Dawson, à la frontière du Canada et de l'Alaska, ou encore le village de Kangiqsualujjuaq, au bord de la baie d'Ungava.

Des lieux que je quitte sans véritable projet de retour, mais où je reviens toujours. Quelque chose qui n'a rien à voir avec le hasard, mais plutôt avec la plus ou moins consciente attirance qu'ils provoquent chez moi. Il y a tant d'endroits que je ne connais pas et que mon insatiable curiosité me pousse à découvrir... Mais voilà, il en est des lieux comme des femmes, le cœur a ses raisons que la raison ne connaît pas.

Le lac Baïkal est un joyau. La perle de la Sibérie. Un diamant serti dans de hautes montagnes qui rivalisent de beauté. Ses eaux sont d'une transparence dont la pureté rappelle celle de l'air. En bateau, on est pris de vertige lorsqu'on se penche vers le fond que l'on aperçoit nettement, et au-dessus duquel, comme suspendus en l'air, quelques poissons flottent.

Sur ses rives, la délicatesse des bouleaux le dispute aux grands pins dont les branches énormes forment des arcades qui s'avancent au-dessus de l'eau. Les alpages fleurissent de milliers de fleurs en été, puis flambent avec l'automne de couleurs chatoyantes. On y aperçoit des chevreuils, des mouflons et des bouquetins. À l'automne, les grands cerfs marals viennent se défier et brament du crépuscule à l'aurore alors que les ours se gavent de myrtilles avant l'hiver. On voit parfois l'un de ces grands ours bruns au bord de l'eau, en train de ramasser très délicatement le précieux butin que représentent à ses yeux les insectes morts poussés sur les rives par le vent et les courants.

Je me souviens d'une mère ourse, flanquée de ses deux adorables rejetons. Elle faisait preuve d'une patience infinie et ramassait pour eux ce qu'ils ne parvenaient pas à attraper. Cette pêche requiert une habileté que ces jeunes oursons n'ont pas, impatients et encore malhabiles de leurs pattes trop grosses pour eux !

Je me souviens aussi de ces chevrotins porte-musc si vifs et agiles dans les pentes les plus invraisemblables. Tant et tant de souvenirs au bord du lac Baïkal...

Bien avant que je ne m'y rende pour la première fois, cette mer d'eau douce exerçait sur moi une fascination proche de l'obsession. Enfant, puis adolescent, j'en ai beaucoup rêvé, comme d'un Graal inaccessible.

À vingt ans, j'y suis parti.

Pour l'approcher avec douceur, pour profiter plus longtemps du moment de pur plaisir que constitue le préliminaire, j'y suis allé en train. Pas question d'y être catapulté en avion. J'aurais eu l'impression de violer l'endroit.

Ainsi, depuis Paris, puis Moscou, j'ai vu le paysage évoluer doucement... J'ai caressé du regard la taïga qui a progressivement pris possession du paysage. Durant trois jours passés dans le Transsibérien, j'ai écouté les Russes d'Irkoutsk me raconter le lac, cette mer dont ils parlent avec infiniment de respect et de passion.

Puis j'y suis arrivé.

C'était une belle soirée d'été. Déjà, un peu de fraîcheur tombait des cieux et refroidissait les eaux qui fumaient comme l'eût fait un linge humide. De place en place, des petits bateaux de pêcheurs tanguaient au rythme des vagues. Partout autour, aussi loin que pouvait porter le regard, des océans de montagnes dressaient leurs cimes comme autant de vagues géantes, hérissées de la blancheur de leurs neiges éternelles qui ressemblait à de l'écume.

Ébahi, j'admirai la féerie de ce paysage de géant.

Vingt pour cent de la réserve d'eau douce de surface de la planète se trouve ici. Quand on sait combien l'eau se raréfie, la quantité d'or liquide disponible dans le lac le rend encore plus précieux.

Des milliers de canards et d'oies traversaient le ciel et je cherchai, sans en voir un seul, l'un de ces fameux phoques d'eau douce, le narpa, le plus petit phoque du monde. Il y en a plus de soixante mille dans ce lac de tous les records : le plus vieux et le plus profond du monde.

Durant les jours suivants, sac au dos, j'ai longuement marché sur les rives. Je me suis perdu dans les immenses forêts de pins, de bouleaux et de trembles, où des grands tétras m'ont fait sursauter en s'envolant avec fracas des plus hautes branches. J'ai escaladé quelques montagnes, traversé des petits villages aux cabanes en bois et aux fenêtres multicolores. Je me suis embarqué avec des pêcheurs pour aller relever un filet rempli de cette sorte de poisson, endémique elle aussi, qu'on appelle l'omule.

Et puis, j'ai promis au lac de revenir, longtemps, pour le comprendre.

J'ai mis quelque temps à tenir cette promesse car, à cette époque, la Sibérie que je voulais traverser était interdite aux étrangers. Pour y arriver, il m'a fallu ébranler tout un système, obtenir de Mikhaïl Gorbatchev lui-même un passe-droit – demandé par François Mitterrand après ses remerciements personnels pour l'invitation que je lui avais envoyée à venir ramasser des cèpes avec moi en Sologne !

J'ai conservé ce courrier, écrit à la main, d'une belle écriture lisible de président tranquille... J'avais réussi à le contacter par l'intermédiaire de l'un de ses amis, croisé à Château-Chinon. Je lui avais raconté mon histoire et il avait fait une exception à la règle qu'il s'était imposée de ne pas user de son amitié présidentielle. Il lui avait téléphoné et l'un de ses conseillers m'avait reçu. Puis le président avait appelé Gorbatchev. J'avais écrit à François Mitterrand pour le remercier et l'inviter aux cèpes, car je savais combien il aimait ça.

Il n'est pas venu aux cèpes, retenu par des obligations plus sérieuses, mais c'est ainsi que je me suis retrouvé en Sibérie, en 1990.

Avec une équipe constituée de deux amis, Benoît et Alain, et de deux chasseurs Toflars, Sacha et Vika, nous étions partis de la frontière de la Mongolie avec une douzaine de chevaux. Pendant trois mois, nous avions chevauché dans les hautes et magnifiques montagnes Saïan, où nous nous étions plusieurs fois perdus car, à cette époque, il n'y avait ni cartes détaillées ni GPS. Il fallait se contenter de cartes aériennes américaines au 1/500 000, illisibles pour les fourmis que nous étions au sol. Nous nous étions plusieurs fois retrouvés acculés dans le fond de gorges impraticables, bloqués au pied de cols insurmontables. Nous avions effectué bien des détours, mais nous étions tout de même arrivés jusqu'au grand lac.

Dans le village de pêcheurs de Nicolaï, nous avons acheté une vieille barque (pour trois cents francs de l'époque) que nous avons rafistolée, puis nous sommes partis pour deux mois de navigation en longeant les mille kilomètres de rive ouest jusqu'à l'extrémité nord du lac.

Tirant sur nos lourdes rames de bois, au rythme lent de cette progression silencieuse, nous pouvions admirer tout à loisir la majesté de ce lieu unique, en apprécier chaque recoin, le sentir vibrer, vivre au rythme des aléas de la saison. Un jour, nous étions secoués par une tempête, le lendemain, nous cuisions sous un soleil terrible qui écrasait les vagues et lissait les eaux. Certains soirs, dans la torpeur d'un jour chaud finissant, le lac devenait miroir et les montagnes s'y reflétaient alors que des milliers de poissons venaient moucher à la surface et le piquaient de minuscules et fugaces auréoles brillantes. C'était féerique.

Nous pêchions nos repas constitués de perches, de truites ou de brochets. Parfois, nous chassions un canard, une gélinotte, un tétra ou une bécasse.

Nous ne manquions jamais de rien. La nature était là, généreuse. Nous ramassions des baies, de la rhubarbe sauvage, des champignons...

Les jours s'écoulaient. Nous n'étions plus des spectateurs, simples touristes ébahis devant la majesté d'un paysage, nous en faisions partie. C'était magique, même si parfois la rudesse du climat et les frimas d'un automne précoce nous arrachaient quelques plaintes vite étouffées.

À la fin du mois d'octobre, le froid commença à se faire rudement sentir. Les premières neiges blanchissaient le paysage, les ours rejoignaient leur territoire, cependant que le lac silencieux ne laissait plus entendre le moindre cri de canard. Tous étaient déjà repartis vers le sud, poussés par un vent du nord qui annonçait l'hiver et les chassait.

Au nord du lac s'étendait un vaste marais de plusieurs dizaines de milliers d'hectares. C'est là, sur une petite île, que nous avons retapé une vieille bicoque de pêcheur et patiemment attendu que l'hiver figeât le paysage. Deux nouveaux équipiers avec lesquels j'allais faire route vers le nord arrivèrent de France en compagnie de nos vingt-quatre chiens de traîneau.

Chaque soir, quelles que soient les conditions de vent ou de froid, j'allais passer une heure près du lac au crépuscule. J'admirais les phoques qui, par centaines, s'entassaient sur les plus gros morceaux de glace dérivante. Je le voyais fumer, car ses eaux sont si profondes qu'il faut des mois pour que le froid les refroidisse jusqu'au point de congélation. À moins quarante, par une journée de beau temps, le spectacle est à couper le souffle. J'ai rarement assisté à quelque chose d'aussi beau que le Baïkal fumant de froid dans le crépuscule.

Le marais, peu profond, avait gelé bien avant le lac. Nous avons pu y entraîner nos chiens. Quelques trappeurs vivaient autour de ce marais, dans lequel ils piégeaient des rats musqués et quelques loutres. Volodia, l'un d'entre eux, était devenu un ami. Il nous rendait souvent visite au retour de ses sorties dans le marais. Un jour, il arriva avec un jeune chien en laisse qu'il m'offrit. Il s'agissait de l'un des mâles de la portée de quatre que sa chienne avait eue au printemps. Il se nommait Otchum, du nom d'une petite peuplade qui vivait ici et a disparu depuis. Il avait cinq mois. C'était un laïka de Sibérie, un chien de chasse que les trappeurs utilisent pour poursuivre dans la neige les animaux à fourrure.

Un chien qui n'aurait jamais dû devenir ce qu'il est devenu : un chien de traîneau. Mon premier, l'un des meilleurs que j'aie eus, celui que j'ai le plus aimé.

Attelé par jeu, il s'est révélé tout de suite excellent, tirant le traîneau comme s'il avait fait cela toute sa vie ! Du coup, il a intégré l'un des attelages et nous l'avons emmené pour cette longue et difficile expédition qui allait nous faire traverser l'une des zones les plus hostiles de la Sibérie, comprise entre le lac Baïkal et la Yakoutie.

Otchum finira en chien de tête de cette longue étape hivernale. Alors que les autres chiens rentreront en France, il restera avec moi pour continuer vers le nord, pendant encore presque un an.

C'est tout naturellement que je suis retourné au lac Baïkal et que j'ai choisi le village de Nicolaï comme point de départ de ma dernière longue expédition, qui allait m'emmener à travers la Sibérie jusqu'à Moscou.

Plus de quinze ans séparaient ce départ du sud du lac de celui que j'avais effectué au nord avec Otchum. Deux générations de chiens s'étaient succédé, avec une première meute constituée par les fils d'Otchum et de Ska, une chienne groenlandaise, puis une seconde issue du croisement de trois de ses fils les plus brillants : Voulk, Baïkal et Nanook.

C'est donc avec les petits-fils d'Otchum que j'ai retrouvé ce lac dont était originaire leur grand-père. L'un d'eux lui ressemblait d'ailleurs comme un frère jumeau. Il s'agissait de Québec, un chien gai et courageux que j'aimais particulièrement.

Sur les rives de ce lac unique, l'envie m'a parfois pris de fermer les yeux, ou tout au moins de détourner le regard.

Le lac attire les touristes et attise donc la convoitise de ceux qui en vivent. À côté des magnifiques villages de pêcheurs tout en bois qui me font penser à ces féeriques bourgades de nos Alpes françaises, on a construit le même type d'immeubles que ceux qui ont dénaturé nos montagnes, et fait injure à l'architecture artisanale et esthétique de nos ancêtres.

Au lieu de faire du beau avec des matériaux nobles et esthétiques qui s'intègrent au paysage, voilà que les complexes touristiques du lac Baïkal lui infligent de lourdes blessures.

Gageons que les touristes qui viennent sur les bords du lac pour en admirer la beauté le délaisseront bientôt parce qu'ils auront contribué, sans le savoir ni le vouloir, à l'enlaidir.

Je l'ai quitté un beau matin de décembre en promettant de ne pas y retourner. Je veux garder en moi le souvenir du lac que j'ai aimé et qui s'en va...

Je n'y retournerai pas, comme je ne retourne pas dans certaines petites vallées des Alpes que j'ai sillonnées enfant, défigurées aujourd'hui par l'envahissement de complexes touristiques dont le leitmotiv était « Apportons la ville à la montagne ». C'est réussi. Parfaitement réussi. Reste à aplanir ces fichues montagnes pour aller plus vite d'un point à un autre, car elles gênent décidément beaucoup...

Nicolaï

Durant toute mon enfance, j'ai lu tout ce que j'ai pu trouver sur le Grand Nord, notamment tout ce qui concernait les Indiens et les Inuits. Lorsque j'ai commencé à voyager, la dure réalité m'est apparue dans toute sa cruauté. Je suis arrivé plein de rêves et d'idées préconçues dans des villages habités par des Indiens et des Inuits qui ne ressemblaient évidemment en rien à l'image que je m'en faisais.

Ce n'est pas exagérer que de parler de destruction en évoquant la terrible histoire de l'invasion blanche dans le Grand Nord [1]. Avec l'arrogance et la condescendance qui les caractérisent, l'aveuglement qui est le leur lorsqu'il s'agit de comprendre un autre art de vivre, les Blancs ont tout ravagé, détruisant un monde où les règles étaient fondées sur une certaine philosophie de l'adaptation de l'homme à la nature.

J'ai refusé que mes enfants écrivent à l'école ce que je lisais dans les livres d'histoire, car il faut enseigner la vérité aux plus jeunes.

« Christophe Colomb a découvert l'Amérique. » Foutaises !

Je leur ai dit d'écrire : « Christophe Colomb a été, après les Vikings – on l'oublie trop souvent –, l'un des

---

1. Voir *Le Chant du Grand Nord*, XO Éditions, Paris, 2001

premiers Blancs à mettre le pied en Amérique, alors peuplée d'hommes qui vivaient en harmonie avec la nature. »

La suite de l'histoire n'est pas glorieuse. L'Indien et l'Inuit ont bien tenté d'expliquer au Blanc que l'homme ne pouvait pas devenir propriétaire d'un pays, mais que c'était l'inverse. Ils ont bien essayé de lui dire que les ressources ne sont pas inépuisables, qu'il ne faut pas gaspiller des bisons en les tuant pour le plaisir et en laissant les carcasses pourrir sur les plaines. Ils ont bien tenté de lui expliquer des tas de choses, mais le Blanc haussait les épaules, violait les terres, les femmes, transmettait des maladies qui décimaient les hommes aussi sûrement que les carabines détruisaient les bisons. Il a monté les clans et les tribus les uns contre les autres pour servir ses intérêts de conquête. Il a échangé de l'alcool contre des fourrures. Il a fait tant et tant de mal...

Rares sont ceux qui, à l'image de mon héros de *L'Or sous la neige*, ont appréhendé ce pays et les hommes qui l'habitaient d'une façon respectueuse, en apprenant plutôt qu'en imposant, en fraternisant plutôt qu'en violant, en s'invitant plutôt qu'en spoliant.

J'ai vu beaucoup de ces Indiens et Inuits totalement égarés dans un monde qui n'est plus le leur. L'alcool et la drogue font des ravages. À certains endroits, le taux de suicide atteint des records. Les enfants naissent dégénérés. Je me souviens avec écœurement de ces longues files d'attente d'Indiens allant chercher le 1er du mois le chèque du gouvernement aussitôt dépensé au *Liquor store* du coin. Ce jour-là, il y a quatre employés temporaires de plus. La police, blasée, suit les groupes, ramasse ces loques humaines, au fur et à mesure, pour les emmener en cellule de dégrisement. L'hôpital traite les cas les plus sérieux, ne s'émeut même plus d'une jeune droguée, soûle, qui attend un enfant dont, trois fois sur quatre, elle ne connaît pas le père.

Quelques villages ont interdit l'alcool. Les irréductibles voyagent en pleine nuit par moins quarante degrés pour aller faire le plein dans le village voisin où il est encore autorisé, à des heures de motoneige. J'ai « ramassé » l'un de ces Indiens qui, sur le chemin du retour, était sorti de la piste... Quand je l'ai trouvé, il était gelé, dur comme de la pierre. Il manquait une douzaine de bouteilles dans la caisse de bière, emballée dans un sac de couchage qui était censé la protéger du gel pour le voyage du retour... J'ai chargé cet homme sur mon traîneau, son bras dépassait et s'accrochait dans les branches. Impossible de continuer comme ça. Je ne pouvais le plier. J'ai dû le scier pour le replacer près du corps. Les chiens s'étaient mis à aboyer en pensant que je faisais cela pour leur distribuer les morceaux. Ils étaient habitués au bruit très caractéristique de la scie dans la viande gelée

On imagine aisément dans quel état d'esprit je me trouvais en pénétrant dans le village indien, inconnu, avec l'un des leurs mort, gelé et mutilé, sur mon traîneau.

Mais ils m'ont mis à l'aise dès mon arrivée en me remerciant de l'avoir ramené.

Deux représentants de la police montée canadienne, prévenue par radio, sont arrivés le lendemain en avion. Ils m'ont interrogé, m'ont fait remplir et signer une déclaration. Il a fallu retourner en motoneige sur les lieux, mesurer l'écartement de la piste afin de justifier ce que j'avais fait au cadavre. Tout cela sans une once d'agressivité. Ils faisaient leur travail. Ils m'ont expliqué combien ce genre d'accident était monnaie courante.

Et puis je suis reparti, non sans avoir été remercié par les Indiens de la famille de ce pauvre bougre, qui m'avaient accueilli chez eux avec beaucoup de gentillesse malgré les circonstances.

Ces histoires ne sont pas si éloignées que ça de l'existence de Nicolaï, qui vit pourtant à plus de dix mille kilomètres de là.

Mais Nicolaï a du retard sur son temps, si l'on peut considérer que c'est avoir du retard que de ne pas être « tombé » dans cette machine à détruire les Indiens et les Inuits... Nomade, éleveur de rennes, il vit avec les siens au fin fond de la Sibérie, à des mois de marche de toute civilisation, protégé par des centaines de montagnes et autant de cols.

En 1990, je les ai franchis pour atteindre son monde.

Je ne connaissais rien de cette immense chaîne de montagnes et encore moins de ceux qui l'habitaient, ces deux mille Évènes répartis en clans dans un territoire deux fois grand comme la France.

Lorsque je m'étais penché sur la carte générale de la Sibérie pour imaginer un itinéraire, j'avais procédé comme pour toutes mes expéditions : en identifiant, dans un premier temps, tous les endroits les plus sauvages et les plus montagneux qui se trouvaient à peu près sur l'itinéraire général pressenti, en l'occurrence pour cette expédition le long d'une ligne sud-nord allant de la Mongolie à la mer arctique en passant par le lac Baïkal.

Le plus simple eût été – alors que j'imaginais de rejoindre le fleuve Lena au terme de un an de voyage, à cheval et en traîneau à chiens – de suivre ce fleuve jusqu'à la mer. Mais cette immense et sauvage chaîne de montagnes Verkhoïansk m'attirait irrésistiblement. Je voulais la traverser, et au diable le détour qu'il m'en coûterait : quelques milliers de kilomètres et quelques mois de voyage en plus. Je n'étais plus à ça près. Qu'une expédition dure un an et demi ou deux ne changeait rien, surtout pour moi, alors détaché de toute obligation.

Une fois l'itinéraire défini, restait à connaître sa faisabilité. La préparation de cette expédition m'a pris un an, au cours duquel tout a été fait pour me décourager.

— Impossible, me répétait-on partout.

Impossible d'obtenir les autorisations. Impossible pour un étranger d'aller ici, puis là. Impossible de franchir telle montagne, telle région.

Je suis habitué à ce genre de réactions et de mises en garde, qui proviennent généralement de responsables ne connaissant rien à la réalité du terrain, mais que l'on doit rencontrer avant les chasseurs, les trappeurs, les nomades, seuls susceptibles de fournir de bons renseignements – à condition toutefois de savoir faire le tri. Beaucoup préfèrent vous donner de faux renseignements plutôt que d'avouer qu'ils ne connaissent pas la région ou le secteur.

Cette phase est passionnante et donne lieu à quelques rocambolesques aventures.

Les renseignements obtenus pour les montagnes Verkhoïansk étaient tous les mêmes, donc *a priori* fiables, ce qui aurait pu être considéré comme rassurant.

Ce n'était pas le cas.

— Ce sont des montagnes infranchissables. Il n'y a personne là-haut, à l'exception d'un minuscule groupe de nomades que l'on ne voit jamais et que l'on ne trouve jamais, car ils sont constamment en voyage avec leurs hardes de rennes. Ce sont de drôles de gens, avec lesquels on ne peut faire aucun projet et sans qui vous ne pourrez rien tenter dans ces montagnes, qu'eux seuls connaissent. Il vous faut abandonner ce projet.

Voilà ce que tous disaient.

Exactement ce qu'il fallait dire pour attiser mon esprit de curiosité et augmenter ma motivation.

— J'irai là-bas. Quoi qu'il arrive. Quoi qu'il en coûte !

Et les Sibériens qui m'accompagnaient dans ce travail de préparation de lever les yeux au ciel.

— Il est vraiment fou, ce Français !

Suis-je fou ?

Je me le suis parfois demandé, surtout à cause du regard que les autres portaient sur moi.

Mais je ne l'étais pas en voulant traverser ces montagnes.

Et mon opiniâtreté à vouloir pénétrer dans ce monde a été récompensée. J'y ai connu mes plus beaux jours.

En grande partie grâce à Nicolaï.

Les Évènes vivent en clans, composés de trois à cinq familles, soit une trentaine de personnes pour les petits clans et jusqu'à cinquante pour les grands. Chaque famille partage son existence avec une harde de plus de deux mille rennes avec lesquels ils voyagent, allant d'un alpage à un autre durant toute l'année.

L'un de ces clans, approché par un pilote de Yakoutsk qui avait évacué un enfant malade, avait accepté de dévier un peu de son axe de migration de printemps pour venir me chercher à une centaine de kilomètres du fleuve Lena.

Nous nous étions rendus là-bas avec des poneys yakoutes. Les Évènes nous avaient fixé un rendez-vous dans une vallée, mais ils étaient arrivés quelques jours en avance, et nous en retard, si bien que nous les avions cherchés plusieurs jours sans les trouver.

L'endroit n'était pas idéal pour eux, puisque leurs rennes ne trouvaient pas assez de lichen dans cette zone de pré-montagne. Alors, ils bougeaient sans cesse depuis une semaine, et toutes les traces formaient un écheveau difficile à suivre. Nous y sommes finalement parvenus. Juste à temps, car ils se préparaient à remonter vers les hauts alpages.

Je me souviens précisément de cette rencontre, un peu irréelle. Des premiers mots et des premiers regards échangés.

Ils s'appelaient Karl et Serguei. Ils étaient fiers, mais pas hautains, pleins d'humour, riant de tout, comme si la vie n'était qu'un jeu, comme si les maladresses de l'un n'étaient faites que pour déclencher le rire de l'autre.

Ils étaient pressés. Trop loin de chez eux, de ces montagnes que nous apercevions au loin. Ils étaient comme des poissons hors de l'eau. Ou des oiseaux sans ailes.

— *Da vai! Da vai!*

En moins de temps qu'il ne faut pour le dire, ils nous ont montré comment conduire deux rennes, les atteler au traîneau de bois (une merveille de conception), freiner, tourner.

— *Da vai! Da vai!*

Et nous sommes partis. Nous ressemblions à des pères Noël avec nos traîneaux à rennes, mais nous étions plutôt des enfants à qui l'on offrait là le plus merveilleux cadeau.

Quel bonheur!

C'était fantastique. Nous avons remonté plusieurs vallées, plus sauvages les unes que les autres, franchi quelques cols. Notre serpent de trente rennes attelés par couple à une quinzaine de traîneaux glissait dans les étendues neigeuses sans autre bruit que ceux du claquement des sabots, du grincement des cuirs, du chuintement du bois sur la surface glacée.

Nous nous arrêtions de temps en temps pour pêcher dans un lac, chasser des lièvres dans une petite forêt. Nous campions ici, puis là, sans but apparent sinon celui de vivre en accord avec les montagnes. Les Évènes riaient bien avec nous, s'amusant de tout, de nos maladresses, de nos questions, de notre ignorance.

Ils ne se moquaient jamais.

Nous les avons aidés à rassembler leurs hardes de rennes qui s'étaient éparpillées dans les montagnes durant leur absence, puis avons mis le cap vers le petit village de Sebyan Kuyel.

C'est là que j'ai rencontré mon Derzou Ouzala : Nicolaï, exceptionnellement présent pour quelques jours dans le village. Comme mon itinéraire passait non loin de son territoire, il m'a proposé d'effectuer avec sa famille la transhumance de printemps jusque sur les hauts alpages où ils nomadisaient durant tout l'été.

Il voulait ensuite m'accompagner jusqu'aux sources de la rivière Jana, à une grosse semaine de marche de là où nous nous trouverions alors. C'est aux sources de cette rivière que j'avais donné rendez-vous à la dernière équipe avec laquelle je devais aller jusqu'à la mer arctique à bord de deux canoës. J'espérais atteindre la mer avant les glaces. Mais nous n'étions qu'au début du mois d'avril et je disposais d'au moins trois mois, le rendez-vous ayant été fixé au début du mois de juillet.

Nous avons donc quitté le village avec Nicolaï et quelques rennes pour nous rendre sur la zone où nomadisait son clan.

— Tu verras, c'est le plus bel endroit de ces montagnes.

Il avait raison. Passé un col d'altitude que nous escaladâmes à pied pendant près d'une heure s'ouvrait le territoire de Nicolaï et des siens.

Tout ce que j'aime.

Des montagnes hautes et escarpées auxquelles succédaient de hauts plateaux constellés de lacs reliés entre eux par tout un réseau de ruisseaux, de rivières et de torrents. Une profusion d'animaux sauvages : mouflons, élans, chevrotins porte-musc, lièvres et oiseaux de toutes sortes.

Le plaisir de Nicolaï à me voir si ébahi et admiratif était évident.

Les familles pleines d'enfants qui composaient le clan de Nicolaï m'accueillirent sans surprise ni effusion particulière, tout naturellement.

Débuta alors l'une des plus belles périodes de ma vie.

J'ai trouvé là ce que je cherchais inconsciemment dans mes voyages : des hommes vivant en accord avec la terre à laquelle ils appartiennent.

Une profonde et solide amitié allait débuter entre Nicolaï et moi, sans fioritures, dénuée de l'habituel dévouement admiratif stupide auquel s'abandonnent souvent les Occidentaux devant le « sauvage ». J'ai toujours été choqué par ces comportements excessifs, par ces Occidentaux fraîchement débarqués de l'avion s'émerveillant devant l'exotisme indien ou inuit, analysant chaque comportement, même le plus stupide, comme autant de démonstrations de l'extraordinaire richesse de la culture amérindienne.

Qu'un Indien se soûle, et il s'en trouvera toujours un pour admirer sa formidable gestuelle sauvage !

Qu'un Inuit dise une énorme bêtise, grosse comme un bœuf musqué, et il s'en trouvera toujours un pour donner une explication qui prouvera l'extraordinaire humour, le sens de l'analyse et l'intelligence de l'auteur !

Qu'un Indien sourie béatement à un Occidental et ce dernier, fier de cette marque de sympathie, le traitera comme son meilleur ami !

Je n'ai pas plus d'*a priori* devant un Inuit que devant un Français ou un Américain.

Nicolaï était loin d'être un imbécile, mais il était parfaitement capable de faire l'imbécile. C'est le privilège des gens intelligents.

J'aimais son humour, sa façon de se moquer des autres avec une méchanceté feinte qui dissimulait sa profonde humanité. J'aimais sa formidable capacité d'adaptation, son sens de l'analyse et son courage.

Nous nous sommes vite trouvé des points communs. Je lui posais autant de questions sur son monde qu'il en posait sur le mien. Nos conversations étaient de véritables parties de ping-pong. Une réponse valait le droit de poser une question.

— Et dans cette ville dont tu me parles, Paris, reste-t-il des maisons en bois ?

— Combien de rennes tuent des loups chaque année ?

Nicolaï voulait tout savoir de la vie dans ces grandes villes que je lui décrivais, je voulais tout comprendre de son existence de nomade.

Une fois ces sujets épuisés, alors que nous reprenions chaque jour là où nous l'avions laissée la discussion de la veille, nous nous sommes mis à parler du Canada, de ce que je connaissais du drame des Indiens et des Inuits.

— Il faut que tu me racontes tout cela dans le détail, de façon que nous ne reproduisions pas les mêmes erreurs.

Car Nicolaï le pressentait, et je le lui confirmai.

Le monde allait bientôt le rattraper.

Les signes étaient là.

Depuis deux ans, les Japonais envoyaient des hélicoptères dans les montagnes pour acheter aux nomades des bois de renne à l'époque de la repousse. Ils les réduisent en poudre et les revendent sous forme de petites pilules censées stimuler la virilité.

Les Évènes touchent des dollars en échange de ces quelques centaines de bois en velours qu'ils coupent et vendent en fagot, comme des branches. Et ces dollars commencent à constituer un petit magot avec lequel chaque clan va pouvoir s'acheter un commencement de quelque chose qui s'appelle la dépendance.

Prenons l'exemple d'un véhicule 4 x 4. Je ne parle pas d'un 4 × 4 de ville capable de monter un trottoir, mais d'un vrai véhicule tout-terrain soviétique qui passe partout et avec lequel un Évène pourra rouler dans la toundra. On imagine le gain de temps pour l'heureux détenteur de cette machine magique, que l'on pourra charger de tout ce qui encombre le dos des rennes. Plus besoin de faire des sacs, de les équilibrer, de rassembler les rennes, de les sangler, de les seller...

En revanche, il faut de l'essence pour le véhicule, des pièces détachées. Il va falloir empierrer des passages pour aller d'une vallée à l'autre, construire des ponts, autant de temps consacré à la voiture plutôt qu'aux rennes, qu'on ne saura bientôt plus monter.

— Et pourquoi l'Évène ne troquerait-il pas ces rennes contre un 4 x 4 plus rapide, dans lequel il serait protégé des moustiques par les vitres, de la chaleur par la climatisation, du froid par le chauffage ?

— Parce qu'il n'est pas certain que cela vous fasse progresser vers la seule chose qui compte : le bonheur. L'histoire tendrait même à prouver le contraire.

Et de cela, nous parlions pendant des heures.

Je m'interrogeais avec lui sur cette question essentielle dont on ne s'occupe finalement pas vraiment, obnubilés que nous sommes par le toujours plus, comme des moucherons attirés par le feu.

Pourquoi voler vers la lumière si c'est pour s'y brûler les ailes ?

— À quoi ça sert de t'équiper en quad, en 4 × 4, en téléphone satellite ? Pour téléphoner à l'hélicoptère qui acheminera l'essence ? Alors, il faudra plus de rennes pour payer tout cela. Il faudra plus de territoires, aller de plus en plus vite, de plus en plus loin. Il faudra rentabiliser, optimiser... Tu n'auras plus le temps de t'allonger au soleil dans la toundra pour admirer l'indolence de la grande harde et observer la lente marche des nuages. Tu n'auras plus le temps d'aller chasser, alors, on te livrera de la nourriture en même temps que de l'essence...

Nicolaï écoutait, enregistrait, hochait gravement la tête.

— Allons pêcher ! concluait-il, jovial. On reparlera de tout cela demain.

Et nous allions pêcher. La glace avait commencé à fondre sur les rives à cause de la tourbe noire qui chauffait au soleil. Une petite bande d'eau libre apparaissait là où les truites viennent gober ce qu'elles trouvent à la surface de l'eau. Nous en pêchions une grosse douzaine, de belles truites de près de un kilo, que nous ramenions au camp et que nous partagions. Le soleil rasait l'horizon. Une belle lumière dorée coulait sur l'alpage où la grande harde se reposait, non loin des tentes entre lesquelles les enfants jouaient en riant aux éclats. Nicolaï, rêveur, ressassait notre conversation. Nos regards se croisaient. Je lui montrais l'étendue de la toundra.

Que demander de plus que ça ?

Je lui parlais des Indiens, des Inuits, de ce que je sais de leur décadence, de leur déchéance dont nous sommes responsables, de leurs efforts actuels pour retrouver une dignité perdue, abandonnée pour un monde qui n'est définitivement pas fait pour eux.

Nicolaï m'écoutait attentivement.

— Tu m'as invité dans ton monde. Il faudra que tu viennes voir le mien. Je m'occuperai de tout, comme tu t'es occupé de tout pour moi, ici. Je t'obtiendrai un passeport, un billet d'avion.

— J'arriverai donc dans cette ville dont tu m'as parlé, Paris ?

— Oui.

— Il y a une montagne dans Paris ?

— Non, des immeubles, des maisons avec plein d'étages, très hautes.

— Je voudrais monter tout en haut de la plus haute en arrivant, pour me faire une idée d'ensemble avant de rentrer dedans.

Pour un homme de la montagne, le fait de comprendre quelque chose d'inconnu par le haut n'a rien d'incroyable, mais j'éclatai tout de même de rire.

— Tu te moques de moi ?

— Non, Nicolaï. On fera ça. Tu as raison.

J'avais hâte de faire ce voyage avec lui, de lui faire découvrir mon pays, ma ferme, mes bois.

Après de longs mois passés ensemble, il fut temps de nous quitter. Mes amis allaient m'attendre aux sources de la rivière Jana.

Nicolaï proposa de m'y emmener.

Mais avant de m'y conduire, il voulait encore me montrer quelque chose..

Le cimetière des mammouths

Nous sommes partis à dos de renne, Nicolaï et moi. Il n'avait pas voulu me dire ce que nous allions voir. C'était une surprise.

La vallée que nous avons remontée était pleine de lièvres. Je n'en ai jamais vu autant de ma vie. Otchum les faisait partir par bandes de deux, trois, parfois cinq ou six, des bosquets d'aulnes dans lesquels ils se tenaient. Il en attrapait beaucoup qu'il tuait pour le plaisir, sans même les manger. Ça me mettait hors de moi, mais que pouvais-je y faire ?

Je le grondais, mais ça ne marchait qu'un temps. L'attacher, ce n'était pas possible, car nous cheminions dans une végétation trop épaisse et la laisse improvisée s'accrochait partout, étranglant le pauvre Otchum, incapable de comprendre qu'on veuille le priver du plaisir de gambader et de chasser. Heureusement, au fond de la vallée, nous avons commencé à monter et les lièvres, avec l'altitude, se sont faits plus rares. Nous avons aperçu quelques mouflons et même trois loups qui les chassaient, sans grande conviction, semblait-il ! Ils donnaient l'impression nonchalante de les suivre, faute de mieux. Les mouflons eux-mêmes n'y croyaient pas et grimpaient sans précipitation excessive vers les rochers où ils savaient qu'ils n'auraient rien à craindre. Nous les observâmes un moment jusqu'à ce qu'ils disparaissent derrière une crête. J'affichai un rire ravi.

— Tu aimes ces foutus loups, me lança-t-il comme une affirmation plutôt que sous forme de question.

— Oui, ils me passionnent. Et toi, tu les détestes parce qu'ils mangent tes rennes ?

Il eut l'un de ses petits sourires réfléchis typiques, qui voulait dire que la réponse méritait d'être nuancée.

— Je ne les déteste pas. On ne peut pas dire cela, même si je déteste parfois ce qu'ils font à mes rennes. J'admire comme toi ces prédateurs, mais je les aime loin de ma harde.

Je lui dis que je comprenais.

À elle seule, cette réponse résume parfaitement le sujet de mon prochain film : *Loup*.

Nous avons cheminé longtemps, plus de deux jours, dans les hauts alpages, puis nous sommes enfin arrivés en haut d'un col d'où nous dominions un immense paysage de plaines et de marais. Il y avait là une quantité incroyable de limicoles, de canards, d'oies et de rapaces qui les chassaient sans relâche.

— C'est là-bas, me dit Nicolaï en me montrant une zone marécageuse où serpentait une rivière.

Je ne savais toujours pas de quoi il s'agissait. Nicolaï souriait, comme un père qui va offrir un cadeau à son fils, ravi de l'effet de surprise, guettant la joie dans mes yeux.

Dans le marais, il y avait trois élans. Nicolaï a regretté que nous soyons si loin du camp, car, sinon, nous aurions pu tenter de tuer le jeune mâle. C'est une viande riche et particulièrement appréciée des Évènes, qui n'ont pas souvent l'occasion de manger autre chose que du renne.

Nous avons un peu pataugé dans le marais puis longé la rivière jusqu'à une sorte de petite falaise crayeuse sur laquelle de grands corbeaux nichaient. C'est au-delà de cette élévation de terrain que Nicolaï voulait m'emmener. La rivière avait creusé dans le sol friable. Elle avait dénudé le permafrost qu'elle dégelait de ses eaux chaudes. Ici et là, on apercevait des morceaux de bois, incongrus dans ce paysage sans arbres, qui témoignaient sans doute d'une époque ancienne où le territoire était forestier. C'est du moins ce que j'en déduisis.

Mais ce n'étaient pas des « morceaux de bois ».

C'était de l'ivoire.

Des défenses de mammouth !

Je comprenais la présence des corbeaux rassemblés ici. Ils se nourrissaient de viande de mammouth que la rivière mettait à nue. Combien y en avait-il ici ?

Beaucoup.

Je m'approchai respectueusement du cimetière.

Nicolaï ne disait rien. Il me regardait avec dans les yeux quelque chose d'indéfinissable que je pris pour un mélange de fierté et de curiosité.

Je m'approchai de quelques défenses, les caressai du plat de la main, en nettoyai une pleine de boue qui se mit à briller dans le soleil.

Et j'imaginai l'endroit peuplé de ces formidables pachydermes. Que n'aurais-je pas donné pour les voir vivre...

Je me mis à penser à toutes ces espèces dont nous sommes en train de précipiter la perte.

Je marchai un bon moment entre ce qu'il restait des mammouths et m'approchai de Nicolaï.

— Il ne faut pas montrer cela, Nicolaï. Jamais. Tu n'aurais même pas dû me les montrer à moi.

Son regard était interrogatif. Je m'expliquai.

— Ces défenses représentent une fortune. C'est une mine d'or que n'importe qui voudra exploiter. Aussitôt connu, ce sera une ruée identique à celle qui se déclenche pour l'or. Le cimetière sera profané. On arrachera avec des machines à la terre et à la glace tout l'ivoire qu'elles contiennent. On construira près d'ici des baraquements pour les ouvriers, un aérodrome. On se servira de cela ensuite pour en faire une base pour des touristes. Ils vous demanderont de fabriquer des objets dans l'ivoire, qu'ils revendront.

Je la connais par cœur, l'histoire. Elle s'est répétée partout dans le monde.

— Tu ne vas pas filmer ça, alors ? Je pensais que ça t'intéresserait.

— Non, je ne vais pas filmer, ni photographier, ni la raconter avant quinze ans, au moins, et encore je le ferai de telle manière qu'on ne puisse pas retrouver cet endroit. Il faut laisser les mammouths et les Évènes en paix.

Avec les branches mortes ramassées sur les aulnes rabougris poussant de loin en loin dans le marais, nous avons allumé un petit feu sur lequel nous avons fait bouillir du thé. Nos deux rennes se sont mis à brouter le lichen en s'éloignant doucement de la rivière. Nous sommes restés longtemps silencieux à regarder le marais, qui était devenu pour moi un lieu sacré.

Et qui devait le rester.

Puis nous nous sommes mis à parler, longtemps.

Lorsque nous sommes repartis, il était un peu plus de dix heures du soir. Les grands corbeaux nous ont accompagnés un moment, puis les gardiens du sanctuaire sont retournés chez eux.

L'histoire de mon roman, *L'Or sous la neige*, est née cette nuit-là, alors que je cheminais tranquillement derrière Nicolaï dans la toundra.

À son fils, Anatole, que j'ai revu en 2007 et qui connaissait l'existence du « cimetière des mammouths », j'ai demandé si le secret était bien gardé. Il m'a dit que oui, mais a ajouté, fataliste, un peu gêné :

— Tu sais, tout change ici.

Comme s'il s'excusait déjà de ce que les siens allaient faire dans les années à venir : vendre les bois des rennes aux Japonais, vendre leurs compétences en tant que guides de chasse auprès des Européens, vendre des voyages touristiques dans les montagnes, vendre tout ce qu'ils peuvent et peut-être, un jour aussi et comme tant d'autres, vendre leur âme... Ce jour-là, ils exhumeront sans doute les défenses de mammouths de leur cimetière...

À moins que les Évènes n'avancent pas comme le reste du monde. J'en doute.

Un trophée

C'est une histoire que je raconte souvent, notamment à des chasseurs, car elle met cruellement en évidence le fossé qui sépare l'homme blanc de l'homme de la nature. L'irrespectueux d'un côté, qui ne voit dans la nature qu'une inépuisable quantité de ressources disponibles, et l'homme doté d'une philosophie de l'autre, qui considère la nature comme une mère qui donne son lait. Celle à qui l'on doit tout, la vie et le respect.

Nous étions, mes amis Évènes et moi, dans les montagnes Verkhoïansk. Au-delà du cercle polaire, très haut en Sibérie, loin de tout, à des semaines de marche d'une civilisation que la plupart des Évènes ne connaissent pas. C'était l'automne. Nous étions dans la flamboyance des couleurs que prend toute la végétation à cette époque. Nous avions passé l'été sur les hauts plateaux avec la grande harde que nous faisions paître dans les alpages de lichen. Chaque semaine, nous déplacions la harde et notre campement. Il fallait charger plus de cent rennes de tout le barda qui accompagnait les quatre familles et leurs nombreux enfants. C'était, chaque fois, plus de cinq heures de travail pour tout démonter, ficeler, empaqueter, charger. Et, chaque semaine, il fallait recommencer pour aller s'établir ailleurs, plus loin.

Un long serpent de rennes bâtés se déroulait dans la toundra. Les petits enfants et les bébés étaient emmaillotés dans des couvertures solidement arrimées sur les selles, les perches des tentes traînaient sur le sol, tirées par les rennes les plus puissants. Les autres portaient tentes, petit poêle à bois en tôle, table basse, chaises, nourriture et matériel.

Nous voyagions aux heures les plus froides de la nuit pour éviter les moustiques – enfin de ce que nous appelions la nuit, car, en été, si haut dans le nord, le soleil brille vingt-quatre heures sur vingt-quatre.

J'aimais cette vie de nomade. Je l'adorais.

À l'automne, avant de redescendre dans les vallées où la grande harde passe l'hiver sur les versants protégés du vent et les mieux exposés au soleil, les Évènes partent à la chasse au mouflon. L'équipe est composée de quatre ou cinq adultes et de leurs rennes, deux par personne, car ce sont eux qui, au retour, porteront la viande. Ils ne reviennent au campement qu'avec les dix rennes chargés au maximum, c'est-à-dire avec une dizaine de jeunes mouflons d'un an ou deux, les plus tendres.

Ils épargnent les mouflons adultes à la viande trop forte et dure, qui sont aussi les reproducteurs qu'il faut laisser en vie pour assurer la pérennité de l'espèce.

C'est toujours la même histoire. Il ne faut pas tuer la poule, mais manger les œufs...

L'Évène, comme l'Indien ou l'Inuit, sait cela. Il connaît l'incroyable générosité de la nature, capable de beaucoup donner à l'homme à condition que celui-ci utilise son intelligence pour prélever les intérêts et non le capital. Un principe trivial, élémentaire, mais que l'humanité semble avoir oublié.

Comment un Évene pourrait-il être assez stupide pour aller tuer plus de mouflons que ce que la harde qu'il poursuit est capable de produire chaque année ? De quoi se nourrirait-il l'année suivante ? Qu'un hiver plus terrible décime la harde, il adaptera ses prélèvements. Il agira de façon inverse si le printemps lui montre quantité de jeunes et vigoureux mouflons suivant leurs mères prolifiques. Ainsi va la vie entre les Évènes et les mouflons qui, défiant les ans, restent les seigneurs incontestés de ces magnifiques montagnes dont ils sont le symbole.

Un symbole qui attire les convoitises, car certains chasseurs sont des collectionneurs de trophées. Et les mouflons en possèdent de magnifiques : des cornes immenses, larges, striées d'anneaux, recourbées avec grâce autour de leurs yeux.

En cet automne 1992, nous étions dans les profondeurs des montagnes Verkhoïansk. Boris m'avait proposé de faire partie de leur petite équipe composée de Yveguénié, de Sergueï et de Wladim. J'avais accepté l'invitation avec joie et une certaine fierté. C'était une sacrée marque de reconnaissance et de confiance.

Nous n'avions pas eu beaucoup de chance durant plusieurs jours. Il y avait beaucoup de brouillard et les rares petites hardes que nous apercevions étaient toutes dans des endroits inapprochables et dangereux. En cinq jours, nous n'avions réussi à tuer qu'un seul mouflon dans une petite harde de sept bêtes sur laquelle nous étions tombés, complètement par hasard, presque nez à nez en haut d'un col complètement noyé dans un brouillard épais. Profitant d'un très court effet de surprise, Wladim avait eu le temps de dégainer son arme et d'en ajuster un avant qu'il ne disparaisse. Nous l'avions entièrement dévoré en deux jours, si bien que nous en étions toujours au point de départ, avec rien à rapporter au camp.

Et la neige s'annonçait.

Puis la chance se mit à tourner. Le ciel se déchira un peu et nous aperçûmes une grande harde de plus de cinquante bêtes, composée essentiellement de mères et de leurs petits accompagnés d'éterlous, les animaux de un et deux ans qui nous intéressaient. Il y avait aussi quelques très grands mâles, véritables patriarches aux cornes démesurément impressionnantes s'enroulant autour de leurs yeux et leur donnant une allure incroyable. Ils se tenaient au-dessus de la harde, dans les rochers par où l'approche pouvait se faire.

Je pus arriver à une cinquantaine de mètres. J'avais admiré à loisir la majesté de ces animaux qui dégageaient une incroyable impression de force et de puissance. Je n'aimerais pas être bousculé par l'un de ces boucliers chargeant de toutes ses forces !

C'est l'un d'eux qui donna l'alerte et provoqua la débandade dont nous espérions tirer parti, car nous avions encerclé la harde en nous positionnant à des endroits de fuite possible. Le gros de la bande s'échappa par une ravine où personne n'était posté, mais, dans l'affolement et avant qu'ils ne s'organisent derrière la vieille bréhaigne, nous pûmes en tirer quelques-uns.

Le lendemain fut aussi une journée couronnée de réussite. Pourtant, l'approche, pour passer d'une vallée à une autre, nous avait pris plus de sept heures de marche, dont cinq dans l'épaisseur de la forêt.

C'est alors que nous dépecions les deux jeunes bêtes abattues au cours de cette longue chasse que nous avons entendu, puis vu, un hélicoptère. Il passa et repassa, allant d'un sommet à l'autre, se posant ici et là. Il y eut quelques coups de feu, étouffés par la distance, puis l'hélicoptère s'en alla.

Mes amis ignoraient ce qu'il pouvait bien faire ici. Ils haussèrent les épaules pour dire qu'ils s'en fichaient. Nous retournâmes à nos occupations du moment : la découpe des animaux.

Tout l'animal était conservé, à l'exception des cornes que nous abandonnions sur le sol et que les rongeurs avaient vite fait de grignoter. Tout le reste – viande évidemment, mais aussi intérieurs, intestin, foie, cœur, os et ligaments – était soigneusement emballé dans la peau cousue comme un sac.

Le lendemain, nous avions huit colis de ce type lorsque Boris, voyant que la neige s'annonçait pour la nuit même, décida de rentrer par le chemin des crêtes, plus long, mais qui nous épargnerait le dénivelé.

Quelques heures plus tard, notre regard fut attiré par un essaim de grands corbeaux. Nous fîmes route vers eux et découvrîmes l'objet de leur convoitise.

Le corps sans tête d'un énorme mouflon mâle.

Mes amis Évènes entourèrent le corps inanimé en silence. Ils l'observèrent le regard sombre, incrédules puis scandalisés lorsqu'ils comprirent, en même temps que moi, ce qui s'était passé. J'avais honte et des envies de meurtre.

Heureusement que l'hélicoptère n'est pas repassé à ce moment-là. Je crois bien que rien n'aurait pu me retenir...

Je regardai de nouveau la carcasse du grand mouflon décapité.

Quel symbole ! Le Blanc rapportait chez lui ce qu'il appelle un trophée, la seule chose que l'Évène abandonnait à la nature.

Quelle leçon ! Une de plus.

À mon retour à Yakoutsk, un mois plus tard, je me suis renseigné. Il s'agissait d'un Français, bien connu dans le monde de la chasse, qui racontait ses exploits dans les revues cynégétiques et se pavanait dans les salons.

Je voudrais que ce chasseur, sur lequel se sont posés tant de regards admiratifs, tout auréolé de la gloire obtenue grâce à sa collection de trophées, ose, ne serait-ce qu'une fois, affronter le regard d'un de mes amis Évènes.

La mort ou une jambe

Les Évènes savent tenir sur un renne avant même de savoir marcher. Dès l'âge de six mois, pour les grands déplacements, ils ne sont plus sur le dos de leur mère, mais installés sur un renne, ficelés dans des couvertures qui forment comme une niche à l'intérieur de laquelle ils se tiennent assis.

L'équilibre est inné, aussi naturel pour un jeune Évène que de savoir respirer ou boire. Dès l'âge de trois ans, ils voyagent en selle et peuvent tenir le trot.

À les voir aussi à l'aise sur un renne qu'on peut l'être sur le siège d'une voiture, je pensais que c'était facile. C'était une erreur. J'ai passé des mois entiers sur des chevaux et croyais avoir de l'équilibre. Lorsque je suis monté pour la première fois sur un renne, je suis resté en selle dix secondes, sous l'œil goguenard des Évènes.

Vexé, je suis remonté pour comprendre. J'ai bien serré les jambes, pour tenir solidement le renne entre mes cuisses. Le renne s'est mis en marche et j'ai de nouveau glissé sur le côté, aussi sûrement que si j'avais été sur une peau de banane. C'est précisément ce qui se passe avec un renne. C'est une peau de banane.

La peau n'est pas attachée au reste de l'animal, si bien que, contrairement à un cheval, ça ne sert à rien de serrer. Tout se fait à l'équilibre. Sans équilibre, on ne tient pas sur le dos d'un renne. Il faut accompagner l'animal comme si l'on n'était qu'un prolongement de son corps, une sorte de membre censé compenser le déhanchement de l'animal.

Il faut aussi savoir lire le terrain et connaître la façon qu'a le renne d'aborder les difficultés pour anticiper, mais surtout pour l'aider.

Lorsque j'ai commencé à pouvoir tenir sur mon renne, celui qui m'avait été attribué et que j'ai appelé « Donald », je suis souvent parti avec lui. Ce que je ne comprenais pas, c'était que Donald commençait à donner des signes de faiblesse à la moitié de la distance que nous avions à parcourir. Il me fallait terminer à pied pour ne pas trop ralentir la marche de mes amis qui, bien qu'étant souvent bien plus lourds que moi, cheminaient sans que leurs montures accusent le coup. J'étais un poids mort, gênant, alors qu'un Évène fait corps avec son animal et l'aide à conserver son équilibre. Mon renne n'aimait pas trop m'avoir sur le dos.

J'ai un peu progressé, mais jamais jusqu'à atteindre cette grâce légère des Évènes.

Boris était le frère de Nicolaï. Il pesait plus de quatre-vingts kilos. Tout en muscles. C'était l'un des meilleurs chasseurs du clan. C'est un pilote d'hélicoptère, bloqué au sol par une mauvaise météo, qui lui a fait sauter la jambe. Il était soûl. En faisant mine d'essayer le fusil de chasse de Boris, il a actionné la culasse et enclenché une cartouche. Il l'a visé, pour rigoler. Et il a fait « Pan ! » en même temps qu'il a appuyé sur la détente. Le coup est parti et a atteint Boris au-dessus du genou. La jambe était déchiquetée. Pour le sauver, il a fallu mettre un garrot, puis couper ce qu'il restait de la jambe. Pour cautériser, ils ont utilisé un grand couteau chauffé au rouge dont les Évènes se servent pour découper les filets d'élan. Pour l'anesthésier, ils l'ont soûlé avec ce qu'il restait de vodka dans la réserve du pilote.

Boris a survécu.

Je l'ai rencontré quelques mois après cette tragédie. Il m'a expliqué qu'il ne parvenait plus à conserver son équilibre sur un renne, qu'il était devenu inutile et un poids pour le clan. Qu'il allait partir pour le grand voyage, celui dont on ne revient pas.

Je lui ai dit d'attendre : en France, on fabriquait des prothèses avec lesquelles des gens marchaient. Je lui ai promis de lui en rapporter une.

Il m'a cru.

C'était facile et naturel de lui dire et de lui proposer cela.

Moins facile de mettre l'opération en place.

Une fois de plus, tout est une question d'opiniâtreté.

Impossible, m'a-t-on dit d'abord devant la somme de problèmes jugés, comme d'habitude, insurmontables. Parce qu'il faut un moule du moignon et qu'on ne peut le faire effectuer que par un spécialiste, introuvable en Sibérie. Parce qu'il faut fabriquer et poser une prothèse intermédiaire avant de prétendre installer la définitive. Parce qu'il faut obtenir des autorisations d'importation qui ne sont pas délivrées pour ce type d'appareillage médical non conforme en Russie. Parce que tout cela coûte cher, et que, à l'époque, je n'avais pas un sou devant moi.

Le plus dur ne fut pas de résoudre, une à une, ces difficultés, mais de ne pas pouvoir partir avec la jambe et le spécialiste. Faute de moyens. J'avais tout financé et l'argent ne se pêche pas aussi facilement qu'une truite dans un lac d'altitude. Il fallut donc me résoudre à envoyer seuls le spécialiste et son assistant, et me contenter du rapport qu'ils me firent de leur voyage. C'étaient de chic types qui ont accepté de partir pour rien, à la seule condition que je leur organise tout et couvre intégralement leurs frais. Ils se sont débrouillés pour obtenir gracieusement ou presque les équipements nécessaires.

— Mais je te préviens, ton Évène va être déçu. Le miracle auquel il s'attend peut-être n'aura pas lieu. Il faut une longue période d'adaptation pour retrouver un équilibre et pouvoir marcher.

— L'essentiel, c'est qu'il ne se tirc pas une balle dans la tête comme il a prévu de le faire. Pour le reste, il suffit de lui expliquer. Il comprendra.

Le voyage, comme toujours en Russie, fut long et compliqué. Les douaniers, fidèles à leur réputation, ont bloqué le matériel, prétextant je ne sais quel formulaire non conforme. Ils ont exigé une taxe, négociable à condition de payer en dollars et cash. Un grand classique. Le fait qu'il s'agisse d'une mission humanitaire ne changeait rien. Les Occidentaux, quel que soit le prétexte de leur voyage, sont des pigeons qu'il faut plumer. Dont acte.

Au départ de ma traversée de la Sibérie, du lac Baïkal à Moscou, il m'a fallu débourser deux mille dollars pour récupérer mon traîneau bloqué en douane ! Le prix du traîneau ! Sinon, je ne partais pas. Ce que les douaniers, avisés, avaient bien compris. *Idem* pour ressortir les chiens de Russie. Les douaniers ont inventé un formulaire pour exiger le versement d'une somme, ce que je me suis refusé à faire. S'agissant de chiens, je suis sorti de mes gonds. L'affaire a chauffé, en haut lieu. Les douaniers se sont renvoyé la balle pour justifier les fautes commises, étant établi que le dossier d'exportation était on ne peut plus complet et conforme. Pendant ce temps-là, les chiens, bloqués à Moscou, attendaient, oisifs, alors qu'ils avaient besoin d'une période de désentraînement, au moins aussi importante que l'entraînement.

Chaque jour, les promesses étaient faites que les chiens allaient voyager le lendemain.

L'ambassadeur de France, Jean Cadet, et sa femme ont été formidables et les ont acceptés dans leur jardin, afin qu'ils puissent jouir d'un peu de liberté... Puis je me suis énervé, vraiment. J'ai parlé à l'ambassadeur de Russie en France et exigé un déblocage immédiat. Le ministre de tutelle des douanes est intervenu. Les chiens sont rentrés chez eux.

Cette façon de faire gangrène le pays. C'est la raison pour laquelle j'hésite à tourner mon prochain film, *Loup*, là-bas. Je ne veux pas me retrouver pris en otage par ces fonctionnaires mafieux que j'exècre et qui font tant de mal à l'ensemble de ceux qui tentent d'agir pour le bien de ce pays extraordinaire.

Malgré tout, les prothésistes et leur jambe sont arrivés dans les montagnes. À l'atterrissage de l'hélicoptère, tout le clan était là, déçu de ne pas me voir.

— Il avait promis de venir.

— Non, corrige le médecin. Il avait promis une jambe. La voilà !

Les Évènes, dont Boris, regardent, soupèsent commentent, sceptiques, dubitatifs mais curieux.

Les deux médecins ne perdent pas de temps. Ils s'installent dans l'une des deux pièces de l'école du village, étudient le moignon dont ils ont reçu en France, par la poste, un moulage. Ils ont apporté avec eux tout le matériel pour rectifier et ajuster la prothèse. Ils travaillent un jour entier, et le lendemain a lieu le premier essai.

— Je n'ai jamais vu ça, me dira l'un des deux médecins.

La prothèse est fixée. Boris se lève, aidé par ses deux nouveaux amis. Il s'appuie sur sa nouvelle jambe artificielle, trouve son équilibre, demande à ce qu'on lui lâche la main Le médecin fait signe que non et demande à la traductrice d'expliquer.

— Il faut plusieurs jours d'apprentissage en s'essayant le long d'une rampe qu'il va falloir fabriquer.

Boris pose une main sur l'épaule du médecin et se dégage avec douceur mais fermeté.

Il fait un pas.

Regard médusé mais ému des deux médecins.

Boris tangue un peu, comme l'enfant qu'il est redevenu et qui marche pour la première fois de sa vie.

Un deuxième pas.

Un troisième.

Il trouve son équilibre, repart.

En quelques minutes, il réalise ce qui nécessite d'habitude plusieurs semaines.

Il marche.

— Incroyable !

Pas tant que ça, lorsqu'on connaît le sens de l'équilibre exceptionnel des Évènes.

Quelques jours plus tard, Boris remontait sur un renne et rejoignait le clan.

Je reste très heureux d'avoir pu lui rendre ce service, mais ne le considère pas comme extraordinaire. Ce serait oublier ce que je dois aux Évènes et à ce clan qui m'a accueilli comme l'un des leurs ; méconnaître mon histoire avec Nicolaï et Vassilli, qui ont dévié leur route à plusieurs reprises pour venir me chercher ou me reconduire. Ce n'est rien au regard de ce dont ils ont été capables pour m'aider, m'initier à ce monde qui m'a ouvert les yeux, profondément et durablement marqué.

Un Indien dans la ville

En rentrant de Sibérie, Otchum était un véritable « Indien dans la ville ». Né et élevé en liberté sur les bords du lac Baïkal, il a ensuite grandi à mes côtés durant une expédition d'un an et demi qui n'avait rien d'un apprentissage à la vie en ville.

En débarquant de l'avion, Otchum a découvert Paris avec les mêmes yeux que ma fille, Montaine, lorsque, au retour de notre année dans les montagnes Rocheuses, nous l'avons ramenée vers la civilisation... Des yeux curieux, parfois émerveillés, souvent incrédules, voire horrifiés.

La première étape fut de faire accepter la laisse à Otchum, ou plutôt de lui faire comprendre qu'il ne s'agissait pas d'un trait sur lequel il fallait tirer de toutes ses forces comme il l'avait fait pendant des mois avec ses frères d'attelage devant le traîneau. Ce ne fut pas une mince affaire. C'était plutôt nous qui étions en laisse, tirés par Otchum... Mais au moins pouvions-nous tenter de le freiner de temps à autre, en usant nos semelles en dérapages plus ou moins contrôlés sur le bitume qu'Otchum reniflait, effaré de toutes les odeurs de chiens qu'il recelait.

Voilà le problème : pour Otchum, il n'y a que quatre types de chiens.

Les *minus*, roquets en tout genre, qui ne sont que des

snacks, des sortes de lièvres ou de lapins, qu'on égorge d'un coup de mâchoires désinvolte.

Les *concurrents*. Ce sont tous les chiens mâles de plus de dix kilos qui croiseront sa route. Cette classe étant elle-même divisée en deux rubriques : ceux qui *se soumettent immédiatement*. Il se contentera alors de bien leur grogner dessus à quelques millimètres de la gorge jusqu'à ce que le chien, terrorisé, tremblant de tous ses membres, frôle la crise cardiaque. Puis ceux qui *ne se soumettent pas*. Ceux-ci posent un énorme problème car Otchum, à la différence de tous ces chiens citadins, ne respecte pas la tradition des villes, à savoir qu'on grogne longtemps avant de se battre éventuellement, du style « retenez-moi, sinon je vais lui faire la peau ». Otchum n'est pas de cette trempe-là. Il n'aime pas les préliminaires : gronder, retrousser les babines, hérisser le poil sont autant de pertes de temps. Qu'un chien lui résiste et il lui saute dessus, immédiatement, sans l'informer de ses intentions. L'adversaire qui n'a pas eu le temps de se mettre en garde se retrouve les épaules déchiquetées et les oreilles mises en ruban avant d'avoir compris ce qui lui arrivait. À l'effet de surprise s'ajoute la technique. Otchum, de combat en combat menés face à des dizaines de chiens, dans chaque village sibérien traversé – des chiens d'une autre trempe que ceux des villes –, est devenu presque imbattable. Il est doté d'une force et d'une vivacité incroyables, auxquelles s'ajoutent un vrai don, une vraie intelligence du combat. Aucun chien de ville, aussi grand soit-il, ne peut prétendre rivaliser avec lui. Sans notre intervention, qui doit être rapide et efficace, le chien passe de vie à trépas en moins d'une minute. Pas très pratique.

Les *dames*. Celles-là sont à diviser aussi en deux rubriques : *celles qui ne sont pas en chaleur*, pour lesquelles Otchum montre une indifférence totale, non sans avoir préalablement effectué une vérification dénuée de toute galanterie en allant directement fourrer sa truffe entre leurs jambes, quitte à leur grogner dessus un bon coup si ces « dames » récalcitrantes minaudent... Enfin, il y a les autres, les *femelles en chaleur*. Cette dernière catégorie pose, elle aussi, un gros problème, car Otchum est doté d'un flair exceptionnel. Souvenons-nous que c'est un laïka, un chien de chasse, sélectionné depuis des générations par les Sibériens qui s'en servent pour poursuivre les animaux à fourrure dans la neige. Il a donc un nez excellent !

Dans l'écheveau d'odeurs que la ville recèle, Otchum ne s'y trompe pas et rien ne peut alors le retenir. En Sibérie, je n'en connais pas une qui lui ait résisté. Dans chaque village, il honorait la ou les chiennes, aussi sûrement qu'il éliminait les adversaires éventuels. Les propriétaires de ces chiennes, qui sont toujours à la recherche de sang neuf, étaient ravis de l'aubaine. J'aurais pu monnayer les services de mon « étalon » qui faisait l'admiration de tous, tant il était éclatant de santé, magnifique dans sa fourrure épaisse et brillante, sous laquelle roulaient des muscles forgés par des mois d'aventure. En toute objectivité, Otchum était un chien magnifique sur lequel on se retournait, qu'on soit amateur ou non.

Mais que faire d'un tel chien en ville !

C'était catastrophique.

Il fallait s'y mettre à deux pour le retenir. Otchum, très démonstratif, affichait alors une mine de chien battu parfaitement compréhensible. Il avait mené une vie de chien libre et conquérant pendant deux ans, et voilà que, tout à coup, il fallait lui apprendre les manières. Des règles parfaitement ridicules : pourquoi ne pas sauter sur toutes ces chiennes ? Pourquoi ne pas grogner et corriger tous ces mâles concurrents ? Pourquoi ne pas croquer quelques-uns de ces animaux appétissants ?

« Parce que ça ne se fait pas » n'est pas, à proprement parler, quelque chose de facile à apprendre à un chien tel qu'Otchum.

Ces habitudes n'étaient pas les seules, loin s'en fallait, à revoir.

Otchum avait toujours fait ses besoins là ou l'envie le prenait. La première étape dans son éducation consista à lui faire comprendre que le milieu du salon d'un hôte éventuel n'était pas l'endroit adéquat. Pris sur le fait, Otchum me fixait droit dans les yeux, avec un regard parfaitement innocent, l'air de dire : « Eh bien quoi ? » Alors je lui montrais l'objet du délit et l'emmenais dehors. Il comprit ça assez vite. En revanche, pour ce qui était du pipi, ce fut bien plus compliqué, car ce n'est pas quelque chose dont on se débarrasse d'un coup, comme une crotte. C'est une denrée rare et précieuse dont on se sert à petites doses, ici et là, pour marquer son territoire et affirmer sa présence. Or Otchum est partout chez lui. Comme un monarque absolu, le territoire qu'il foule, connu ou non, devient le sien et il en asperge les frontières allègrement. Allez lui faire comprendre qu'il faut cesser, séance tenante, cette pratique !

— Ah non ! La crotte, va encore, mais là, il faudrait voir à ne pas trop exagérer !

Voilà ce qu'Otchum me dit de ses yeux tellement démonstratifs lorsque, en pure perte, j'essaie de l'éduquer sur ce point-là.

Il pisse donc partout, à chaque coin de rue, au pied de chaque poteau, chaque fois qu'il sent la présence d'un « autre », ce qui arrive souvent, si bien qu'Otchum arrive vite à court de munitions et qu'il a tout le temps soif !

Puis il y a la nourriture.

La nourriture, c'est comme une chienne, elle est là pour lui et allez lui faire entendre le contraire.

Ah ! ces beaux étalages de viande, ces filets à provisions que portent ces dames, pleins de belles odeurs prometteuses, toutes ces victuailles accessibles dont il n'aurait jamais imaginé qu'on puisse en voir autant, en si grande concentration ! Un vrai paradis que cette ville !

N'allez pas croire qu'Otchum soit malheureux, déporté de Sibérie. Paris, il en raffole ! Toutes ces chiennes, cette nourriture, ces choses à découvrir. C'est formidable !

Je lis dans ses pensées :

« Mais quelle mouche a donc piqué Nicolas qui ne m'autorise plus à faire ce qui est à la base même de la vie et du plaisir de vivre : manger, copuler et se battre ! Mais qu'est-ce qui lui prend ? »

Lorsqu'il bondit pour saisir le cabas d'une dame revenant du marché, c'est l'attroupement, car j'ai bien du mal à lui faire desserrer les mâchoires et la pauvre dame – on la comprend – est toute retournée.

— Mais c'est un sauvage, ce chien !

— Vous ne croyez pas si bien dire, madame !

C'est la télévision qui me sauve. Dans l'attroupement, un homme me reconnaît et se souvient même du nom du chien. Alors, il raconte et tout s'arrange. C'est un peu plus dur, lorsque, boulevard Saint-Germain, je n'ai pas vu un caniche débouler d'une petite rue adjacente et qu'Otchum lui saute dessus.

Le temps que je réagisse, il l'a déjà un peu amoché.

Heureusement, j'ai un bon copain, le Dr Michel Klein, un type formidable qui, une fois de plus, répare le chien et sauve le coup.

Je ne crois pas qu'Otchum, dans son cerveau rudimentaire, associe ces petits animaux sur pattes à des chiens. Ils rentrent pour lui dans la même catégorie que le lapin, la perdrix ou le pigeon.

Les pigeons, parlons-en !

Le premier qu'Otchum vit provoqua chez lui le réflexe qui a toujours été le sien face à du gibier volant. Il se tasse, devient félin, rampe, avance centimètre par centimètre, tremblant de peur à l'idée que l'oiseau s'envole avant qu'il puisse l'approcher d'assez près pour lui sauter dessus. Les pigeons parisiens n'ont pas beaucoup d'expérience en la matière, si bien qu'il en attrape autant qu'il veut, à la condition, bien entendu, qu'on lui donne le mou nécessaire, ce que nous ne faisons pas et qui nous vaut des regards chargés de reproches.

Alors Otchum, qui comprend vite comment les choses fonctionnent, et s'apercevant que les pigeons sont partout et que nous lui interdisons de les croquer, fait mine de s'en désintéresser. Il avance, désinvolte, si bien que nous relâchons notre vigilance. Comme il passe devant les pigeons sans même leur accorder un regard, ceux-ci font comme ils ont l'habitude de faire avec tous les chiens. Ils s'éloignent de quelques mètres. Mais cette distance de sécurité qu'ils calculent d'instinct par rapport à ce qu'ils savent des chiens ne vaut pas pour Otchum qui, d'un bond, alors que nous ne nous y attendons pas, bondit vers un pigeon et l'attrape au vol d'un seul coup de mâchoires parfaitement ajusté, sous le regard effaré des nombreux passants.

Le temps de récupérer la laisse qui m'a échappé des mains, Otchum est déjà couché sur l'oiseau qu'il écorche pour le manger. Je laisse faire.

Ce n'est sans doute pas la meilleure façon de l'éduquer, mais – j'ai un peu honte de l'avouer – j'y prends un certain plaisir. Tous ces gens qui poussent des cris de vierges effarouchées autour de moi commencent à m'énerver. Après tout, Otchum a bien le droit d'en croquer un. Existe-t-il une loi qui l'interdit ?

Comme je deviens assez stupide dans ces cas-là, j'en rajoute.

— Faites gaffe à votre chien. Il n'a mangé qu'une dizaine de pigeons ce matin et, généralement, c'est parvenu à ce nombre qu'il commence à manger quelques chiens !

La gueule pleine de sang, celui de sa victime, Otchum fait plus penser à un loup qu'à un chien. Le cercle se desserre autour du fauve, qu'on regarde avec un mélange de respect et de crainte admirative.

Je reprends mon loup en laisse, enroule celle-ci autour de mon poignet et repars. Derrière moi, on chuchote.

— On devrait interdire à ces chiens de se promener sans muselière.

Cette personne a raison, mais je ne peux m'y contraindre.

Heureusement pour moi et pour Otchum, qui sommes aussi « sauvages » l'un que l'autre, je n'habite pas en ville, même pas dans un village. Je vis dans la ferme de mon grand-père, perdue au milieu des bois, à plusieurs kilomètres du bourg. Mes voisins sont les chevreuils et les cerfs, et c'est là qu'Otchum et moi nous rendons après ce bref passage obligé dans la ville de fous.

Après cette année et demie passée en Sibérie, comme chaque fois que je retrouve ma Sologne après une longue absence, mon plaisir est incommensurable.

À la question classique au retour de mes longs voyages dans le Grand Nord :

— Mais c'est pas trop difficile de rentrer, de retrouver la vie d'ici, de se réhabituer à une existence normale ?

Je réponds toujours :

— J'ai autant de plaisir à faire mes valises pour retrouver ce Nord qu'à les défaire pour retrouver mon chez-moi, celui où j'ai grandi et où s'est forgé mon amour pour la nature.

Sans ce chez-moi, cette forêt de Sologne dans laquelle j'ai tant de plaisir à écouter les cerfs bramer à l'automne, à approcher les sangliers dans les cultures d'été, à admirer les jeunes faons au printemps, à compter les canards sauvages sur les étangs gelés en hiver, je crois que je serais resté là-haut, quelque part en Sibérie, avec les éleveurs de rennes ou dans ma cabane perdue en plein milieu des montagnes Rocheuses.

Et je ne serais pas aussi heureux que je le suis aujourd'hui, car un homme est comme un arbre. Il a besoin de racines, sans quoi il se dessèche, perd ses feuilles et finit par tomber.

Entre ce Nord où j'ai passé plus de la moitié de ma vie et cette ferme de Sologne où je l'ai commencée et où je la terminerai sans doute, j'ai trouvé mon équilibre, celui qui me permet de partir et d'avoir envie de revenir, de construire, de fonder une famille, de transmettre à mes enfants et à ceux qui me font l'amitié de me suivre. C'est là, dans mon petit bureau qui donne sur les champs et l'étang au loin, que j'écris, prépare mes voyages, imagine mes films... Mais pas un soir sans que je parte, le plus souvent accompagné de l'un de mes deux fils, arpenter les bois, les friches et les landes avec les jumelles.

Ici, je connais chaque arbre de la forêt. J'en arrive à différencier les chevreuils, leurs petits, les couvées de faisans, les compagnies de perdrix, les lièvres ou les grands cerfs...

Lorsque je reviens après une longue absence, beaucoup de choses ont changé. Les compagnies de sangliers ne sont plus les mêmes. Dans la forêt, les bois ont grandi. Des arbres sont morts, les bruyères se sont étendues. Le cerf a refait sa tête, et porte des andouillers de plus, ou ravale – c'est le terme qu'on utilise lorsqu'un cerf vieillissant voit sa ramure diminuer en nombre d'andouillers, en poids et en volume.

Je n'aime rien de plus au monde que cette grande balade que je fais, chez moi, dès que je rentre après une longue absence. Je jouis de chaque son, celui des milliers d'oiseaux qui chantent le printemps ; de chaque odeur, celle des bois, des étangs, des champs fraîchement labourés. Je m'enivre des couleurs : le rouge du lilas sauvage, le jaune des genêts et des colzas en fleur, le bleu et le violet de tant de fleurs connues ou inconnues, celui du ciel au travers du vert des grands arbres.

En arrivant chez moi, Otchum, qui me connaît si bien, a ressenti le bonheur qui était le mien, mon émotion. Il s'est mis à aboyer de contentement, à galoper en rond en se ruant parfois sur moi, m'évitant de justesse, faisant claquer ses mâchoires à quelques centimètres de mon visage, par jeu. Un jeu que le facteur, habitué à venir me dire bonjour, ne comprendra pas. Il retournera prestement dans sa voiture et m'appellera pour me dire qu'une bête sauvage l'a attaqué.

Diane, elle aussi, sera victime de cette marque d'affection un peu « spéciale ». Est-ce Otchum qui aura calculé un peu juste, Diane qui aura bougé ? Toujours est-il qu'Otchum la percutera en pleine course, de toute sa force, de tout son poids. L'un et l'autre se retrouveront groggy sur le sol. Otchum se relèvera plus vite pour aller lécher le visage de sa maîtresse en gémissant, contrit et malheureux. Diane, inconsciente pendant quelques minutes, en sera quitte pour quelques bleus.

En Sologne, Otchum a trouvé chaussure à son pied. Les lapins et les faisans en ont un peu fait les frais, mais Otchum était heureux.

Puis l'automne est arrivé et, avec lui, l'ouverture de la chasse et les hordes de Parisiens qui viennent chaque week-end comme à la kermesse dans leurs beaux 4 x 4, avec ces dames aux chapeaux piqués de plumes qui se pâment devant ces messieurs, tellement virils avec leurs beaux fusils de chasse.

Les gardes, prévenus à l'avance, lâchent ce qu'on appelle ici les « cocottes » : des faisans, perdrix et canards élevés pour servir de cibles à ces ersatz de chasses, véritables kermesses cynégétiques qui font la gloire ou la honte de la Sologne. Cela dépend de sa conception des choses... Pendant ce temps-là, la femme du garde met les petits plats dans les grands car ces messieurs mangent bien et beaucoup.

C'est toute l'économie de la Sologne qui en profite, alors on ferme les yeux et ça perdure, bien que nombre de vrais chasseurs veuillent interdire le lâcher d'oiseaux gibier après le jour de l'ouverture de la chasse. Une loi que j'appelle de mes vœux depuis dix ans. La patience n'étant pas ma qualité première, je commence à désespérer.

Otchum entend les premiers coups de fusil à neuf heures le dimanche matin, ou plutôt une pétarade ininterrompue correspondant à ce qu'on appelle ici une « levée d'étang » : les chasseurs, une dizaine ou une vingtaine, se disposent tout autour de l'étang où les canards ont été élevés. Quelques oiseaux finissent par s'envoler, forcés par les rabatteurs qui vont sur eux en bateau ou en cuissardes et claquent dans leurs mains, tapent sur l'eau à coups de rame. Les fusils entrent en action. Les coups de feu auxquels ne sont pas préparés les canards, habitués à l'homme qui les a élevés et nourris chaque jour, effraient toute cette gent ailée qui met les voiles. Au passage, ils se font canarder (d'où l'expression !). Dans les « meilleures » chasses, les tireurs ont deux fusils et disposent d'une personne, à côté d'eux, qui recharge l'un pendant que l'autre tire. Les occasions sont nombreuses car les canards, désorientés, ne connaissant pas d'autre endroit, tournent et reviennent. Beaucoup, blessés, s'en vont mourir plus loin. D'autres tombent en vrille, de très haut. On applaudit. On rigole. On passe vraiment un bon moment et on félicite le propriétaire, rouge d'émotion et de fierté, pour la qualité de cette chasse. Le soir, on alignera par rangées de dix ou de vingt les canards tués par centaines et que des hordes de labradors auront ramassés derrière les chasseurs, pendant que ceux-ci déjeunent. Car ramasser le gibier n'est ni très drôle ni très noble.

C'est à ce moment-là de la « chasse » que notre Otchum, attiré par le tintamarre, débarque chez le voisin qui organise une levée d'étang. Il y a là quelques labradors et un ou deux springers accompagnés de leurs propriétaires à qui ils rapportent le gibier. Otchum déboule là-dedans au grand galop, comme une boule dans un jeu de quille. Les chiens, terrorisés par l'attitude dominatrice de cette bête à la corpulence impressionnante, s'aplatissent et lui montrent ainsi qu'ils se soumettent.

Alors Otchum va de l'un à l'autre, renifle, grogne un peu puis, satisfait, s'en va croquer un canard. Le garde du voisin qui sait de quel chien il s'agit rassure ceux qui l'aident à ramasser le gibier et les encourage à poursuivre. Otchum observe les autres chiens. À la grande surprise du garde, il s'y met lui aussi. Il renifle, trouve les canards et les rapporte aux gardes, qui se disent que j'ai dû le dresser à faire ça en Sibérie. Il faut tout de même savoir qu'un dresseur professionnel prendra au moins mille euros pour dix jours de travail afin d'apprendre le rapport à un chien, ce qui prouve la difficulté de la chose. Le rapport n'est pas inné, sauf pour certaines races comme les labradors ou les épagneuls bretons. Mais Otchum l'exécute d'emblée, en faisant preuve d'une certaine condescendance, haussant presque les épaules, l'air de dire :

— Expliquez-moi ce qu'il y a de compliqué à rapporter un canard...

Il a souvent étonné par sa capacité à effectuer un exercice comme s'il avait fait ça toute sa vic, en copiant simplement les autres. C'est ainsi qu'il est devenu ce à quoi il n'était pas prédisposé : un chien de traîneau.

Quelques semaines plus tard, à l'instar des chiens courants envoyés dans la forêt pour y dénicher les sangliers et les chevreuils, il se lancera dans la poursuite. Il ira même plus loin et en attrapera un par les cornes, qu'il tiendra jusqu'à ce que j'arrive. Le pauvre brocard, les bois bloqués dans la mâchoire de fer d'Otchum, ne pouvait bouger et pleurait comme un enfant, désespéré et complètement terrorisé. L'œil vif et rusé, Otchum me regarda arriver avec un air triomphant, l'air de dire :

— Tu as vu, je l'ai bien eu celui-là, alors que les autres se contentaient d'aboyer derrière lui !

Il me dévisagea avec un mélange d'incompréhension et de reproche lorsque, le retenant d'une main, je libérai le pauvre chevreuil.

Il fit de même lors de l'une des trois chasses au sanglier que nous organisons chaque année, pour les déloger de nos bois à l'orée desquels ils détruisent, en bandes nombreuses, toutes les cultures. Aussitôt lancé, Otchum fondit sur les bêtes noires, en saisit une et l'égorgea promptement, au grand dam des chasseurs qui se voyaient voler leur gibier.

À quoi bon chasser si le chien fait tout ?

Ce furent les avant-dernières expériences de chasse française d'Otchum qui, dans le Jura, chez mon ami Jérôme, réitéra l'exploit en coiffant un énorme sanglier avec deux de ses fils quelques mois plus tard.

Pour ne plus avoir de soucis, nous lui avons aménagé, pour lui et sa meute – huit de ses fils –, un grand parc où il réussit tout de même, je ne sais comment, à tuer un grand tétras qui eut la grande imprudence de se poser. Jérôme ne retrouva que le bec, les plumes et les pattes de ce magnifique oiseau qui méritait mieux que cette fin stupide.

Quelques mois plus tard, heureusement, nous allions, Jérôme, Pierre Michaut, Otchum, Ska, sa compagne, leurs huit fils et moi, repartir à travers la Laponie, vers les terres froides, vers un pays abritant, lui aussi, de nombreux tétras ou grands coqs de bruyère.

Un pays fait pour Otchum, mon roi des neiges.

Laponie

Pour cette expédition, Jérôme, Pierre et moi avions décidé de partir sans contraintes, sans véritable programme, pour nous et notre seul plaisir d'être avec les chiens et de les faire courir dans le Grand Blanc. Aucun compte à rendre, pas de médias, pas de sponsors. Comme nous y étions de notre poche, nous avions décidé de partir vers le nord le plus accessible et donc le moins cher. C'était donc la Laponie. Et grâce aux quelques Russes bien placés que je connaissais après mon année et demie d'expédition en Sibérie, j'avais obtenu l'autorisation de passer la frontière avec nos vingt chiens, ceux de Jérôme et les miens, pour aller nous promener dans la péninsule de Kola, un territoire que j'avais envie de connaître, comme tant d'autres...

Nous avions trouvé un camion pour transporter les chiens, les deux traîneaux que j'avais rapportés de Sibérie, le matériel, la nourriture (plus d'une demi-tonne pour un mois) et tout le barda... Nous devions attraper un bateau pour traverser la mer Baltique entre l'Allemagne et la Suède. La mer Baltique, une véritable mer morte – morte de tous les nitrates que l'agriculture a rejetés, morte de la surpêche opérée par tous les pays qui se sont approprié ses eaux et son poisson. Comment peut-on ainsi tuer la poule aux œufs d'or ? Quel regard porteront les générations futures sur notre égoïsme, notre façon de gaspiller, de détruire, de ne laisser derrière nous que des déserts improductifs à la place des mers, des terres et des forêts qui donnaient tant ? Je ne peux m'empêcher de penser que ce regard sera le même que celui que nous portons aujourd'hui sur ces rois qui festoyaient alors que le peuple mourait de faim, n'anticipant pas la révolution qui allait les envoyer au cachot ou à l'échafaud. Ne sommes-nous pas ces rois qui festoyons avec ce qui ne nous appartient pas ? « Nous ne recevons pas la Terre en héritage, nous l'empruntons à nos enfants. » Cette phrase, attribuée à Saint-Exupéry mais qu'il a empruntée aux Indiens, comme le firent avant lui beaucoup d'autres, devrait conduire nos vies, surtout depuis que nous savons ce que nous sommes en train de détruire. Mais nous ne faisons rien, ou si peu. En quelques décennies, nous avons divisé par dix – oui, par dix ! – la biomasse des océans. C'est hallucinant. C'est à cela que je pense sur le pont de ce grand paquebot qui transporte, outre notre camion et nos chiens, plus de six cents personnes...

Comme chacun de ces six cents passagers, j'ignore le drame qui est en train de se jouer. La coque de ce vieux paquebot est en train de se disloquer... Et elle achèvera de céder lors du voyage suivant, avec neuf cent quatre-vingt-neuf personnes à bord, dont huit cent cinquante-deux périront.

Nous n'en avons rien su sur le moment, nous qui roulions vers le nord, vers cette Laponie, terre de mes premières amours avec le Grand Nord.

S'agit-il de chance ? Non, me dira à juste titre l'un de mes amis.

— Considère plutôt que c'est une sacrée malchance que d'avoir embarqué sur l'un des très rares bateaux qui, ces dernières décennies, ont sombré en mer suite à une avarie.

Il avait raison.

À force de croire en la chance, on finit par se penser invincible et c'est là que les vrais problèmes commencent.

J'ai eu de la peine pour ce sympathique capitaine et quelques-uns de ces hommes qui, avec beaucoup de gentillesse, s'étaient mis en quatre pour que les chiens voyagent au mieux alors que nous avions menti sur leur nombre à l'embarquement, sachant bien que deux chiens par personne seulement étaient autorisés en cale... Nous en avions quatorze de trop !

Nous nous étions suffisamment renseignés pour savoir que nous n'obtiendrions pas cette autorisation. Nous avions donc décidé de tenter le coup, priant pour qu'à l'embarquement ils ne vérifient pas notre chargement et que les chiens restent tranquilles, ne se mettant pas à hurler comme ils savent si joyeusement le faire !

Tout s'était bien passé et, une fois en mer, nous avions été voir le personnel de bord pour demander l'autorisation d'aller dans l'immense cale parking sortir nos chiens. Sans en préciser le nombre, bien évidemment. Il fallait voir la tête du type lorsqu'il a compris le manège qui consistait à sortir six chiens, deux par personne, et à les remplacer discrètement par d'autres, dès qu'ils avaient pissé entre les voitures, les bus et les camions !

Bien entendu, le gars s'en est aperçu très vite et les chiens l'y ont aidé, aboyant et grognant d'impatience dans les cages. Le fait fut rapporté au capitaine du bateau qui ne nous gratifia que d'une courte leçon de morale. Il demanda à voir les chiens, les traîneaux, s'enquit de l'itinéraire que nous allions suivre en Laponie et nous fit la promesse qu'il arrangerait tout pour que, au retour, le voyage des chiens se fasse en toute légalité et sans frais.

Mais il n'y aurait pas de retour sur ce bateau...

Après avoir débarqué en Suède, nous sommes remontés vers le nord et avons patiemment attendu l'hiver en entraînant les chiens.

L'itinéraire que nous avions choisi pour atteindre la péninsule de Kola passait par les zones les plus montagneuses de Finlande et de Norvège. Ce sont des territoires où l'élevage des rennes bat son plein. Les Sami élèvent quelques centaines de milliers de ces animaux qu'ils font pâturer dans ces hauts alpages de lichen. C'est en montagne que les pâturages sont le plus riches. Durant tout l'hiver, les Sami voyagent en motoneige pour surveiller leur harde, la maintenir à l'intérieur du territoire alloué par le syndicat des renniculteurs et éviter qu'elle ne se mélange avec celle du voisin. Les pistes sont nombreuses, régulièrement empruntées par les éleveurs et donc parfaites pour les chiens et ceux qui les conduisent.

Nous nous sommes parfois heurtés à quelques éleveurs grincheux, mais, la plupart du temps, ils ont compris que nous tenions bien nos chiens et que les rennes ne craignaient rien. Parfois, ils nous ont donné un gigot ou même une carcasse pour les chiens. Souvent, ils nous ont indiqué des cabanes que nous pouvions utiliser et qui nous évitaient de monter la tente. Nous allions notre rythme, donnant tous les trois ou quatre jours une journée aux chiens, qui progressaient de jour en jour. J'étais particulièrement fier de mon attelage, dont les performances m'étonnaient. Ils allaient bien plus vite que les groenlandais de Jérôme et tenaient la vitesse de plus de quinze kilomètres à l'heure sur de longues distances. Ça m'impressionnait.

Mon plaisir de conduire mon propre attelage était indescriptible. Je pouvais enfin me laisser aller à aimer des chiens. Ceux-là ne retourneraient pas chez eux à la fin du voyage, car c'étaient les miens. Torok, Baïkal, Nanook et Voulk, les quatre frères de la première portée, étaient particulièrement impressionnants. Puissants et endurants, ils étaient parfaitement charpentés, dotés d'une magnifique fourrure sous laquelle roulaient des muscles qui ne cessaient de gonfler et de s'assouplir au fil des kilomètres. Avec eux, je sentais que nous allions faire de grandes choses ! Et des projets, j'en avais plein la tête. Je les évoquais avec Pierre, mon compagnon d'aventure, avec lequel j'avais eu tant de plaisir à traverser l'Alaska.

Je lui parlais de mon projet, qui lui paraissait un peu fou, d'emmener avec moi femme et enfant pour une année d'aventures dans les montagnes Rocheuses, puis à travers le Yukon jusqu'en Alaska. Pierre m'accompagnerait là-bas pour effectuer la reconnaissance de ce périple, obtenir, de la part des Indiens, l'autorisation de pêche et de chasse sur le territoire qu'ils contrôlent. Nous survolerions la zone dans l'hydravion de mon copain Dennis et tenterions, depuis les airs, de dessiner sur la carte un chemin que nous pourrions suivre pour aller, à cheval, depuis le dernier bourg jusqu'au lac au bord duquel je voulais construire notre cabane.

C'était de ce projet et de beaucoup d'autres que nous parlions, le soir, autour du feu ou dans notre tente. Nous prenions soin de nous installer dans de beaux endroits, au bord de lacs ou de rivières, ce qui permettait de voir loin. Nous voyagions comme j'aime le faire, en partant tôt le matin, dès l'aube, afin de disposer de toute la seconde partie de l'après-midi pour monter le camp – ce que nous faisions vite, notamment grâce à l'aide de Pierre qui avait la même conception des choses que moi. Jérôme, lui, pouvait être d'une lenteur exaspérante... Non pas qu'il soit feignant, loin de là, mais ce n'était pas sa manière de faire. Lorsque nous arrivions, il en était encore à tergiverser sur l'endroit où tendre son *stake out* (le câble le long duquel on attache les chiens), que j'avais déjà dételé tous les miens et vidé mon traîneau !

Pourquoi ?

Parce que, en arrivant là où nous avions prévu de monter la tente, je prenais une minute pour choisir où placer mes chiens. Lorsque j'avais trouvé cette place, j'allais jusqu'à l'arbre choisi en marchant devant les chiens avec le câble, que je conservais dans une poche accessible sur mon traîneau. Ainsi, je leur creusais un passage dans la neige profonde. J'attachais le câble à l'arbre puis revenais en élargissant ma trace jusqu'au traîneau, laissant une marque dans la neige à l'endroit exact où le placer pour qu'il serve de second point d'ancrage. Puis je donnais l'ordre aux chiens d'avancer sur ces quelques mètres, ce qu'ils faisaient avec entrain car ils savaient l'heure de la pitance très proche. Ensuite, je bloquais le traîneau avec l'ancre. Je tendais alors le câble en m'aidant du mousqueton qui relie le trait au traîneau. Il ne me restait plus qu'à remonter l'attelage en déshabillant les chiens de leurs harnais et à les installer à leur place sur le câble. Je faisais ainsi une économie de déplacement qui me permettait de gagner un temps fou.

Jérôme arrivait. Il arrêtait ses chiens, posait son ancre, allait les voir et les félicitait tout en admirant le paysage. Ensuite, il allait chercher son câble, « rangé » au fond du traîneau où tout avait été mis en vrac le matin car il était « à la bourre » et qu'on en avait assez de l'attendre...

— Mais où est-ce que j'ai bien pu le fourrer ?

Il sortait la tente, le poêle, déplaçait son sac de couchage, cherchait sous les sacs de nourriture à chiens, trouvait enfin le câble, emmêlé dans les dents de la scie que Pierre attendait, depuis un moment déjà, car il voulait aller couper du bois...

Il y avait des nœuds dans le câble qui n'avait pas été roulé correctement. Jérôme en venait à bout puis cherchait deux arbres, n'en trouvait pas à la bonne distance l'un de l'autre. Alors, il partait à la recherche de Pierre qui, au fond du bois, attaquait un arbre sec sur pied. Il lui empruntait la scie, car il ne savait plus où il avait mis sa hache, coupait une perche dont il allait se servir pour tendre son câble.

Pierre revenait, ayant scié un bel arbre mort. Nous commencions à monter la tente.

Jérôme hésitait. Il avait trouvé un arbre, puis en avait aperçu un autre, mieux. Il avait tracé une première ligne, alors il en traçait une seconde. Il tendait son câble. Pour enfoncer le piquet dans la terre gelée, il lui fallait la hache qu'il ne retrouvait pas. Finalement, il se rappelait qu'il l'avait glissée dans la poche arrière après l'avoir utilisée sur la piste !

Pierre et moi avions coupé les perches pour la tente et montions celle-ci. Je lui laissais tendre la toile et installer le poêle pendant que j'allais chercher de l'eau dans la rivière. J'en profitais pour mettre à gonfler les croquettes que je distribuais ensuite aux chiens.

Pendant ce temps-là, Jérôme avait tendu son câble.

Comme il était assez loin des chiens, il lui fallait faire pour chacun un aller et retour d'un peu plus de vingt mètres.

Encore un bon quart d'heure et les chiens étaient enfin installés !

La tente était montée, le poêle ronflait et l'eau posée dessus était déjà chaude. Mes chiens avaient mangé et dormaient en profitant des derniers rayons du soleil.

Il ne restait plus qu'à aller chercher une belle provision de bois mort pour alimenter le feu, ce que Jérôme fera, évidemment de bon cœur mais à son rythme...

Mais qu'on ne s'y trompe pas. Même si je me moque gentiment – c'est de bonne guerre entre amis –, j'aime beaucoup Jérôme. Il le sait bien. À sa lenteur parfois exaspérante, on pourrait opposer mon impatience légendaire qui me fait souvent faire les choses trop vite, y compris celles qui mériteraient qu'on y consacre plus de temps. Je passe ainsi à côté de bien des plaisirs. En vieillissant, cette impatience, qui ne se justifie que par ma soif insatiable d'en faire le plus possible, a tendance à se normaliser. Mais de là à ce que Jérôme et moi parvenions à faire les mêmes choses en même temps, il y a un monde...

Pierre, lui, a cette qualité rare que j'apprécie : être à la fois ponctuel et efficace. Départ à six heures ne veut pas dire à six heures et demie. Pierre est de ceux qui aiment aller vite en besogne pour ensuite profiter du temps qui reste. En Laponie, nous l'occupions à chasser notre repas.

Nous avions, comme souvent, emporté des légumes déshydratés pour accompagner ce que nous trouvions en route. Mais dénicher du gibier n'était pas aussi facile qu'il y paraît. Une fausse idée largement répandue veut que, en milieu sauvage, véritable Éden, il pullule. On pense qu'il suffit de choisir, comme dans les rayons d'un supermarché. Il n'en est rien.

Certes, il arrive qu'on tombe, ici et là, plus ou moins par hasard, sur de grandes concentrations d'oiseaux ou de mammifères, mais, la plupart du temps, la densité est faible car le milieu est pauvre. Les animaux sont répartis sur de grands territoires et la biomasse est bien inférieure à celle de nos régions. En France, on observe des densités de plus de trente grands mammifères sauvages – cerfs, chevreuils, sangliers – aux cent hectares. Dans le Grand Nord, il faut dix fois plus de surface pour nourrir à peine dix animaux ! Dès lors, il est plus difficile de les trouver, d'autant plus qu'ils sont très inégalement répartis sur le territoire.

Heureusement, la neige dans laquelle on lit comme dans un livre ouvert permet de trouver les zones que fréquentent les oiseaux, les lièvres et les mammifères, ainsi que ceux qui les chassent : lynx, loups, carcajous...

J'aime deviner aux traces de quel animal il s'agit, j'ai appris à le faire dans la boue et le sable derrière mon grand-père dans les chemins de Sologne. J'apprends cette science à mon jeune fils de quatre ans, Côme. À dix ans, Loup sait déjà lire la différence entre le sanglier mâle et la laie, entre le cerf et la biche, la chèvre et le brocard... Montaine, préoccupée par des choses de son âge, a peut-être oublié. Mais elle le savait et s'en souviendra, plus tard...

On me demande souvent si je souhaite que mes enfants suivent mes traces.

Bien sûr que non. Je veux qu'ils suivent les leurs et je les encouragerai dans la voie qu'ils auront choisie, avec autant d'attention et de motivation s'il s'agit de travailler dans la comptabilité ou l'informatique que s'ils optent pour une voie plus proche de mes propres aspirations.

Je ne fais rien pour qu'ils me succèdent. Je ne le souhaite pas. C'était ma vie, ils doivent avoir la leur. En les emmenant souvent avec moi, je veux simplement partager avec eux de bons moments, leur faire mieux comprendre qui est leur fou de père et quelle est sa passion.

D'ailleurs, je les trouve très à l'aise avec tout ça. Ils sont d'un naturel désarmant quand on leur pose ces questions habituelles :

— Alors, Montaine, tu te souviens de ton voyage ?

— Et toi, Loup, tu aimes le traîneau à chiens, tu feras des courses comme ton père ?

Ils haussent les épaules, bougonnent une réponse polie et détournent la conversation sur un autre sujet.

Non, Montaine ne se souvient de rien. Elle était trop petite et ses réminiscences ne sont que celles entretenues par le film, les livres, les photos qu'elle regarde parfois, notamment avec son petit frère à qui elle raconte son grand voyage.

Mais elle a bien d'autres souvenirs... Ceux plus proches d'autres voyages en traîneau à chiens dans les montagnes du Québec ou du Yukon. Certains partagés avec Loup, avec qui elle a fait des courses en Alaska. Des souvenirs que nous nous fabriquerons bientôt avec le petit dernier qui ne sera pas en reste.

Durant un mois, nous avons cheminé, à notre rythme et surtout à celui des chiens, vers la péninsule de Kola. Au poste de contrôle des douanes russes, nous étions attendus. Chacun des douaniers présents – ils étaient une douzaine – a voulu se faire prendre en photo avec les chiens et moi. Puis nous avons trinqué, comme toujours. L'un des douaniers habitait le village le plus proche et nous a proposé de nous arrêter chez lui. Un autre, qui habitait un peu plus loin sur notre route, nous fit la même invitation.

Pierre, qui n'avait jamais mis les pieds en Russie, n'en revenait pas, d'autant plus que nous venions juste de passer plusieurs semaines chez les Finlandais, dont la qualité première n'est pas vraiment l'hospitalité.

En Finlande, à la proposition :

— Venez chez moi.

Il faut répondre :

— Et ça coûtera combien ?

En Russie, rien de tout cela. Le contraste est frappant. J'aime ce pays déjà pour ça. Je l'aime également car, aussi paradoxal que cela puisse paraître, c'est un pays de liberté, en ce sens que le système perverti permet tout. Au Canada, en Laponie, en Alaska, tout est contrôlé, réglementé, jusqu'à la taille des collets pour chasser le lièvre, l'épaisseur du fil de pêche pour attraper le saumon...

Cette réglementation, parfois un peu démesurée mais nécessaire pour limiter les excès, n'existe pas en Russie, ou du moins n'est-elle pas respectée. Tout se marchande, se négocie, se discute... C'est ce qui fait que le pays est en si mauvais état, que la faune non protégée est en péril, mais c'est aussi grâce à cela que des voyageurs tels que nous ont une immense impression de liberté. Ici, on peut couper des arbres partout, pêcher, chasser, traverser tous les territoires. Ici, pas de réserves ou de zones réglementées qui tiennent. En guise de passe-droit, un billet glissé dans le passeport fait loi. À nous de fixer nos règles, celles qui nous interdisent, bien entendu, de pêcher ou de chasser n'importe quoi et n'importe où.

Nous l'expliquons au garde-chasse qui nous rejoint deux jours plus tard et nous propose une partie de chasse dans la réserve qu'il est censé surveiller.

Il ne comprend pas notre réaction. D'après lui, tout est foutu. Les grands tétras qu'il est supposé protéger sont condamnés. Les notables viennent les tirer en toute impunité au mois d'avril, durant les parades nuptiales, lorsqu'ils chantent, ce qui permet de les repérer facilement à une époque où ils sont particulièrement vulnérables.

— Si ça continue comme ça, dans cinq ans, il n'y en aura plus, regrette-t-il, tout en nous proposant de nous faire faire la même chose contre un billet ou deux.

Nous refusons son offre mais acceptons de voyager avec lui jusqu'à l'une des cabanes mises à la disposition des gardes forestiers et qu'il nous prête.

Avec lui, je parle de ce qui pourrait sauver le territoire, de ce qui fait son âme : ces merveilleux grands coqs de bruyère dont le chant, chaque printemps, fête le renouveau de la vie dans la taïga russe.

— Il faudrait de vraies lois, respectées par tous. Des amendes dissuasives. Il nous faudrait un vrai salaire qui ne nous oblige pas à devoir l'arrondir pour survivre. Moi, ma famille passe avant tout. Avant les grands tétras.

Comment ne pas le comprendre ?

Il m'emmène les voir. Nous allons entre les grands pins sur les skis de bois que les Sibériens utilisent. Effectivement, nous remarquons partout les traces du grand oiseau dans la neige et nous en apercevons quelques-uns dans le faîte des plus hauts arbres, qui s'envolent à notre approche. S'envoler n'est pas le mot exact car, avant de voler, ils se laissent tomber dans le vide. Alors, seulement, ils ouvrent leurs ailes et glissent un peu sur l'air, comme pour le tester avant de s'appuyer dessus, pour fuir, toujours dans le sens de la pente.

Nous rentrons fourbus à la cabane. Nous avons tué quelques perdrix blanches sur le chemin du retour

Celles-ci ne craignent rien. Il y en a des centaines, des milliers. On dit en Russie qu'elles ne valent pas une cartouche. Il en est malheureusement tout autrement du grand tétras, qui se vend cher, une fois naturalisé, pour orner l'intérieur d'une datcha.

Si l'éléphant est victime de ses belles défenses lourdes d'ivoire, le grand tétras l'est de son plumage exceptionnel...

Le garde-chasse nous accompagne durant deux jours, car il n'a pas grand-chose d'autre à faire et il aime bien ces drôles de Français qui ne veulent pas tuer ses tétras.

En nous quittant, il nous laisse toute une liste de ses copains à qui nous pouvons nous adresser dans les villages que nous avons prévu de traverser. En Russie, dès que l'on s'éloigne un peu des grandes villes, les copains sont partout. On n'a pas besoin de venir de la part de quelqu'un pour être accueilli à bras ouverts.

Après quelques jours à progresser plus ou moins le long d'une route de neige desservant quelques villages et fermes, nous nous enfonçons dans les collines et les basses montagnes de cette magnifique région.

Nous jouissons d'un temps exceptionnel et chaque jour est un véritable ravissement.

Souvent, le soir, ou tôt le matin lorsque nous prenons une journée de repos, je pars avec un traîneau vide et six de mes chiens pour aller courir sur la belle trace gelée de la veille. Ce genre de plaisir est contagieux et les chiens sentent bien que nous n'avons pas de but, d'horaire, de contraintes. Ils savent que c'est « pour rigoler ».

Je les pousse à aller vite et je n'ai guère besoin d'insister pour qu'ils prennent le galop. J'aime lorsque Torok, d'un coup de reins, m'arrache presque le traîneau des mains. Il le fait en grognant de plaisir. Un grognement qui encourage les autres à le suivre. Une émulation se crée qui m'arrache des cris joyeux.

— Allez, mes petits chiens ! Allez !

Nanook se retourne en courant, l'air de dire « tu vas voir ». Et la machine s'emballe. Ils galopent, mes champions, et le vent de la vitesse siffle à mes oreilles sur lesquelles il me faut rabattre ma chapka.

Ça dure cinq ou dix minutes, puis ils reprennent le trot, soufflent un peu et, à la moindre occasion, repartent. Les kilomètres défilent. Je n'arrive pas à faire demi-tour. Je suis un enfant. Je me fais des promesses.

— Encore un kilomètre et, promis, je rentre.

Mais je trouve toujours une excuse : je vais jusqu'au pied de la petite colline là-bas, pour voir, et je fais demi-tour. Juré.

Au pied de la colline, je trouve une rivière et de l'eau libre. J'en donne aux chiens. On se repose et, au moment de repartir, je fais semblant de ne pas me souvenir de ma promesse...

En rentrant, je n'ose avouer à Jérôme le nombre de kilomètres que nous avons parcourus. Les chiens m'étonnent. Ils n'en finiront pas de m'étonner. Quelques années plus tard, sur la piste de l'une des deux plus grandes courses de chiens de traîneau au monde, la Yukon Quest, alors que nous effectuerons près de deux cents kilomètres par jour, dix jours d'affilée, je repenserai avec amusement à mon premier voyage en Laponie. Je me rappellerai combien je culpabilisais à réaliser parfois des étapes de près de quatre-vingts kilomètres.

Je ne connaissais pas encore l'incroyable résistance des chiens de traîneau et celle de mes chiens en particulier. Mon expérience se fondait sur ceux que j'avais connus jusqu'alors, des chiens costauds mais d'une lenteur que je trouve aujourd'hui exaspérante.

Et je croyais, à tort, que mes chiens étaient de la même trempe.

Alors qu'ils étaient des champions potentiels et le prouvaient déjà en réclamant, à l'âge de un an à peine, des kilomètres que j'hésitais tant à leur donner. Ni eux ni moi ne savions alors que nous allions effectuer ensemble plusieurs dizaines de milliers de kilomètres en réalisant quelques exploits et en signant quelques records, ce qui, pourtant, ne m'avait jamais intéressé jusqu'alors...

Coyote

Il n'est pas connu sous ce nom-là, sauf par les quelques personnes de la SPA de Gennevilliers qui l'ont recueilli, comme tant d'autres chiens de traîneau avant lui. L'histoire est toujours la même. Un éleveur peu scrupuleux a sélectionné une lignée de chiens huskies aux yeux bleus, ce qui, soit dit en passant, a longtemps été considéré comme une tare pour un chien de traîneau, car les yeux clairs supportent mal la luminosité très forte que la neige réfléchit ! Mais bon, ces chiens-là ont été « fabriqués » à destination d'une clientèle citadine dont on sait qu'elle se laisse facilement séduire par le sauvage et le mignon. Parfait. Les éleveurs montrent ces adorables petites boules de poil aux yeux bleus, évoquent Croc-Blanc ou Balto, et l'affaire est dans le sac – ou plutôt le chiot dans le coffre de la voiture. Dès que le chèque aura été rédigé, l'heureux propriétaire pourra partir.

Tout commence bien. Le chiot est craquant, les enfants l'adorent, les parents le montrent et en rajoutent : « C'est un husky d'Alaska, un chasseur de loups dont les arrière-grands-parents ont connu Jack London. » On siffle d'admiration. Seulement voilà, l'adorable petite peluche aux yeux bleus va grandir et vite exiger de l'exercice. Beaucoup d'exercice. Comme on ne pourra jamais, à de très rares exceptions près, lui en donner autant que sa nature l'exige, le chien va commencer à « péter les plombs ». Pardon pour le terme, mais il me paraît parfaitement adapté à ce qui se passe alors. Le chien, frustré, stocke son trop-plein d'énergie. Il l'accumule parce qu'on a commencé à lui apprendre les règles de base du savoir-vivre intérieur. On n'arrache pas le tapis avec ses griffes, on ne se pend pas aux rideaux, on ne plonge pas dans la baignoire au moment du bain des enfants, on ne saute pas sur la table de la salle à manger, on n'aboie pas à qui mieux mieux, on ne hurle pas le soir à l'heure des loups...

Rien de tout cela.

On reste bien sagement couché dans son panier en attendant la sortie pipi que l'on effectuera au bout d'une laisse, sur laquelle il ne faut pas trop tirer – ce qui revient à demander à un poisson de ne pas boire de l'eau... Résultat : pétage de plombs assuré.

Au moment où l'on s'y attend le moins, la Cocotte-Minute explose.

Éberlués, les gentils propriétaires de l'adorable husky vont retrouver l'appartement sens dessus dessous, les meubles renversés, les rideaux arrachés, les tapis lacérés. Ceux qui ont un jardin le retrouveront ravagé, la pelouse retournée, les fleurs déterrées. On va l'engueuler un bon coup, et on lui pardonnera. Une fois. Deux. Puis, un jour ou l'autre, l'inévitable se produira. Il faudra se débarrasser du chien. On tentera le mail à Nicolas Vanier ou à d'autres parents adoptifs potentiels dans l'espoir qu'ils recueillent le chien fou. On passera quelques annonces au milieu d'autres de même nature, puis on se persuadera que ce chasseur des neiges sera bien plus heureux en liberté dans la forêt. Et on l'abandonnera au cours d'une balade en jurant aux enfants qu'il s'est perdu.

La SPA en récupère des wagons, de ces huskies abandonnés à l'âge de un an.

C'est comme ça que notre Coyote est arrivé à Gennevilliers. On lui a cherché un propriétaire mais la SPA, qui connaît son métier, a prévenu que pour adopter un husky, il fallait un grand, un très grand jardin, ou du temps, beaucoup de temps, pour le sortir longuement et le faire courir en l'attachant devant un vélo, par exemple. Les candidats de ce type sont peu nombreux et reportent très sagement leur choix sur d'autres chiens. Il en existe de toutes sortes qui peuvent s'accommoder parfaitement d'une vie oisive en appartement.

Alors les « Coyote » attendent longtemps, souvent trop longtemps, et la SPA doit parfois se résigner à ce qu'elle tente par tous les moyens d'éviter : l'euthanasie.

Invité par Laurent Ruquier à l'émission « On a tout essayé », je suis venu dire tout cela.

— Attention ! Ne vous laissez pas avoir. N'achetez pas l'une de ces adorables petites boules de poil pour tenter d'en faire un chien de ville. Vous n'y arriverez pas et voilà ce qui se passera...

Et, pour appuyer le message, j'ai demandé à la SPA de m'apporter l'un de ces huskies, en faisant promettre par la même occasion à France 2 de faire passer le message pour tenter de trouver un maître à celui que la SPA aurait retenu.

— On t'apporte Coyote. Tu verras, il est adorable. Magnifique et très affectueux.

J'arrive dans les studios. Coyote est là, accompagné par l'un de ces formidables et dévoués animateurs de la Société protectrice des animaux. Je m'approche du chien, m'agenouille pour le rassurer et lui faire sentir ma main qu'il sent et lèche affectueusement. Il plante ses yeux intelligents dans les miens et ne les lâche pas. Je le regarde, lui souris.

Autour de nous, c'est un gros bordel, tout le monde court : qui à la recherche d'un invité, qui pour déplacer un projecteur, qui pour équiper en son un animateur, mais le chien n'en a cure. Il me regarde et me rend, à sa manière, mon sourire... comme s'il voulait me remercier d'être là. Comme s'il avait conscience de l'utilité de ma démarche pour lui et sa race. Je lui parle. Je lui explique ce que nous allons faire. Je le caresse et le rassure car le plateau sur lequel je vais l'emmener n'a rien d'un environnement rassurant pour un chien, avec toutes ces lumières, ce public bruyant, ces caméras partout. Il ne comprend pas les mots que j'utilise, évidemment, mais il en comprend l'intention et se familiarise avec ma voix.

Bientôt, nous allons devoir y aller. Je prends la laisse, le caresse encore et de la voix l'encourage à me suivre, ce qu'il fait sans hésiter, l'air de dire : « J'ai confiance en toi, guide-moi, je te suis. »

Nous arrivons sur le plateau. Le public applaudit très fort, les projecteurs diffusent une chaleur étouffante. Coyote doit pourtant rester là et il le fait comme un habitué. Il me sidère.

Mon passage se déroule parfaitement bien. Coyote est à l'aise à mes côtés. Je délivre mon message. Nous repartons en coulisses sous les applaudissements du public ravi.

Je me retrouve avec Coyote. Je lui donne à boire et trouve quelques restes de viande qu'il prend délicatement dans mes doigts.

Puis vient le moment de se séparer.

— Je suis sûr que tu vas trouver un maître.

Et j'ajoute :

— Je te le jure. Je m'en occuperai personnellement s'il le faut, mais tu ne passeras plus tes semaines dans une cage à attendre.

Il me regarde. Son regard me bouleverse. Je l'embrasse et m'en vais.

Dix minutes plus tard, alors que je traverse Paris en scooter, je stoppe, attrape mon téléphone.

— Arrêtez le processus d'adoption. J'ai trouvé un maître pour Coyote. Quelqu'un qui connaît bien les chiens de traîneau et qui n'en fera pas un chien d'appartement. Je m'en porte garant.

— Parfait. On peut avoir le nom ?
— C'est moi.

Et c'est ainsi que nous nous sommes retrouvés, Coyote et moi, dans l'avion pour le Canada. Destination le camp des Écorces, mon chez-moi québécois, là où réside mon équipe de chiens de traîneau depuis qu'Alain et moi avons décidé de nous installer, tout au bout de ce chemin, à la fin de l'une des dernières routes allant vers le Nord. Au-delà de notre camp, les immensités blanches. En quittant le camp, on peut atteindre le pôle Nord sans plus croiser une seule route.

Cet été-là, Alain et moi avons décidé de descendre la rivière Manouane en canoë. Coyote fera donc partie de l'aventure.

Il n'a cessé de m'étonner. Il comprenait tout, vite et sans effort. Toujours heureux et confiant. Heureux dans l'avion, heureux dans la voiture. Heureux partout à condition de se sentir près de moi, en confiance, justement.

C'est avec un réel plaisir que je l'ai vu pénétrer dans la sauvagerie du territoire autour de notre camp, isolé à vingt kilomètres au nord des toutes dernières fermes. Il fallait le voir galoper dans la forêt, traverser d'un bond les ruisseaux, patauger dans les marais. Autant de choses qu'il découvrait avec l'entrain d'un jeune élève doué et assoiffé d'apprendre. Il ne s'arrêtait qu'à bout de souffle, et chaque matin le retrouvait tout courbaturé des efforts de la veille.

En quelques jours, il s'est métamorphosé. Au contact des autres chiens, son caractère dominant s'est affirmé. Il portait maintenant la tête haute, gonflait le poitrail, savait montrer les dents et redresser les poils de son échine.

Son nez, saturé de toutes les odeurs artificielles dont il avait été imprégné, s'ouvrait aux effluves de la forêt et du gibier qu'elle contenait. On le voyait s'arrêter net dans sa course pour humer et étudier les odeurs laissées par un ours noir, un élan, une gélinotte, un tétras... Il fallait voir avec quel enthousiasme il s'élançait sur la piste d'un lièvre qu'il finissait par débusquer et qui détalait devant lui à toute allure. Son instinct de chasseur se développait avec le reste. Avec une énergie incroyable, un appétit démesuré, il goûtait à cette vie faite pour lui, courait de découverte en découverte comme s'il avait conscience du retard à combler et du temps perdu à vivre une vie qui n'était pas la sienne.

Je commençai par initier Coyote aux rudiments du canotage. Le husky comprit vite l'essentiel, à savoir comment pallier l'instabilité de l'embarcation. Il se tint vite à la proue du canoë, bien droit, et attendait lorsque nous arrivions sur une rive que je lui donne l'ordre de descendre pour quitter son équilibre. Généralement, c'est à ce moment-là que les non-initiés passent à l'eau. Dans la précipitation que génère la hâte de descendre pour délier les muscles endoloris par la position assise que l'on doit garder, le faux mouvement est facile, surtout lorsqu'on est deux à le faire ensemble. C'est à éviter absolument. J'apprenais donc aux chiens à patienter. Attendre que je sois descendu du canoë, que je maintenais ensuite, pour sauter lestement sur la rive.

En une demi-journée d'apprentissage, Coyote avait intégré la leçon.

Nous étions prêts et il aboyait d'impatience.

Je l'avais initié sur un lac. Qu'en serait-il dans les rapides de la rivière, par endroits tumultueuse ?

J'appréhendais un peu.

Puis vint le jour du départ.

Le premier jour, la navigation consistait à traverser un grand lac tout en longueur, où la rivière Manouane prend sa source.

Nous nous étions arrêtés pour camper sur une langue de forêt bordée d'une jolie plage de sable qui formait comme une pointe. À un kilomètre à peine au-delà de cette zone, le lac commençait à rétrécir, étranglé par une petite chaîne de montagnes que la rivière traversait. Un tas de bois flottés échoué là nous offrait de quoi faire un beau feu, sur lequel nous mîmes à griller les sandres pêchés au cours de la journée. Coyote reçut sa part. Un joli sandre de un kilo. Il fallait le voir gratter le poisson, le retourner, retrousser le nez comiquement en laissant échapper des petits gémissements d'impuissance. Ça sentait si bon, mais comment manger ce truc ? Il s'y prenait avec le poisson comme s'il s'agissait d'une boîte de conserve dont on ne peut manger l'intérieur sans l'intervention de l'homme.

— Non, Coyote, c'est pas une boîte. C'est un poisson et tu te débrouilles !

Il me regarda en penchant la tête et en ouvrant de grands yeux étonnés, ce qui avait pour objectif de me faire céder quand il désirait obtenir quelque chose de moi.

Mais je tins bon.

Alors, Coyote se mit à grogner et commença à mordiller le poisson, à le jeter en l'air, à s'énerver tant et si bien qu'il finit par l'ouvrir d'un coup de croc approximatif. La chair blanche et savoureuse apparut. Miracle ! Alors Coyote la déchira d'un coup de dents habile et franc. Il grogna de plaisir. Il fallait le voir se goinfrer, autant de cette nourriture que du plaisir de s'être débrouillé seul d'un problème pareil !

En moins de temps qu'il ne faut pour le dire, il en avait terminé avec le poisson, ne laissant sur le sable que le squelette, quelques morceaux de peau et les ouïes...

Une fois notre repas terminé, je retournai pêcher, tandis que le ciel s'allumait des lueurs mauves et roses du crépuscule. J'attrapai quelques petites truites que je lui lançai, toutes frétillantes, sur le sol. D'un coup de dents, il les ouvrait et les dévorait, ravi et reconnaissant.

Il était tard et je rejoignis Alain sous la tente. Coyote gémissait à l'extérieur mais je ne cédai pas et il finit par se résigner.

Lorsque je me levai à l'aube, Coyote dormait encore roulé en boule au pied d'un sapin dont il avait coupé les branches basses pour se faire un lit moelleux et confortable. Un vrai loup ! Il apprenait vite.

Puis ce fut l'épreuve du premier rapide.

On l'entendait gronder au loin et il était manifeste aux coups d'œil inquiets qu'il m'adressait, que Coyote se posait des questions. En clair, cela voulait dire « Qu'est-ce que c'est encore que ce truc-là ? »

Je lui parlai d'une voix rassurante. Et il se calma. Ne subsistait qu'un curieux mélange d'excitation et d'inquiétude maîtrisée.

— Tu ne bouges pas, hein, mon Coyote. Tu ne bouges pas.

Nous apercevions au loin la blancheur de l'écume des vagues centrales qu'il nous fallait éviter. Je manœuvrai tout en continuant à parler au chien qui s'était ramassé sur lui-même, les oreilles basses. Les rives se mirent à défiler, le canoë à valdinguer. Nous étions ballottés par les vagues, déviés. Il fallut ramer fort pour atteindre le contre-courant plus calme qui nous fit sortir du rapide et de la zone mouvementée.

— C'est bien, mon Coyote, c'est bien.

Témoin de la crainte de l'animal, sa queue basse, serrée jusque-là entre ses cuisses, retrouva un peu de son panache. Queue qu'il agita frénétiquement aussitôt qu'il vit l'autre canoë échoué sur les berges d'une grande île où Alain nous attendait.

— Il y a plein de jeunes oies, me dit Alain dès que nous arrivâmes. Essayons d'en coincer une ou deux pour le dîner.

Coyote avait profité du moment où nous remontions les canoës au sec pour pénétrer dans les taillis de saules et d'aulnes mêlés, à l'intérieur desquels les jeunes oies, encore incapables de voler, s'étaient glissées pour se protéger.

Nous entendîmes ses aboiements furieux quand il les débusqua. Les oisillons, guidés par leurs mères, se ruèrent alors vers l'eau, les uns en voletant, les autres en courant, pour échapper à la menace du chasseur.

À notre grande surprise, Coyote parvint à en attraper un avant qu'il n'atteigne la rive et l'étrangla sans hésiter. Il revint vers nous, fier et victorieux, sa proie dans la gueule, les babines rouges du sang de sa victime, du duvet arraché plein les poils, l'œil malicieux et ravi.

Il était déjà loin, le chien d'appartement, à ce moment-là !

Après cette jolie escapade estivale vint pour Coyote le temps de s'initier à la vie d'un chien de traîneau. En effet, alors que la forêt canadienne s'allumait des feux de l'automne, les chiens du camp des Écorces, les miens et ceux d'Alain, commencèrent à manifester une certaine impatience, voire de l'excitation, que Coyote ne pouvait pas comprendre. Celle-ci atteignit son apogée lorsque nous entreprîmes de sortir harnais et traits. Les soixante chiens devinrent comme fous, tous se mirent à aboyer furieusement, à arracher l'écorce des arbres, à tirer sur leurs chaînes, à sauter et à grimper sur leurs niches...

Coyote, ébahi, inquiet, impressionné par une telle hystérie collective, vint se blottir contre moi qui tentai de le rassurer. Une fois de plus.

Nous mîmes le harnais à quelques chiens qui feraient partie de la première salve de ceux qui iraient s'entraîner. Ce premier attelage et quelques autres partirent sans Coyote. Puis vint son tour. Il fit le dos rond quand je l'habillai de son harnais mais ne broncha pas, un peu par mimétisme avec ses voisins qui l'acceptèrent, eux, avec une joie démonstrative. On l'attela à côté d'Abache, un bon bougre qui l'excuserait de son ignorance et de ses maladresses. Ce que ne ferait pas un voisin comme Churchill, qui ne supporte pas qu'un chien, même débutant, freine l'attelage, s'emmêle et tergiverse. Avec lui, il faut filer droit et en bon ordre. Un animal aux qualités contraires à celles nécessaires pour éduquer un jeune chien. Ce dernier ne doit pas être traumatisé par sa première expérience. Au contraire, il doit s'amuser, prendre le plus de plaisir possible. L'éducation, le respect de certaines règles, l'apprentissage un peu laborieux de certaines techniques viendront ensuite.

Coyote observe, un peu effaré, légèrement condescendant, l'attitude de ses compagnons d'attelage qui ont perdu toute retenue et sautent en l'air, hystériques, jusqu'au départ du quad qu'ils vont tirer chaque matin en attendant la neige.

— Allez, les chiens...

La main sur le frein, je démarre lentement, pour lui donner le temps de se familiariser avec ce trait qui le maintient dans l'axe de l'attelage et limite sa liberté de mouvement. Il tire un peu « au renard », comme disent les gars du cru, mais comprend vite que ça ne sert à rien et se range bien sagement à côté d'Abache.

La suite se déroule sans événement particulier.

Coyote suit sans vraiment tirer, laissant cela aux autres qu'il continue d'observer de manière un peu hautaine, l'air de dire : « C'est pour ça que vous étiez si excités ? Franchement, vous êtes ridicules, mes pauvres amis... »

Le lendemain, même réaction. Alors que tous les chiens manifestent leur envie de partir avec force démonstrations, Coyote, hiératique, imperturbable, hausse les épaules ! Il daigne courir avec les autres, semble même y trouver un certain plaisir, mais ne tire pas.

Il ne tirera jamais.

Pour un chien de traîneau, c'est un handicap. En d'autres temps et d'autres circonstances, un chien tel que lui aurait même servi de nourriture aux autres... Chez les Inuits, on ne s'encombrait pas d'un chien comme celui-là. Un coup de massue sur la tête et on n'en parlait plus.

Mais Coyote est mon ami et je ne suis pas un Inuit. Je juge les chiens sur d'autres critères.

Après quelques essais en tête, pas très concluants, il fallut se résigner, ou tout au moins se rendre à l'évidence. Tout husky qu'il était, Coyote ne serait jamais un bon chien de traîneau. On ne devient pas chien de traîneau. On naît ainsi. Ensuite, le musher ne fait que développer cet amour de tirer et de courir que le chien possède de façon innée, du moins en principe.

À l'époque, j'étais en train de préparer le tournage du *Dernier Trappeur*. En plus de l'attelage que je devais constituer pour les besoins du film, à partir de mes propres chiens, il me fallait une vedette, un chien dont le destin était de mourir au milieu de l'histoire. Ce serait donc Coyote. Un rôle qui lui allait comme un gant tant il paraissait avide d'apprendre.

Ça tombait bien. Un dressage long et laborieux l'attendait... Il lui fallait apprendre à se déplacer d'un point précis à un autre, à grogner à la commande, à japper de contentement ou à suivre des marques quasi invisibles sur le sol, à mourir...

Andrew, dresseur professionnel, confortablement installé dans une belle propriété située dans les contreforts des montagnes Rocheuses, serait chargé de cet apprentissage. Il le prendrait huit jours à l'essai. Au terme de cette période, il serait capable de me dire ce qu'il pouvait en tirer.

Voilà donc notre Coyote s'envolant pour Vancouver.

La SPA de Gennevilliers est déjà loin. Coyote se rappelle-t-il des jours qu'il passait, tous identiques, à se morfondre dans une cage ? À voir sa mine épanouie et la joie de vivre qu'il dégage, on parierait qu'il en a conservé le souvenir.

Le résultat de cette semaine d'essai est au-delà de mes espérances.

— Ce chien est génial, affirme Andrew qui en a vu défiler des dizaines.

Nanook est donc trouvé. Des millions de personnes le connaissent sous ce nom de scène, son nom de star de cinéma : c'est lui que l'on voit apparaître dès les premières images du film à côté de mon ami Norman, qui joue son propre rôle de trappeur.

Nanook a été largement à la hauteur du défi. Ce fut pour lui une expérience incroyable. Il a sillonné les montagnes Rocheuses à cheval puis attelé à un traîneau, descendu les rivières tumultueuses du Yukon et de l'Alaska dans un canoë en écorce de bouleau, croisé des hardes de plusieurs milliers de caribous dans l'Arctique. Il s'est protégé dans un igloo alors que le blizzard hurlait au-dehors, a vécu à moins cinquante-cinq degrés, admiré les aurores boréales et hurlé avec les loups dont il s'est approché à les toucher...

Quel destin pour un chien recueilli par la SPA ! On a peut-être tout essayé chez Ruquier, mais l'histoire de ce chien est un conte de fées. Dans quelques millénaires, les grands-mères chiennes raconteront encore cette histoire aux petits chiots.

Beaucoup d'enfants sont venus me trouver à l'issue de quelques projections auxquelles j'ai assisté, notamment en province, pour me poser une question essentielle :

— Mais, Nanook, il est vraiment mort ?

Bien sûr que non ! Nanook est bel et bien vivant. Il vit maintenant dans les montagnes Rocheuses avec Andrew, qui m'a demandé de le garder au terme des deux années qu'ils ont passées ensemble.

— Je te le donne volontiers. Coyote n'est pas un chien de traîneau. Il sera plus heureux avec toi.

Ses copains sont des loups et des grizzlys, et les barreaux de sa cage sont maintenant des montagnes enneigées dont les glaciers étincellent les jours de soleil et tranchent avec le vert profond des grandes forêts de conifères. Nanook traverse ces belles forêts en automne pour se rendre jusque dans les hauts alpages, où il aime aller chasser les lièvres. Son meilleur copain est un grand loup, qu'il m'a présenté lorsque je suis allé lui rendre visite cet automne.

Voulk, Taran, Baïkal, Gao...

Gao est né chien de tête.

Il était prédestiné à assumer cette haute responsabilité.

Le chiot était sociable, recherchant le contact, captant le regard, le soutenant, plein de petits points d'interrogation au fond des pupilles comme autant de signes d'intelligence. Il fut le premier des six chiots de sa portée à oser sauter les cinq centimètres de la marche séparant la niche du reste du monde. Il fut aussi le plus facile à sevrer et le premier à se servir dans la gamelle. Quand elle se retournait dans la pagaille de la distribution de la nourriture, il était le premier à trouver comment atteindre ce qui restait bloqué dessous. Autant de signes qui ne trompent pas, et sa débrouillardise ne fit que croître avec l'âge.

À trois mois, il connaissait parfaitement son nom, et déjà quelques ordres : « Viens », « Oui », « Non », « Doucement ». À la façon dont il regardait ceux qui s'adressaient à lui, on voyait bien qu'il ne demandait qu'à apprendre. Attentif et studieux, il était parfaitement capable de quitter les jeux pour aller à la rencontre de ceux qui venaient lui rendre visite.

Lorsque nous avons commencé les grandes balades en forêt, Gao était toujours le premier à s'engager sur la piste fraîche des lièvres ou des gélinottes que nous croisions, le premier encore à franchir les ruisseaux, à poursuivre un papillon ou à montrer de la curiosité pour l'insolite : une odeur, un animal inconnu...

Il a tout de suite aimé l'attelage, mais rares sont les chiens de traîneau qui n'aiment pas ça. Lorsqu'on attelle un jeune chien pour la première fois, à l'âge de cinq ou six mois, tout doit être fait pour qu'il en garde le meilleur souvenir possible. On ne lui reprochera pas les maladresses. La première sortie est présentée comme un jeu, sans qu'il ressente la moindre pression. On le laisse s'emmêler, aboyer. On le flatte, on l'encourage, on le stimule de la voix en cherchant à lui faire partager l'excitation qui gagne tout l'attelage. À côté de lui, on place un chien facile, qui ne corrigera pas l'élève au prétexte que ses maladresses freinent l'attelage. La première sortie est une fête. Le jeune chien doit s'éclater. Tout lui est permis. Le seul but recherché est de le rendre fou de traîneau, qu'il se mette à faire des bonds de un mètre de haut aussitôt qu'il verra le harnais s'approcher de lui.

Lorsque la passion de tirer, innée, se sera bien développée au point de le rendre fou, alors seulement pourra-t-on commencer à lui inculquer quelques règles de base : ne pas mordiller les traits pour les couper parce que ces satanées cordes empêchent de s'élancer aussi vite qu'on le voudrait, s'arrêter et ne repartir qu'aux ordres, ne pas couper dans les virages ou s'écarter de la piste pour aller pisser contre un arbre, ne pas fourrer le nez dans une empreinte, tester la neige... Le jeune chien comprend tout cela plus ou moins vite. Goa a fait partie de ceux qui n'ont pas eu besoin de beaucoup d'explications. Il observait, tirait des enseignements de chacune de ses erreurs ou maladresses. Il progressait vite, s'affirmait, comprenait avant les autres qu'il ne servait à rien d'aboyer comme un fou avant le départ, de gesticuler et donc de s'emmêler, ce qui ne ferait que retarder celui-ci. Il a appris à s'économiser, à tirer le meilleur de ses forces et de sa puissance. Mais, surtout, il ne lâchait pas l'homme du regard, alors que la plupart des chiens n'ont d'yeux que pour la meute à laquelle ils appartiennent. C'est à cela que l'on reconnaît les futurs chiens de tête, ou du moins ceux qui méritent d'être initiés et testés à ce poste. Les plus puissants seront placés juste devant le traîneau. À ce poste, les chiens doivent apprendre à décoller le traîneau d'un bon coup de reins lorsque, à l'arrêt, le gel a figé les patins. Ils vont surtout apprendre à écarter dans les virages pour éviter que l'avant du traîneau ne vienne rogner dans l'intérieur de la courbe. Ils vont prévenir les dérapages, les contrôler lorsque, sur une plaque de glace, le traîneau partira en crabe.

Torok était exceptionnel à ce poste.

Les chiens placés immédiatement derrière les deux chiens de tête sont importants, eux aussi, car ils accompagnent les changements de direction dont ils transmettent le « code » aux autres : virage à droite ou à gauche, virage très faible ou à angle droit... C'est à ce poste que le futur chien de tête apprend. Ensuite, on le placera auprès de son mentor. Grâce à une cordelette d'une trentaine de centimètres, le couple est attaché par le cou. Aussitôt que le professeur tourne à droite, l'élève ne peut que suivre. Il le fera vite, sans que la cordelette ait besoin de se tendre. Il s'agira d'un réflexe. Mais on demande beaucoup plus à un vrai chien de tête. Ce dernier doit interpréter les ordres, parfois les anticiper, prendre des initiatives, assumer ses responsabilités. Je me souviens avec émotion de deux arrivées en ville.

La première dans la ville de Québec avec Voulk, un chien de tête aussi exceptionnel que Gao, qui la seconde fois a conduit l'attelage jusqu'au centre de Moscou.

Un policier m'avait accompagné au cours de cette journée un peu folle durant laquelle nous avions emprunté une autoroute, franchi de multiples carrefours, traversé la banlieue tortueuse puis pénétré en plein centre de la ville de Québec, où se pressait un public nombreux. Des hélicoptères tournaient au-dessus de nos têtes pour retransmettre en direct des images, des véhicules de presse et de police, sirène hurlante, nous escortaient. Mes chiens, qui venaient de traverser huit mille kilomètres d'étendues sauvages, étaient soudain confrontés à ce qu'on peut imaginer de pire, de plus déstabilisant en tout cas pour un chien de traîneau. Pour le chien de tête, l'exercice est excessivement difficile. Dans ce type d'environnement très agressif, le chien n'a que deux options : ou il se bloque et refuse d'avancer tant que les conditions ne lui paraissent pas conformes, ou il s'en remet totalement à celui qui l'a conduit dans cette galère. Mais pour s'en remettre au musher, encore faut-il être capable de l'entendre, ce qui est loin d'être facile au milieu des voitures, survolé par les hélicoptères, ovationné par les passants. Tout contribue à ce que le pauvre chien lâche prise. La voix est comme un fil relié à lui. Qu'il se brise et le chien de tête perdra pied, livré à lui-même dans cet environnement qui n'est pas le sien, qu'il ne peut pas comprendre, dont il ne connaît ni les codes ni les usages. Il faut donc le rassurer, lui faire comprendre qu'il n'est pas seul dans cette galère, que l'on a conscience de la difficulté de sa tâche. Je n'ai jamais autant parlé de ma vie à un chien que ces deux jours-là. Voulk dans la ville de Québec, puis Gao dans Moscou. Toute la journée, ils m'ont entendu leur dire : « Je suis là, mon Gao ! » « Oui, c'est bien, mon Voulk ! »

Dans le tohu-bohu, le concert de klaxons et les cris, ils tendaient l'oreille pour discerner ma voix. Lorsqu'ils ne pouvaient plus m'entendre, ils se retournaient et je lisais dans leurs yeux un peu de panique que mon sourire effaçait. Ces instants de folie ont été d'intenses moments de complicité avec ces deux chiens, qui étaient, avec mon roi Otchum, des animaux d'exception. Le policier chargé de coordonner le travail de ceux qui garantissaient notre sécurité pour l'arrivée à Québec est venu me dire son émotion à la fin de la journée.

— Je n'ai jamais vu un truc pareil. C'est bouleversant de vous voir tous les deux [Voulk et moi]. Je viens de vivre ma plus belle journée de policier.

Dans la ville de Moscou et sa banlieue, encore plus dingue que celle de Québec, mon Gao, que je prédestinais depuis toujours à ce poste de chien de tête, a réalisé, lui aussi, un grand, un très grand numéro.

Sur la piste, le chien de tête n'a pas tous les jours l'occasion d'exprimer son talent. Souvent, il suffit de suivre une route de neige, une piste, une rivière. Pendant des heures, parfois même des jours entiers, on ne donne pas d'ordres et le chien de tête est comme les autres, tout à son travail, consistant seulement à maintenir le rythme, trait tendu.

Ces deux arrivées nous auront permis d'exprimer notre talent.

Le tournage du *Dernier Trappeur* a permis de révéler celui de Voulk, si tant est que, en fin de carrière, Voulk ait encore eu quelque chose à prouver. Ce qu'a fait ce chien, ainsi que ses frères, les formidables Nanook, Baïkal et Torok, mérite le respect. Combien sont-ils à pouvoir prétendre à un tel palmarès ? Ils ont traversé l'Alaska, tout le Grand Nord canadien, d'un océan à l'autre, la Laponie, la péninsule de Kola. Ils ont effectué des voyages dans les montagnes Rocheuses, à travers le Yukon, dans les Carpates roumaines, le Jura... Ils ont participé à plusieurs grandes courses, dont la mythique Yukon Quest... Je me suis amusé à calculer les kilomètres que nous avions effectués ensemble : plus de quarante mille ! Les passeports de ces chiens ressemblent à une carte du monde des « pays d'en haut ».

Les membres de l'équipe du film ont été émus aux larmes de voir ce que ce chien était capable de réaliser. Pourtant, ce que je lui demandais était souvent contre nature. Il suffit de regarder certaines scènes où les chiens passent le long d'une paroi vertigineuse, basculent dans le vide, celle où ils passent au travers de la glace et viennent rechercher Norman... Dans ces moments-là, Voulk se retournait vers moi et se faisait répéter l'ordre que je lui donnais : d'aller précisément là où la raison indiquait de ne pas aller.

— Oui, Voulk, djee ! Oui, mon Voulk.

Alors il s'avançait un peu, ralentissait, me regardait encore une fois, attendant que je lui confirme l'impensable.

— Oui, Voulk, oui, à djee !

Et il y allait, entraînant derrière lui la petite meute sur la glace instable ou dans le vide d'une ravine abrupte. Sa confiance en moi était totale. Nous avions vécu tant de choses ensemble, il savait pouvoir me faire confiance. Si je lui disais d'aller là, j'avais forcément de bonnes raisons.

— C'est incroyable, m'a plusieurs fois répété Thierry, le chef opérateur de ce film.

Oui, Voulk était assez incroyable.

Ses frères de lait, Nanook, Baïkal et Torok, l'étaient aussi.

Torok était le plus puissant. C'était un tracteur, capable à lui seul d'arracher le traîneau coincé dans un trou. Il n'était pas bagarreur, il n'avait pas besoin de ça pour imposer sa force et n'aimait pas ça, si bien qu'il a laissé Baïkal devenir le chef de meute à la mort d'Otchum. Baïkal, lui, était bagarreur et il en avait les moyens. Vif, d'une puissance incroyable, taillé dans le roc, il imposait sa position hiérarchique à coups de crocs. C'était un formidable trotteur, mais qui, pour des raisons que j'ignore, était capable de relâcher d'un coup. Il ne s'agissait pas d'un problème de moral ou de volonté, mais de constitution, comme si, à une certaine température (généralement haute), et durant un effort prolongé (plus de cent kilomètres d'une seule traite), la pompe lâchait, engorgeait le cœur. Il est tombé plusieurs fois dans son harnais, me causant de terribles paniques. Mais, au bout de quelques minutes, il reprenait vie, se remettait debout et jappait pour repartir de plus belle. On en oubliait vite ces petites faiblesses très passagères.

Nanook était un chien dont le seul défaut était de ne pas en avoir. Il était parfait dans sa tête comme dans son harnais, sur la piste comme à l'arrêt. C'était un chien sympa, infatigable. Montagnard hors pair, il décrochait le maillot à pois à chaque expédition ! Avec dix chiens comme lui, je me sentais capable de faire dix fois le tour de l'Himalaya ! Il aimait grimper – l'un de ses ancêtres devait être un chamois. Sachant que nous attaquions une grosse pente, je le plaçais en tête, à côté de Voulk. À eux deux, le rythme était drôlement soutenu, presque trop rapide pour les autres que je surveillais attentivement, leur accordant de petites pauses qui m'aidaient aussi à reprendre mon souffle.

Le musher est comme un entraîneur dans une équipe de foot. À lui de choisir, en fonction des matchs qu'il doit jouer, la position de ses joueurs. Tel chien aime cette position-là avec tel autre. Il faut en tenir compte, persévérer, changer, régler des conflits, en laisser d'autres se régler seuls. Imposer une discipline et s'imposer en conservant toujours une bonne ambiance, sans laquelle une équipe ne jouera jamais à son meilleur niveau.

⁂

Je n'ai pas eu que de bons chiens. Quel professeur peut-il prétendre n'avoir eu que de bons élèves ?

Ma plus belle carne s'appelait Buck.

Ah, Buck ! Un roman, ce chien, tant il était cancre, idiot et agaçant. Comment ai-je fait pour le supporter, notamment pendant toute l'Odyssée blanche ? Je ne saurais le dire. Ce doit être quelque chose qui ressemble à du masochisme, car, si l'on peut se permettre de supporter un chien de compagnie qui ressemble à Buck, on ne peut pas raisonnablement effectuer une expédition de cette envergure avec un cancre pareil.

Il ne tirait jamais. Lorsqu'il y avait une bêtise à faire, c'était Buck. Un chien qui grognait alors que tout était calme, c'était Buck. Un chien qui s'emmêlait au moment où il ne fallait surtout pas, c'était encore Buck. Un obstacle que tout l'attelage évitait sauf un, pas la peine de chercher, c'était toujours Buck ! Dois-je avouer qu'autant de bêtise réunie chez un seul chien me rendait indulgent, voire attendri ? Je n'ai jamais pu me résoudre à faire ce que n'importe quel musher sensé aurait fait : m'en débarrasser.

Buck mérite la palme mais, dans la même équipe, d'autres que lui étaient au fond de la classe. Carmack était un chien magnifique, superbement charpenté, puissant, bien dans sa tête, bon trotteur, plein de capacités. Je voulais faire de lui un grand chien. Mais c'était un paresseux. Ça, pour profiter du voyage, il en profitait ! Comme un enfant perpétuellement collé à la vitre de la voiture. Il ne perdait pas une miette du spectacle, mais il ne tirait pas ou alors tout à fait sporadiquement, pour s'amuser ou aller plus rapidement observer quelque chose qui l'intriguait un peu plus loin.

— Carmack !

Obéissant ou feignant de l'être, il s'enfonçait dans son harnais et tirait pendant cinq minutes. L'élastique individuel, amortisseur de chocs, dont j'avais équipé chaque trait permettait de mesurer la force de traction de chaque chien. Avec les simulateurs aussi talentueux que Carmack, c'était un outil formidable. Placé à côté de Torok, Nanook ou Baïkal, Carmack était trahi par son élastique exagérément court. C'était le chien le plus curieux que je connaisse. Il avait toujours le museau levé pour ne rien rater et humer toutes les odeurs. Il se retournait souvent pour me surveiller, au cas où quelque chose se passe, susceptible de l'intéresser. Quand je fouillais dans le sac, par exemple, pour préparer les snacks que je distribuais toutes les heures, il y en avait un qui me surveillait : Carmack. Résultat : pour un rien, une saute de vent, une odeur, un nuage qui passait dans le ciel, il relâchait. Carmack se baladait, la vie était belle. Il se marrait tout le temps, était toujours content, heureux de s'arrêter comme de repartir. Toujours d'accord. Un profiteur tellement sympathique qu'on avait du mal à lui en vouloir. C'est dommage, car en tête comme au milieu de l'attelage, il aurait eu les moyens de devenir un très grand chien.

Certains chiens sont globalement très bons mais susceptibles de décrocher, pour des raisons diverses mais de façon récurrente.

Je ne parle pas ici des qualités physiques qui font qu'un Oukiok ou un Amarok décrochent au-delà de cent vingt kilomètres effectués d'une seule traite.

Québec ou Oumiak étaient, par exemple, deux chiens qui perdaient la raison en présence de gibier. Durant la demi-heure qui suivait la rencontre d'un animal ou même d'une odeur fraîche, ces deux braconniers de chiens ressemblaient à de jeunes adolescents ayant croisé la fille de leurs rêves, la tête ailleurs, totalement étrangers à ce qui se passait, pleins de remords ou de regrets.

Ils m'en ont fait voir de toutes les couleurs, ces chiens chasseurs, le pire étant lorsque je les laissais errer en toute liberté autour de la cabane que je construisais dans les montagnes Rocheuses. Ils disposaient alors d'un parc sauvage grand comme plusieurs départements pour jouer. Un parc de jeux rempli de lièvres, de perdrix, de caribous et de... porcs-épics. J'adorais les voir courir librement le long du lac, nager, partir en meute en montagne, revenir pour quérir quelques caresses avant d'aller, fatigués, se reposer au bord de l'eau, sous l'ombre bienveillante d'un grand pin. C'était une vraie meute de loups qui réussissait souvent à chasser des proies. Leur première rencontre avec un porc-épic, dont ils ont presque tous rapporté des épines profondément enfoncées dans les bajoues, la truffe ou la gueule, n'a servi de leçon qu'aux plus sages. Combien de fois, Diane et moi, avons-nous dû immobiliser Amarok pour lui extraire, une à une, et à la pince, ces terribles épines pleines de petit ardillons qui font qu'elles s'enfoncent sans jamais revenir en arrière ?

Un jour, tout à fait par hasard, j'ai compris ce qui se passait, pourquoi il recommençait.

Je cherchais un pin particulièrement droit et long dans la forêt, assez loin de la cabane, lorsque j'entendis des aboiements. Guidé par les jappements furieux, je trouvai facilement Amarok et décidai de ne pas me montrer. Il avait surpris un porc-épic qui, à son habitude, s'était immédiatement mis en boule pour se défendre. Furieux devant cette boule inaccessible, hérissée de redoutables pics, Amarok aboyait, grattait, creusait autour de lui. Cela dura un bon moment. Amarok avançait sur lui, faisant mine de charger, puis reculait, pour revenir en conservant toujours une distance de sécurité que ses expériences précédentes lui avaient apprise. Puis l'inévitable se produisit. Le porc-épic a une arme autre que ses pics, ou plutôt qui en accentue l'effet : sa queue, qu'il peut déplier à la vitesse de l'éclair et au bout de laquelle des épines se détachent et volent vers l'agresseur, comme des fléchettes. Touché, l'animal bat en retraite ou s'énerve !

Amarok fait partie de ces chiens irascibles qui ne parviennent pas à maîtriser leurs nerfs. Alors, il saute sur la boule de pics, la mâchoire grande ouverte pour planter ses crocs dans l'animal qu'il veut corriger.

On imagine la suite.

Et le pire, c'est qu'il recommencera.

Il y avait un risque à les laisser aller ainsi librement dans ces montagnes pleines de loups, de grizzlys, d'élans, de précipices et de ravins, mais j'étais prêt à assumer les conséquences de ce choix. J'aime la liberté et je ne me vois pas en priver ces chiens qui l'adorent au moins autant que moi. Les occasions sont rares de pouvoir offrir cette liberté à une meute de chiens aussi braconniers que les miens. Mon assureur en sait quelque chose qui, avant de me placer sur sa liste noire, a remboursé une centaine de poules, sept moutons, une vache et deux chèvres que mes chiens avaient tués en s'échappant, à plusieurs reprises, du vaste enclos que nous leur avions construit dans le Jura...

Conduire de tels chiens n'est pas sans inconvénients. Perdre son traîneau fait partie des inquiétudes du musher, que le commun des mortels ne comprend pas.

— Mais vous ne pouvez pas perdre votre traîneau ! Les chiens vont s'arrêter. Ils ne vont pas continuer, quand même ?

Voilà ce que j'entends souvent.

Et pourtant, rares sont les chiens qui s'arrêtent.

Les raisons sont multiples.

Pour qu'un traîneau s'arrête en même temps que les chiens, le musher doit peser sur le frein. Sinon, l'avant cogne contre le cul des deux chiens situés juste devant lui. Ils vont donc repartir, si tant est qu'ils se laissent bousculer, ce que ne feront jamais des chiens d'expérience qui savent regarder dans le rétroviseur ! Dès lors, c'est le serpent qui se mord la queue. Le traîneau et les chiens ne s'arrêteront pas, sauf si le relief ou une irrégularité sur la piste fait office de frein.

Il arrive aussi que les chiens ne s'aperçoivent pas que vous êtes tombé. Le temps de se relever, un peu groggy, l'attelage est déjà loin. Pour peu que le vent souffle, les cris se perdront vite. C'est ce qui m'est arrivé au cours de l'Odyssée blanche. Un homme a vu mon traîneau filer, tel un fantôme dans le blizzard, sans conducteur. Il a averti la police par radio. Le message est arrivé jusqu'en France. L'AFP a aussitôt envoyé une dépêche, reprise par les radios et les télévisions. Sur France Info, ma femme et mes enfants ont appris qu'on était « sans nouvelles de Nicolas Vanier depuis vingt-quatre heures et que ses chances de survie dans un blizzard sans équipement étaient très faibles ». Ils se sont angoissés pendant une journée entière avant d'être enfin rassurés.

À la sortie d'un village, nous avions quitté la route pour emprunter une piste de motoneige qui la longeait. C'était la tempête. Je ne voyais même plus Voulk et Baïkal en tête, noyés dans le blanc. On appelle ça le *white out,* cette sensation d'être en immersion dans une mer de neige en furie. Des hommes sont morts dans le *white out,* en sortant pisser mal habillés, à quelques mètres de leur tente ou de leur cabane. En se retournant, ils ne voyaient plus rien, mais croyaient connaître l'emplacement de leur abri, là, à quelques mètres d'eux. Alors ils faisaient quelques pas et non ! ça devait être plus à droite... non, à gauche... Et ils s'éloignaient, réduisant à chaque pas les chances de rejoindre leur abri. On les retrouvait, durs comme du bois gelé, à quelques dizaines ou centaines de mètres. Pour éviter cela, tous les explorateurs dans le Grand Nord connaissent le truc : on s'attache avec une corde à la tente ou à la cabane.

Les chiens galopaient parce qu'ils s'étaient reposés, si bien que je ne vis pas l'obstacle. Une énorme congère qu'un bulldozer avait vraisemblablement poussée ici et que les chiens évitèrent en la contournant. Ce que ne fit pas le traîneau !

Je m'envolai et retombai plusieurs mètres plus loin, complètement sonné mais indemne, sur le bord de la piste. J'avais évité de justesse un arbre contre lequel j'aurais pu me fracasser. Je relevai la tête juste à temps pour apercevoir le traîneau, miraculeusement retombé sur ses patins, et qui disparaissait dans le blizzard.

— Vouuuuuulk !...

Peine perdue. Même avec un porte-voix, il ne m'aurait pas entendu. Le vent était contre moi. Je me relevai immédiatement et piquai un sprint pour essayer de rattraper le traîneau. Mais je ne suis pas Carl Lewis – qui n'aurait lui-même aucune chance contre des chiens lancés au galop.

— Et merde !

Les chiens pouvaient mettre des heures avant de s'apercevoir que je n'étais plus derrière le traîneau. Sur cette surface dure, la différence de poids est insignifiante et ils ne s'étonneraient pas de ne recevoir aucun ordre. En course, on parle très peu aux chiens.

J'étais déjà loin du village mais j'hésitais à revenir sur mes pas pour demander une motoneige. Cela m'aurait pris une bonne heure, durant laquelle les chiens allaient vraisemblablement s'arrêter. Tant de choses pouvaient arriver : une bagarre, un chien emmêlé dans le trait, une descente où le traîneau non freiné passerait sur les chiens... Je préférais les suivre, d'autant plus que la piste longeait la route et que j'avais de bonnes chances d'intercepter une voiture pour les rattraper. Mais, une demi-heure plus tard, je n'avais vu ni chiens ni voitures et, à mon grand désespoir, je constatai qu'ils avaient bifurqué à gauche vers le fleuve Mackenzie plutôt que de suivre la piste principale parallèle à la route.

Ma chance fut qu'un pick-up arrive à ce moment-là. J'aperçus ses phares jaunes dans le blizzard juste à temps pour l'arrêter. J'expliquai la situation au type, qui connaissait un chemin permettant de rejoindre le Mackenzie, dix kilomètres plus loin.

— OK, on file.

Mais la tempête avait déjà comblé le chemin et le pick-up s'enlisa dans une congère. Je l'aidai à en sortir et continuai en courant. J'arrivai au bord du fleuve en nage, absolument certain que les chiens n'y étaient pas. Je savais que de multiples pistes se croisaient aux alentours du village. Ils auraient vraisemblablement bifurqué vers l'amont plutôt que vers l'aval en débou chant sur le Mackenzie. En plus, je n'y voyais rien et une armée de traîneaux à chiens pouvait passer par le fleuve sans que je l'aperçoive. J'étais désespéré.

C'est à ce moment-là que je vis une ombre ! Une ombre qui s'allongeait et ressemblait à des chiens !

— Voulk ! Voulk !

Je hurlai à m'en décrocher les cordes vocales. Cette fois, le vent portait. Ils m'entendirent et galopèrent vers moi. Ils avaient l'air surpris de me voir là : « Comment a-t-il pu réaliser cet étonnant tour de magie ? »

Je m'agenouillai dans la neige et les chiens m'entourèrent. Je les embrassai un à un comme si je ne les avais pas vus depuis vingt ans. Je n'en revenais pas de les avoir retrouvés. Ils auraient pu suivre d'autres pistes, passer ici avant moi, s'arrêter...

Il y a un Dieu pour les mushers.

Mais il m'a oublié dans la plupart des courses auxquelles j'ai participé.

La Quest

L'attelage avec lequel j'ai participé pour la première fois à la Yukon Quest, puis avec lequel j'ai lancé et réussi le pari d'effectuer plus de huit mille six cents kilomètres en moins de cent jours, a vieilli. Voulk, Torok, Baïkal et Nanook ont plus de neuf ans maintenant. Ils courent encore, mais la retraite est proche. J'ai acquis une chienne alaskan que j'ai mariée avec Voulk. Une première portée a donné de magnifiques chiots censés détenir les qualités de leurs deux parents : la rusticité et l'endurance de Voulk, la rapidité de l'alaskan. Le résultat est prometteur. J'ai une revanche à prendre avec la Yukon Quest, où je me suis classé treizième sur vingt-huit mais à la fin de laquelle il m'est arrivé une fâcheuse et rocambolesque aventure.

Nous étions deux mushers débutants – des *rookies* –, Trevor et moi-même, à nous entraîner chez Frank Turner. Nous avions préparé nos sacs de nourriture ensemble, empaquetés et étiquetés avec le même matériel. À un *check point*, les bénévoles qui apportaient les paquets aux mushers se sont trompés de sacs, m'en remettant un identique au mien sans vérifier l'étiquette. Moi non plus, je n'ai pas vérifié. Pourquoi l'aurais-je fait ? J'ai puisé dans le sac de mon copain, m'inquiétant de quelques sachets manquants que j'étais certain d'avoir pris. Mais je n'ai pas fait le rapprochement. À ce moment-là de la course, à plus des deux tiers, fatigué comme je l'étais, je ne me rappelais même plus que Trevor avait des sacs identiques aux miens. À raison de deux heures de sommeil par vingt-quatre heures, on n'a plus toute sa raison.

Trevor était derrière moi. Lorsqu'il arriva au *check point*, il n'y avait nulle trace de son sac, et pour cause. En fouillant un peu, il a trouvé le sac étiqueté à son nom, vide. Il a porté plainte pour vol sans s'apercevoir que mon sac était là, plein à craquer, encore ficelé, alors même que j'étais déjà passé. Il est reparti aussitôt et les juges ont mené leur enquête.

Ça n'a pas été long : c'était Nicolas Vanier le voleur. Ils en informent le *race marshall* – le juge de course – qui, la veille de l'arrivée, vient me réveiller durant le court repos que je m'accorde à l'avant-dernier *check point*. Il reste cent soixante kilomètres pour Fairbanks que je m'apprête à couvrir d'une seule traite. Sans m'expliquer précisément de quoi il s'agit, le *race marshall* m'informe d'une amende de deux heures de pénalité pour vol. Il me dit que tout sera expliqué, argumenté et prouvé à l'arrivée. Sous le choc, je ne trouve rien à dire et proteste mollement. Je ne comprends rien. Je n'ai rien volé !

Lorsque je me réveille tout à fait, le *race marshall* est déjà reparti pour Fairbanks, où les premiers arrivent, dont Frank Turner, deuxième cette année-là.

Je suis furieux, car je suis en train de réaliser avec mes chiens une course parfaite. Je suis en passe de doubler le douzième sur la dernière étape, mais ces deux heures de pénalité m'enlèvent tout espoir.

Je veux abandonner, mais Jérôme, qui a préparé les chiens avec moi, notamment en les entraînant un hiver entier au Québec, me demande de terminer, ne serait-ce que pour lui. Ce que je fais en fulminant de colère. Le peu d'informations que j'ai réussi à collecter avant de quitter le *check point* me permettent de reconstituer l'affaire. Lors d'un contrôle à mi-parcours, je demande à parler au *race marshall* par téléphone. On le trouve et on me le passe. Je lui explique le malentendu. Il me dit que l'affaire sera étudiée après l'arrivée, que je suis encore en course et que je dois d'abord terminer. Je lui réponds qu'il est hors de question de la finir comme un voleur. Je m'emporte plus que de raison car je suis mort de fatigue, comme le sont tous les mushers à la fin d'une course de mille six cents kilomètres durant laquelle on ne dort presque pas. Je hurle au téléphone. Je menace. Il raccroche.

Je repars et arrive à Fairbanks, fier de la performance de mon attelage, mais furieux. Je ne passe pas la ligne d'arrivée. Il reste deux mètres que je refuse d'effectuer tant qu'on ne m'enlève pas la pénalité. J'exige des excuses.

Le *race marshall* s'obstine .

— Le règlement impose des formalités qu'il faut respecter. En l'occurrence, cette pénalité, si elle est contestée, doit l'être selon la procédure habituelle.

Il ajoute que si ce que j'avance est vérifié, la commission sera bienveillante.

— Comment ça, bienveillante ? Vous avez fait une erreur. À vous de la réparer, maintenant.

Les juges s'impatientent. Il est quatre heures du matin et eux aussi ont peu dormi depuis onze jours. Ils me demandent une dernière fois de franchir la ligne. Ironique, je réponds que le règlement n'interdit pas de prendre du repos à deux mètres de la ligne et que j'ai l'intention de le faire !

Ils me demandent combien de temps. Je leur dis que ça dépendra d'eux.

Ils se consultent. Le *race marshall* revient dix minutes plus tard avec un sourire satisfait et narquois.

— Passe la ligne quand tu veux, ce n'est plus notre affaire.

Il n'ose pas me dire pourquoi.

Il s'en va. Alors, je franchis la ligne.

J'apprends le lendemain qu'il m'a disqualifié.

Trevor et Frank vont le voir pour lui expliquer le malentendu qui m'a conduit à adopter ce comportement inacceptable mais compréhensible.

Il attendait mes excuses pour me faire les siennes.

Un an plus tard, nous nous sommes retrouvés au bar d'un des restaurants de Whitehorse. Nous nous sommes expliqués. Nous avons rigolé en se remémorant nos colères respectives. Je lui ai payé une bière et inversement. Puis nous nous sommes retrouvés au départ de la Quest 250, un an plus tard.

— Tiens, voilà le voleur de sac !

Le plus drôle, c'est que Trevor, contrit, était également présent.

Cette Quest 250 a été ma plus belle course. Nous étions treize à partir quelques heures après le départ de la « grande » Yukon Quest, que je ne voulais faire que l'année suivante car mes chiens étaient encore trop jeunes.

Ils étaient cependant plus rapides que mon précédent attelage. Je n'étais plus très loin de pouvoir rivaliser avec les meilleurs. En outre, je disposais d'une chienne de tête exceptionnelle, Cheap, qui relançait tout le temps et imprimait au reste de l'attelage un rythme très soutenu. De plus, ayant été confrontée à tout type de situation pendant les huit mille kilomètres de l'Odyssée blanche dans le Grand Nord canadien, elle était très fiable.

Elle avait huit ans, et encore une ou deux années à être au sommet de sa forme.

Je pris un départ en trombe. Pendant cinquante kilomètres, sans faiblir, les chiens tinrent le galop, à près de vingt kilomètres-heure de moyenne, puis ils adoptèrent leur trot, rapide et allongé, me permettant d'effectuer la première étape de plus de cent soixante kilomètres d'une seule traite.

J'arrivai au *check point* avant quelques-uns des mushers de la « grande » Quest, la Yukon Quest, qui s'étaient arrêtés au milieu de l'étape pour donner du repos à leurs chiens.

Je repartis du *check point* sept heures plus tard, déjà en sixième position. La piste cheminait au travers des montagnes et des collines jusqu'au plus fameux passage de la Yukon Quest : Eagle Sommit.

Lors de ma première Yukon Quest, je l'avais franchi dans l'autre sens, car la course part une année sur deux de Fairbanks vers Whitehorse.

J'étais donc monté au sommet. Sur les cent derniers mètres, la pente est effrayante. On a l'impression que les chiens de tête vont décrocher et il faut retenir le traîneau à chaque mètre gravi pour éviter qu'il ne glisse en arrière. Ce qu'il fait parfois. Tant qu'il n'a pas franchi Eagle Sommit, le leader, aussi grande soit son avance, n'a pas gagné la course. Souvent, tout se joue ici, comme au Tour de France dans les pentes des grandes étapes de montagne.

Avec mes tracteurs de chiens, je n'avais pas eu de réelles difficultés à franchir le col. L'équipe de télévision qui me filmait avait été déçue. Mes chiens passaient trop bien. « On ne se rend pas assez compte de la difficulté », disaient les journalistes. Heureusement, derrière moi, d'autres mushers n'avaient pas de Nanook ni de Torok et offrirent aux cinéastes et aux photographes le spectacle qu'ils attendaient.

Cette année-là, nous nous apprêtions à franchir le col en sens inverse. Au lieu d'une terrible montée pour accéder au plateau, nous allions donc devoir négocier une descente à pic. L'enneigement, très faible, n'arrangeait rien. La roche n'était pas loin. Derrière les trente attelages de la Yukon Quest, les mushers de la Quest 250 souffraient, car le passage de plus de quatre cents chiens et de trente traîneaux avait fait disparaître le peu de neige disponible et nous avancions sur les cailloux, surtout dans les descentes où les freins des traîneaux avaient tout enlevé.

Les dégâts étaient importants. Dès la première étape, plusieurs mushers avaient « scratché », comme on dit là-bas, c'est-à-dire abandonné, en raison soit d'un traîneau cassé, soit d'une blessure des chiens ou d'eux-mêmes.

Frank, le recordman de l'épreuve, faisait partie de ceux-là. Son chien de tête s'était blessé et il ne pensait pas pouvoir se passer de lui. Il n'en avait que deux et le remplaçant n'était pas capable, selon lui, de conduire l'attelage quatorze heures par jour, dix jours durant. Il était consterné car, cette fois-là, il était parfaitement préparé et plein d'ambition.

Lorsque j'arrivai en haut d'Eagle Sommit, vers trois heures du matin, ce que je vis dans le faisceau de ma lampe frontale avait de quoi glacer le sang. La descente n'était plus que de la roche sur les cinquante premiers mètres. On voyait ensuite les couloirs que les traîneaux avaient creusés dans la neige avant de rattraper les chiens qui, cul par-dessus tête, avaient fait de gros trous, ici et là. J'aperçus au fond de l'un des trous un musher, ses chiens emmêlés et les affaires du traîneau retourné éparpillées dans toute la descente.

Je n'hésitai pas, jugeant que tergiverser en haut ne ferait qu'augmenter la tension sans rien apporter. Il fallait se jeter dans la gueule de la pente.

Advienne que pourra.

— Allez, Cheap.

Courageuse, elle se lança et, derrière elle, tout l'attelage. Je freinai du mieux que je pus dans les cailloux en commandant aux chiens de ne pas céder à la panique et d'y aller mollo, puis je visai la neige où je pus mettre le traîneau sur la tranche afin de freiner sa course et d'éviter ainsi de bousculer les chiens. Nous avons excellé dans cette descente. Toute modestie mise à part, nous n'étions pas loin de la perfection absolue. Si je devais me souvenir d'une seule descente parmi les centaines que nous avons négociées, je choisirais celle-ci.

— Bravo, les chiens ! Bravo, Cheap !

Nous étions fiers de nous. Pas un seul chien n'était emmêlé, pas un seul n'avait glissé, et nous étions déjà au pied de la montagne. Nous ne nous étions même pas arrêtés puisque j'avais vu que le musher n'avait pas besoin d'aide. Il démêlait ses chiens et alla récupérer ensuite ses affaires dispersées dans la pente. J'indiquai la piste à Cheap qu'elle récupéra d'un coup de collier à droite.

— Et hop ! En avant !

En arrivant au *check point* suivant, je pus mesurer les dégâts qu'Eagle Sommit avait causés, une fois de plus : quatre mushers avaient abandonné.

Je ne « droppais » pas un seul de mes chiens et j'étais le seul de toute la course à disposer du même nombre de chiens qu'au départ !

Le règlement autorise le « drop » des chiens fatigués, blessés, stressés, dans les *check points* et uniquement dans ceux-ci. Le *handler* – l'aide obligatoire dans les courses de haut niveau – le récupère et s'en occupe jusqu'à la fin de la course. Son rôle consiste aussi à donner au musher toutes les informations nécessaires sur les positions et temps des concurrents, l'état de la piste, la météo... En revanche, il n'est pas autorisé, sous peine de disqualification du musher, à toucher les chiens ni à aider à la conduite du traîneau, même aux arrivées, sauf exception. Mais il doit être là en permanence. Le *handler*, constamment sur le qui-vive, ne dort pas tellement plus que le musher. Pendant que son musher avance, le *handler* va d'un *check point* à l'autre dans le véhicule de transport des chiens. Comme il doit être arrivé avant lui, il est toujours en route, en caravane le plus souvent avec d'autres *handlers* afin de pouvoir s'entraider, ce qui n'est pas un luxe sur ces routes de neige et de glace, balayées par les blizzards. Et pendant tout ce temps, il rêve de pouvoir lui aussi, un jour, conduire des chiens. Il apprend le métier. Cette année-là, mon *handler* était un drôle de personnage que j'ai perdu de vue. On m'a dit qu'il travaillait aujourd'hui quelque part dans le Grand Nord avec un spécialiste des loups. Il aimait profondément les chiens, s'en occupait bien, mais renâclait à les faire courir autant que nécessaire pour prétendre pouvoir rivaliser avec les meilleurs, sous prétexte qu'il ne fallait pas les fatiguer.

L'étape suivante était l'une de mes préférées. Une longue étape durant laquelle on suivait une rivière sinueuse, pleine de boucles qui nous faisaient faire le double de kilomètres. Tous les mushers bivouaquaient à mi-parcours pour couper ce que l'on appelle le *run* de cent soixante kilomètres, en deux *runs* d'environ quatre-vingts kilomètres.

À ce stade de la course, j'avais rattrapé une grande partie des coureurs de la grande Quest, du moins le peloton central composé de huit mushers, car, évidemment, les leaders étaient devant. Ils étaient huit à voyager ensemble. Ces alliances sont fréquentes. Une émulation se crée entre les chiens. Les mushers le savent. En groupe, les inévitables coups de mou s'effacent. Les chiens ne veulent pas décrocher du groupe, à l'image des cyclistes du Tour de France qui s'organisent en échappée pour se motiver, s'aider et se relayer.

J'avais rejoint ce groupe. C'était la nuit, éclairée d'une belle lune presque pleine dont la lumière se réfléchissant sur la neige permettait d'y voir sans lampe frontale. Il faisait moins trente-cinq degrés. Cette température est parfaite, on n'a pas froid et les chiens donnent le meilleur d'eux-mêmes. Notre serpent de traîneau et de chiens allait silencieusement, déroulant ses orbes sur ce ruban de glace et de neige qui s'ouvrait dans la forêt. Quand j'étais à la queue de celui-ci, je voyais huit attelages devant moi, les premiers d'entre eux noyés dans cette brume de froid qui nimbe toute chose. C'était le grand silence. On entendait juste un léger cliquetis provenant de quelques mousquetons jouant dans les boucles d'acier. Les traîneaux glissaient sans bruit sur la piste de neige. Nous admirions les aurores boréales qui déroulaient dans le ciel de magnifiques rubans verts, bleus et mauves. Mes chiens allaient bien, en ligne, traits tendus, en bon ordre, sans relâchement. On voyait à leur foulée, à la façon qu'ils avaient de relancer le rythme, qu'ils aimaient cette course.

Rarement, au cours de ma vie, ai-je connu un tel sentiment de plénitude. Je regrettais une seule chose, d'avoir un peu sous-estimé mes chiens en les inscrivant à cette petite Quest, alors qu'ils étaient parfaitement capables, déjà, de courir la grande.

Nous avons bivouaqué ensemble dans l'un des orbes de la rivière qui semait quantité de boucles inachevées et de bras mort. J'étais reparti seul après quatre heures d'arrêt, laissant le groupe qui s'accordait huit heures. « Qui veut aller loin ménage sa monture », et ils avaient encore plus de mille kilomètres de course, tandis que l'arrivée de la petite Quest était à moins de cent kilomètres de là où nous avions bivouaqué. J'arrivai en quatrième position de cette course sans forcer les chiens et sans en dropper un seul.

L'année suivante, je participai à la grande Quest.

Le départ avait lieu, cette année-là, dans la ville de Whitehorse, où mes enfants étaient scolarisés. Chaque week-end, nous partions dans les montagnes. Montaine, dix ans, et Loup, cinq ans, conduisaient maintenant leur propre traîneau. Côme grandissait dans le ventre de sa mère, qui s'arrondissait sans que cela nous empêche de nous promener. Nous partions donc en famille avec quatre traîneaux. C'était merveilleux. Certains dimanches, j'inscrivais Montaine et Loup à des petites courses que la ville organisait pour les enfants. Nous habitions avec nos chiens à une trentaine de kilomètres de la ville, en pleine forêt, dans un chalet que nous avions loué.

Mon attelage était au top. Sa seule faiblesse était que je ne disposais que d'un seul véritable chien de tête, en fait une seule chienne, mais quelle chienne ! Cheap était parfaite. Cette course allait être sa consécration. De tous les grands chiens de tête que j'ai eus, Otchum, Voulk et Gao, Cheap était assurément celle qui était la plus remarquable pour une course car elle donnait de la vitesse. L'avantage n'est pas celui que l'on pense de prime abord. Courir un *run* de quatre-vingts kilomètres en cinq heures au lieu de six permet surtout et avant tout de s'arrêter une heure de plus que les autres. Les chiens, un peu plus reposés, repartiront d'autant plus rapidement, si bien qu'à l'arrêt suivant ils récupéreront encore davantage que ceux qui, essayant de suivre, finiront par décrocher. L'erreur à ne pas commettre est de partir trop vite, de mal gérer l'énergie des chiens, ce que les Américains appellent le *will to go*. Certains débutants se laissent griser par la course, ne parviennent pas à maîtriser leur envie d'aller briller en tête. Ils y vont, mais n'y restent pas et ne finissent pas la course. Chaque année, il en est un ou deux qui partent en trombe. Goguenards, les champions les regardent passer en riant sous leurs toques. Il savent déjà qu'ils ne font plus partie de la course, du moins de celle où les meilleurs s'affrontent après avoir voyagé ensemble sur mille kilomètres ou plus. Eux gèrent l'énergie de leurs chiens et leur accordent à peu près autant de temps de repos que de temps de course, environ huit heures. Pendant les huit heures d'arrêt, les chiens dorment au moins sept heures. Le musher, lui, s'assoupit au mieux deux heures, souvent moins, car il doit s'activer pour masser les chiens, longuement, à raison de cinq à dix minutes par chien ; s'occuper de l'eau, la faire chauffer pour que les chiens boivent tiède ; préparer à manger, réparer, lire les cartes, changer ses batteries de frontale, recoudre un harnais, changer les lisses de ses patins... Au *check point*, c'est pire, car il faut récupérer le sac que l'on a fait envoyer par l'organisation de la course, refaire son chargement, répondre aux questions des médias, assister au contrôle vétérinaire obligatoire, parler avec ses *handlers*, manger, consulter les tableaux. Tout cela dans une salle de restaurant ou d'école où tout le monde s'entasse et où le brouhaha empêche de fermer l'œil.

Dormir, c'est ce que l'on fait de moins bien sur une course et les visages le montrent. En fin de course, ce ne sont plus des mushers, mais des zombies. Au manque de sommeil s'associent des phénomènes d'hallucination. Quelques histoires sont devenues célèbres.

L'une d'entre elles concerne Frank Turner.

Il ne restait plus que deux cents kilomètres avant l'arrivée. Peter et lui bataillaient pour la troisième place depuis trois jours. Finalement, Frank l'a laissé filer devant, incapable de suivre son rythme. Sauf accident, il ne le rattraperait pas.

Peter n'a pas dormi depuis trois jours et, les jours précédents, il n'a volé que quelques heures de sommeil. Il n'en peut plus. Ses yeux se ferment. Il manque à plusieurs reprises de tomber de son traîneau.

Soudain, il voit un attelage arrêté devant lui ! Il ne se l'explique pas, le deuxième devrait être loin. L'aurait-il rattrapé ? Son étonnement grandit encore lorsqu'il s'aperçoit que c'est Frank, censé être derrière lui ! Mais comment ce diable de Frank a-t-il pu le doubler sans qu'il s'en rende compte ? Il ne comprend rien.

Frank s'avance vers lui. Peter stoppe son attelage

Frank :

— Il y a un problème. Ils vont changer l'arrivée de place, sans doute sur la Takhini, car le fleuve Yukon est plein d'*overflow* – de l'eau sur la glace.

Peter :

— Mais comment ça, sans doute ?

Frank :

— Ils ne savent pas encore, ils viendront nous le dire. Un gars va revenir en motoneige. En attendant, il faut rester ici. La course est suspendue jusqu'à ce que la décision soit prise.

Peter reste stupéfait.

Alors ils décident de camper là, en plein milieu de la piste. La course étant momentanément arrêtée, personne ne risque de passer.

Peter allume un feu, donne à boire et à manger à ses chiens, puis déroule son sac de couchage et s'y plonge délicieusement. Il s'endort dans la seconde.

Quatre heures plus tard, Frank, qui n'a, évidemment, jamais été devant lui, arrive. Il voit en plein travers de la piste son ami qui l'empêche d'avancer et qui dort dans son sac de couchage, à quatre-vingts kilomètres de l'arrivée !

C'est incompréhensible. S'il a fait ça, c'est qu'il a un gros problème et qu'il ne voulait pas que Frank, derrière lui, passe sans pouvoir récupérer l'information.

Il stoppe son attelage, ce qui est très problématique car, à ce niveau de la course, les chiens sont poussés vers l'arrivée et n'avancent que mécaniquement, aspirant au repos. S'arrêter, c'est peut-être ne pas repartir avant des heures, celles nécessaires aux chiens pour récupérer un peu de force.

Mais Frank n'hésite pas.

Il réveille Peter, qui met quelques minutes à retrouver ses esprits.

Peter :

— Alors, ils ont décidé quoi ?

— Qui ça ? Tu parles de quoi ?

— Ben, pour l'arrivée ?

— L'arrivée ?

— C'est toi qui m'as dit que l'arrivée allait changer.

— !...

Frank est lui aussi dans un grand état de fatigue. Il a du mal à remettre ses idées en ordre.

— Mais qu'est-ce que tu me racontes ? Je t'ai dit ça quand ?

— Eh bien, tout à l'heure.

— Tout à l'heure ? Mais qu'est-ce... La dernière fois qu'on s'est vus, c'est à Hot Spring, et je t'ai dit que je ne chercherais pas à te rattraper.

— Tu m'as doublé où, alors ?

— Doublé ? Mais je suis derrière toi. Je viens d'arriver !

Peter s'assoit, regarde les attelages, le sien devant celui de Frank qui bloque le passage. Il ne comprend rien.

Frank n'a pas envie de gâcher sa course. Il va au-devant de son chien de tête qui est en train de s'endormir et trace une piste dans la neige profonde pour doubler Peter. Au passage, il lui dit :

— Écoute, Peter, je ne saisis pas ce que tu racontes. Tu as rêvé, c'est tout. Lève-toi et repars. L'arrivée est à quelques heures d'ici et je vais les prévenir que tu ne vas pas très bien.

Frank rejoint la piste. Il a toutes les peines du monde à repartir car les chiens veulent faire une pause. Il marche devant eux jusqu'à ne plus voir Peter, qui s'est levé et tâche de comprendre.

Il repart enfin et franchit quelques heures plus tard la ligne d'arrivée avec une demi-heure d'avance sur Peter, qui n'a toujours pas compris ce qui s'était passé.

Peter reste persuadé que Frank l'a roulé dans la farine pour le doubler ! Il lui faudra plusieurs mois pour accepter le fait qu'il s'agissait d'une hallucination.

— Le plus étrange, me dira Frank, c'est qu'il en a gardé, plus ou moins inconsciemment, une certaine rancœur. Il ne m'a jamais vraiment pardonné ce coup-là !

J'ai eu deux grosses hallucinations, dont une durant ma première Quest. C'était une nuit durant laquelle j'ai vu mes plus belles aurores boréales, sur le fleuve Yukon. Il y en avait de toutes les couleurs et elles traversaient le ciel d'un bout à l'autre. C'était extraordinaire. J'avais prévu de couvrir d'une seule traite la distance de cent kilomètres qui me séparait d'une petite cabane de trappeur qu'on m'avait indiquée sur la rive droite. Le trappeur accueillait les mushers qui voulaient s'y reposer. Il leur proposait même, disait-on, un plat de spaghettis ! Ils sont quelques-uns à ainsi offrir l'hospitalité tout au long du parcours. Le règlement autorise cette aide extérieure à la seule et unique condition que tous les mushers puissent en bénéficier. Le trappeur le sait. S'il offre un plat de spaghettis à un musher, il doit se tenir prêt à en offrir autant qu'il y a de concurrents. Si quelqu'un ouvre sa maison, il doit la maintenir ouverte pour tous.

Je tombais de sommeil. Mes paupières se fermaient et je n'y pouvais rien. Je me donnais des claques. J'essayais de courir derrière mon traîneau. Rien n'y faisait.

Soudain, alors que je croyais en être encore à plus de deux heures, je vis au loin une lueur, celle de l'unique fenêtre de la cabane. Je sifflai les chiens qui la virent, eux aussi, et accélérèrent. Ils savaient l'heure de la soupe et du repos proche.

J'arrivai vite à la petite cabane où le trappeur m'attendait. Il avait préparé de l'eau chaude pour les chiens, une énorme assiette de spaghettis m'attendait, ainsi qu'une place au chaud près du poêle où je pouvais faire sécher mes affaires et dormir. Un Hilton, quoi !

Je massai les chiens, leur donnai à boire et à manger et m'apprêtai à rentrer dans la cabane lorsque je m'affalai dans la neige, m'étant pris le pied dans le trait. Lorsque je me relevai, il n'y avait plus de cabane. Elle était à trois heures de route. J'étais au beau milieu du Yukon et mes chiens dormaient déjà.

La seconde hallucination eut lieu sur une rivière. Je la remontais en suivant une belle piste gelée tracée en son centre dans la neige profonde. De grands pins, droits et effilés, montaient sur les deux rives, formant comme une haie d'honneur au centre de laquelle nous glissions silencieusement, en pleine nuit.

Tout allait bien, mais je n'avais pas dormi depuis deux jours et j'avais hâte d'arriver au village indien que j'espérais atteindre à l'aube. C'est alors que les arbres ont commencé à s'incliner !

Si c'était imperceptible au départ, cela devenait de plus en plus évident. Mais que s'était-il donc passé pour que tous les arbres se mettent ainsi à pencher ? À croire qu'ils allaient bientôt boucher le passage en croisant les armes devant moi.

Je me retournai pour regarder ce qu'il en était derrière. Ce que je vis m'horrifia. À deux cents mètres à peine, les arbres tombaient ! La cime de ceux de la rive droite se fracassait sur la cime de ceux de gauche ! Nous allions être écrasés. Je hurlai aux chiens d'accélérer, ce qu'ils firent, surpris par le ton de ma voix. Si le maître était si paniqué, il devait bien avoir une raison valable !

Je me mis à courir derrière le traîneau, à patiner pour aider les chiens. Il fallait trouver une échappatoire au plus vite avant que les arbres ne nous écrasent. Il serait temps alors de comprendre ce qui se passait. Je regardai derrière. Les arbres nous rattrapaient ! Ils arrivaient sur nous comme une vague géante qui allait tout engloutir. C'était la fin. Je me mis à hurler si fort que, lorsque je rouvris les yeux, les arbres s'étaient remis au garde-à-vous, bien droits. D'un œil suspicieux, je les surveillai avant de dire aux chiens de ralentir...

***

Pour ma seconde participation à la Yukon Quest, j'étais fin prêt. Je connaissais le parcours. Plusieurs amis, dont Frank Turner, étaient là. Les organisateurs et moi-même étions ravis d'effacer notre malentendu de ma première participation et, surtout, j'avais d'excellents chiens, rapides, endurants, parfaitement entraînés. Ils avaient de l'expérience car, outre la petite Quest, ils avaient participé à quelques belles courses, dont la Percy de Wolf, près de Dawson City.

J'étais donc confiant, motivé, jusqu'au jour où la catastrophe arriva...

Une nuit, échappant à la vigilance de mes deux amis, et alors que j'étais partis à Igloolik pour quelques jours, Cheap, en chaleur, se fit prendre par l'un des mâles de l'attelage. Au lieu de réagir immédiatement et de la conduire séance tenante chez le vétérinaire, ils attendirent de pouvoir me joindre ! Si bien que le traitement qu'on lui donna alors, avec retard, n'avait plus que trois chances sur quatre de fonctionner au lieu de neuf sur dix. J'étais furieux.

La chance n'était pas de mon côté. Quelques semaines plus tard, l'échographie confirmait ce que je pressentais aux entraînements : Cheap attendait des petits. Elle ne participerait pas à la Quest. Pour un coup dur, c'en était un. On n'imagine pas ce que la préparation d'une telle course exige comme sacrifices, comme entraînement, comme dépenses. Surtout pour un Européen.

Gao était un bon chien de tête, mais jeune. Il était en formation, sans expérience. Rien à voir avec Cheap. Et serait-il capable de tenir sur plus de mille six cents kilomètres ?

Je pris un excellent départ. Les chiens allaient vite. Lors de la première étape, de plus de cent soixante kilomètres, ils firent un sans faute qui me rassura. Il faut croire en ses chiens. Sans Cheap, qui venait de mettre au monde trois chiots, je manquais de confiance, à tort. Je repartis du premier *check point* en dixième position sur près de vingt-cinq concurrents, en ayant accordé beaucoup de repos à mes chiens. Puis ils firent une étape grandiose entre Carmack et Pelly Crossing. Ils ne trottaient pas, ils volaient. Pourtant, cette étape était particulièrement difficile cette année-là, très technique, très physique, notamment sur le fleuve plein de *pack* – des blocs de glace charriés par le fleuve à l'embâcle et qui s'entassent dans certaines zones de hauts-fonds ou dans les courbes. On a l'impression qu'un immeuble de glace s'est effondré. La progression au travers de ces blocs est un enfer. Dans certaines de ces zones, des bénévoles taillent les blocs pendant des jours pour permettre le passage cahin-caha des attelages. Je doublai tout le monde et me retrouvai en tête de la course pendant quelques heures. Puis les quatre champions, dont le triple vainqueur Hans Gatt, sont repassés devant. Je les attendais au bord d'un feu avec comme objectif de me coller derrière eux pour tenter de les suivre, ce que je fis jusqu'au *check point*. J'avais couru l'étape en 11 heures et 46 minutes, en ayant même été plus rapide que le grand champion Hans Gatt, qui signait un temps de 12 heures 01. J'avais la confirmation de ce que je pressentais : avec cet attelage, je pouvais prétendre faire la course dans le peloton de tête. Non pas pour briguer les premières places, hors de ma portée, mais une cinquième place.

En quittant Pelly Crossing en quatrième position, derrière trois grands champions, c'était cela que je visais : la cinquième place à mi-parcours, à Dawson. Ensuite, on verrait bien pour grappiller peut-être une place ou deux, si la chance me souriait. Les vétérinaires me dirent à Pelly Crossing que j'avais l'attelage le plus en forme de la course.

En quittant le *check point*, tout alla bien sur les premiers kilomètres, puis on arriva de nouveau dans le *pack*. Il n'y avait plus de piste, ou du moins le vent l'avait en grande partie effacée. Il fallait donc slalomer entre les blocs en visant les piquets, que les ouvreurs avaient eu l'intelligence de planter assez près dans cette zone tourmentée. De nouveau, le chien de tête était très sollicité.

— Djee, yap ! Djee, oui ! Yap !

On utilise ces commandements pour indiquer la direction à prendre car, en se servant de « gauche » ou « droite », le chien n'entendrait que le « au » et le « oi », très proches phonétiquement. Avec « djiii » et « yaap », le chien différencie clairement le « i » et le « a ».

Gao commença à commettre quelques erreurs. Je le remis plusieurs fois sur la piste sans jamais élever la voix. Le pauvre, il avait, durant toute la nuit précédente, réalisé une étape formidable, stressante pour le chien de tête, et il n'aspirait qu'au repos. Il voulait bien courir, mais pas devant. Il voulait bien travailler physiquement, mais pas intellectuellement. C'était manifeste. Pourtant, j'insistai car je n'avais pas d'autre choix, espérant rejoindre vite une zone où la piste serait visible et qu'il suffirait de suivre. Ce ne fut pas le cas et, tout à coup, Gao fit grève. Il se mit sur le côté et refusa de continuer. J'eus beau tout essayer, rien n'y fit. Alors, je tentai avec Québec, Taran, Kurvik. Ils étaient pleins de bonne volonté mais incapables. Tous les chiens aboyaient derrière ces chiens de tête improvisés car nous étions à l'arrêt depuis une heure et ils souhaitaient partir, courir ! Mais personne ne voulait aller devant.

Je regardai mes quatorze chiens pleins d'énergie prêts à en découdre, mais j'étais dans un bateau sans gouvernail. Il fallait se soumettre à l'évidence. On ne fait pas la Yukon Quest sans chien de tête.

Je me souvenais de Frank Turner, que j'avais doublé l'année précédente et qui avait abandonné parce que son chien de tête principal s'était blessé dès la première étape.

Je n'avais pas d'autre choix que de suivre son exemple. Je ne pouvais pas forcer mes chiens à courir sans leader, et je n'en avais pas envie.

Je retournai à Pelly Crossing, la mort dans l'âme. Gao, comprenant qu'on revenait, avait accepté de reprendre la tête de l'attelage. Je le félicitai énormément, m'arrêtai et tentai de repartir en sens inverse. Comme je m'y attendais, il refusa. Il ne fallait pas le prendre pour un idiot.

Je retournai l'attelage une dernière fois et rentrai. Pour nous, cette course était finie. Cette histoire, de même que celle de Cheap ensuite, trop vieille pour que je puisse l'aligner une nouvelle fois au départ de la Quest, reste une grosse déception, un gâchis que je n'ai pas encore digéré. Nous aurions pu faire une course formidable et il se passera bien du temps avant que je retrouve un attelage aussi prometteur que celui que j'avais alors.

Heureusement, avec Gao, Taran et leurs copains mais sans Cheap, alors à la retraite, nous avons tout de même gagné une belle course : il s'agissait d'aller du lac Baïkal jusqu'à Moscou – plus de huit mille kilomètres. C'est vrai qu'il n'y avait pas beaucoup de concurrents...

Je me demande finalement si les seules courses que je peux prétendre gagner ne sont pas celles que je fais seul !

Les équipiers

Un équipier, c'est comme un restaurant. Il y en a des bons, des mauvais, des sympathiques, des extravagants, ceux dont la carte est alléchante mais qui déçoivent, ceux qui ne paient pas de mine mais qui surprennent...

Je suis parti avec nombre d'amis, de connaissances, d'inconnus aussi, rencontrés ici ou là, au hasard des voyages. Je reçois beaucoup de candidatures pour se lancer dans l'aventure d'un film ou d'une expédition. Il y a peu d'élus, pas mal de déçus. Les gens ne voient souvent que la partie émergée de l'iceberg. Une expédition n'est pas un film d'une heure et demie, et ne ressemble pas à ce que l'on voit sur le papier glacé des magazines. Ou, du moins, ces images visibles par le grand public ne reflètent qu'une infime partie d'un tout. Des mois de travail sont nécessaires pour réunir les fonds, mettre en place la logistique, préparer l'itinéraire, le matériel, entraîner les chiens, etc. Que de sacrifices, de nuits blanches, de déceptions, d'obstacles à franchir pour partir enfin ! Sur place, la réalité ressemble rarement à ce que l'on s'était imaginé. Beaucoup de doux rêveurs tombent de haut, mais ceux-là, heureusement, sont facilement repérables. Attirés par la gloire éphémère d'une aventure médiatisée ou bien fuyant une situation professionnelle ou personnelle difficile, ils pensent qu'une telle épreuve sera thérapeutique.

Je me suis toujours fié à mon intuition. Plutôt que de l'expérience, je préfère une motivation saine, un esprit pragmatique, une proposition réfléchie, bien structurée. Ce qui n'est pas incompatible avec une certaine dose de folie, celle qui permet de franchir les montagnes.

Cette passion-là allume des flammes dans les yeux de celui qui vous parle.

Je me suis parfois trompé, mais j'ai connu bien moins d'expériences malheureuses qu'heureuses.

L'une d'entre elles, particulièrement pénible, a été le résultat d'un mauvais concours de circonstances. J'avais monté une belle équipe, équilibrée. Une équipe ressemble à un bouquet de fleurs. Le mariage des couleurs est comme un mariage de caractères. Une fleur, même magnifique, peut jurer dans un bouquet qui n'est pas composé pour elle et le gâcher.

Pour une traversée en traîneau à chiens, j'avais fait appel à mon ami et complice Pierre Michaut, auquel devaient s'ajouter un musher français et un sibérien. Notre team se composait de caractères très différents mais parfaitement complémentaires. À quelques mois du départ, Pierre a eu un grave problème de santé. Il a fallu, au pied levé, lui trouver un remplaçant. C'est le musher français qui a proposé l'un de ses amis. Je l'ai rencontré, un peu vite car nous étions proches du départ et que cette période est surchargée. À première vue, il me paraissait assez immature. Je me laissai pourtant convaincre, sachant que, au mieux, il ferait tout juste l'affaire. On dit que la première impression est souvent la bonne...

Ce fut une catastrophe. J'en ai beaucoup souffert pendant de très longs mois. Ce garçon a complètement gangrené l'équipe. Comme je voulais que l'expédition aille au bout, j'ai pris sur moi, sachant pertinemment que les choses ne pourraient pas s'arranger. J'espérais seulement que la situation ne se détériore pas davantage.

Dans la vie, on ne reste pas avec quelqu'un pour lequel on éprouve une telle antipathie. Elle était réciproque et j'avais sans doute autant de raisons d'être détesté que de détester ce gars-là. Nous étions parfaitement incompatibles, voilà tout. Ça arrive, mais il est dommage que cela se soit produit sur une expédition qui, sans ce mal qui la rongeait, aurait pu être extraordinaire.

Au cours d'une autre expédition, au Canada cette fois-là, j'ai été confronté à un problème grave : celui du vol de nourriture alors que nous en manquions cruellement.

Nous étions partis avec trois semaines de vivres : le temps que nous pensions mettre pour atteindre le village où nous avions effectué un dépôt. La météo avait été exécrable. Un brusque redoux avait fragilisé la glace sur les rivières que nous espérions suivre, si bien que nous avions dû faire de grands détours. Après un mois de voyage, nous n'avions pas encore effectué la moitié du chemin, ce qui nous obligeait à rationner la nourriture.

Heureusement, nous étions dans un territoire indien très giboyeux et les Indiens nous avaient accordé le droit de chasse. Nous nous nourrissions, ainsi que les chiens, de viande d'élan et de caribou. C'était bon, mais, quand on mange de la viande matin, midi et soir, on s'en lasse assez vite et la sensation de faim demeure. Comme nous nous étions rationnés, il restait quelques sacs de provisions contenant plusieurs plaquettes de chocolat. Elles valaient, à nos yeux, leur pesant d'or. Mais nous avons remarqué quelque chose de bizarre avec le chocolat : il en disparaissait plus que ce que nous mangions !

Un soir, nous avons comptabilisé ce qui restait et, lorsque celui que nous soupçonnions est sorti, nous avons tendu l'oreille parce que nous avions posé le chocolat en équilibre sur un système qui devait s'effondrer sur un bidon vide. Le piège a fonctionné et du chocolat manquait... S'en est suivie une période difficile car nous avons fait savoir au « voleur » que nous n'étions pas dupes. On imagine l'importance que revêt la nourriture quand on en manque cruellement. D'ailleurs, dans l'histoire de l'exploration polaire, nombre de règlements internes prévoyaient la peine de mort pour celui pris en flagrant délit de vol de nourriture... C'est dire.

J'ai connu en Alaska un autre « compagnon » de voyage qui volait aussi, mais de façon détournée. Il se proposait toujours pour préparer les repas, et pour cause : sous prétexte de goûter si c'était assez salé ou assez cuit, il en mangeait une bonne part avant la distribution.

Nous avons mis fin au manège en l'interdisant de cuisine, ce qui ne l'empêcha pas de se livrer encore à quelques petits larcins... Cet équipier-là ne nous a pas laissé un souvenir impérissable.

⁂

Ces quelques exemples sont heureusement atténués par tous les autres, plus joyeux.

J'ai partagé avec un grand nombre de compagnons le plaisir du voyage, et la complicité qui m'a uni à quelques-uns d'entre eux les a souvent sublimés.

Volodia était géologue. Je l'ai rencontré par hasard alors que je préparais ma première grande expédition en Sibérie. Il m'avait spontanément proposé son aide pour effectuer les reconnaissances. Rapidement, il a exprimé son souhait de faire partie de la première équipe avec laquelle je planifiais d'aller de la frontière mongole jusqu'au lac Baïkal.

Nous nous connaissions peu. Il parlait aussi bien l'anglais que moi le russe, ce qui n'est pas un compliment et ne facilitait pas la communication. Mais j'aimais son regard, sa façon d'aborder les problèmes, de proposer des variantes à ce que je prévoyais. Je lui dis oui, spontanément, sans réfléchir et sans savoir, surtout, que nous n'allions plus nous quitter pendant un an et demi, car, en arrivant au bord du lac Baïkal, Volodia m'a aussitôt pris à part :

— Tu m'emmènes dans la barque ?

Et en arrivant de l'autre côté du lac, deux mois plus tard :

— J'irais bien avec toi et les chiens jusqu'en Yakoutie.

Et en arrivant en Yakoutie, trois mois plus tard :

— Je continuerais bien jusqu'aux montagnes Verkhoïansk.

En arrivant aux montagnes, c'est moi qui lui ai parlé :

— Écoute, Volodia, mon ami, je n'envisage plus ce voyage sans toi. Je ne me vois pas arriver au bord de l'océan Arctique sans toi. Fais-moi l'amitié d'aller jusqu'au bout.

Ce qu'il fit, malgré sa femme qui trouvait le temps long, ses enfants qui lui manquaient, son travail qu'il ne pensait pas retrouver à son retour.

Je ne compte plus les moments d'émotion très forts que nous avons partagés, à l'image du jour où nous avons appris le « putsch » contre Gorbatchev, l'histoire de ces quelques fous qui ont renversé le pouvoir et ont essayé de s'en emparer en août 1991. Nous étions sur la rivière Jana et c'est un pêcheur, en barque, qui nous a annoncé la nouvelle. Grand adepte de la perestroïka naissante qui offrait enfin un peu de liberté à ce peuple opprimé, Volodia est devenu blême. J'ai cru qu'il allait avoir une crise cardiaque. Nous avons souqué ferme pour rejoindre le plus vite possible une petite station météo dont nous connaissions l'existence. C'est là que nous avons appris tous les détails, que nous avons vu, sur un écran de télévision, la proclamation du nouveau gouvernement : le « comité d'État pour l'état d'urgence ». Aussitôt, la censure de la presse a été rétablie et toutes les manifestations interdites Le couvre-feu a également été instauré.

Un peu plus tard dans la nuit, alors que je veillais avec Volodia, nous apprenions qu'Eltsine avait pris la tête d'un mouvement de protestation. Partout, des manifestations s'organisaient. Beaucoup reprenaient espoir, mais Volodia restait convaincu que ce coup d'État allait réussir. N'avait-il pas déjà réussi puisque ces dirigeants siégeaient à la place de Gorbatchev et dirigeaient le pays ?

Rapidement, Volodia a exprimé le souhait d'aller se battre auprès d'Eltsine et de ses partisans. Je pris le temps de bien mesurer ce que j'avais envie de faire, sachant que j'étais en Sibérie depuis plus d'un an et demi, et que ce pays était devenu un peu le mien.

M'y rendre avec Volodia impliquait d'aller au bout de cette démarche. Je connaissais assez la Russie pour imaginer la façon dont les manifestants pourraient être repoussés par la force, jugés, voire emprisonnés. Je savais que je ne bénéficierais alors d'aucune complaisance en tant qu'étranger. Bien au contraire. On me glisserait un peu de drogue dans une poche et on m'enfermerait sous ce prétexte ou un autre, encore plus grave.

Je savais tout cela mais j'étais scandalisé, révolté. Ce groupe de malfrats ne pouvait pas prendre les commandes de ce pays qui m'avait accueilli et où le mot liberté avait acquis tout son sens. Il fallait combattre cela de toutes ses forces. Si le mot amitié avait lui aussi un sens, l'occasion m'était donnée de montrer que je n'avais pas oublié la leçon de mon ami Inuit. Des actes plutôt que des paroles

— Volodia, j'ai bien réfléchi, si tu y vas, j'y vais avec toi. Pour me battre avec toi, pour ce pays que j'aime et pour la liberté.

Ému aux larmes, Volodia tomba dans mes bras.

Vingt-quatre heures plus tard, alors que nous étudiions la façon la plus rapide de rejoindre Moscou, nous apprenions à la radio que l'armée avait fraternisé avec les manifestants, de plus en plus nombreux et déterminés.

Un à un, les ministres du gouvernement putschiste se retiraient, dont Valentin Pavlov, le Premier ministre, pour cause d'hypertension artérielle due à l'abus de vodka ! Si l'abus de pouvoir grise, l'alcool grise davantage.

Dans la nuit, Eltsine, triomphant, ramenait Gorbatchev de Crimée où il était retenu.

C'était fini et nous hurlâmes de joie.

Nous pouvions repartir sur la Jana et finir notre voyage. Plus tard, à Moscou, j'ai raconté à Mikhaïl Gorbatchev – qui m'avait accordé un visa exceptionnel sur proposition de François Mitterrand – comment nous avions vécu l'affaire du fin fond de la Sibérie.

De retour en France, j'invitai Volodia. Il arriva le jour de mon mariage, auquel il me fit l'immense plaisir d'assister. Ce soir-là, nous avons reparlé de notre projet commun d'aller en Mandchourie, sur la piste des tigres de Sibérie.

Quelques mois plus tard, Volodia s'écrasa en hélicoptère en compagnie de mon ami Jean-François Chaigneau, journaliste et grand reporter à *Paris Match*. Pour lui permettre de mieux voir – il était près d'un hublot –, il avait échangé sa place quelques minutes avant le crash...

Jean-François a raconté les heures effroyables qu'il a vécues après l'accident, survenu alors que l'avion survolait dans la brume le grand blanc de la toundra sibérienne. Il en a conservé une légère boiterie qui ne l'empêche pas de continuer à voyager, à s'émerveiller et à faire partager ses découvertes par l'intermédiaire de sa plume. Il m'a fait l'immense amitié d'accepter de remonter dans le même hélicoptère pour me rejoindre au fin fond de la Sibérie, lorsque je traversais l'Oural, les plus vieilles montagnes du monde, en traîneau à chiens. Il fallait une certaine dose de courage !

— Mais ça en valait la peine ! me dira-t-il plus tard, alors que nous avions passé ensemble, une fois de plus, un merveilleux moment.

Ça m'a touché.

Charlie Boya est un Indien Sekani qui habite un petit village dans les montagnes de la Colombie-Britannique. Nous nous sommes rencontrés à l'occasion d'une première traversée, en 1998. Il m'a hébergé et nous avons sympathisé. Il m'a invité à revenir en été. Nous sommes partis avec toute sa famille pour une longue randonnée en montagne, accompagnés de ses chiens qu'il avait bâtés.

Ils portaient chacun une douzaine de kilos de nourriture, des cartouches et quelques canettes de bière. Lorsqu'ils les avaient bues, ils cassaient une branche d'un arbre qui longeait le chemin et piquaient la canette dedans. Je me suis beaucoup interrogé sur la justification d'un tel comportement. Je crois détenir une partie de la réponse.

Ces hommes vivent dans un environnement sauvage. Aussitôt sorti du minuscule village situé au centre d'une zone inhabitée de la taille de dix départements français, on se retrouve dans un océan de verdure, de montagnes, d'alpages.

La description d'un tel paysage, véritable jardin d'Éden, fait pâlir d'envie le citadin en mal de nature. L'Indien a une réaction différente. Il ne fuit pas la nature, mais il aime voir en elle la marque des hommes : l'empreinte de la hache dans une vieille souche, les pierres disposées en cercle qui ont servi à un feu ou à ériger un cairn, la douille en cuivre d'une balle que l'Indien accroche dans une branche à côté d'une canette de bière...

L'homme « civilisé » que je suis n'y voit qu'une pollution, surtout visuelle, qui entache l'environnement, alors que l'Indien trouve beau de retrouver deux ans plus tard sa canette de bière rouillée.

— Tu te souviens! Nous sommes passés par là avec Nicolas, dira-t-il alors.

J'ai parlé de cette affaire de canette avec Charlie, le soir, au coin du feu. Il a haussé les épaules et s'est moqué de moi :

— C'est bien une remarque de Blanc, ça. De Blanc qui abîme tout, coupe nos forêts, ouvre des routes partout...

— Ça va, je peux moi-même continuer la liste... et tu as, en partie, raison.

— Comment ça, en partie?

— Presque totalement.

Je tentai de lui expliquer.

— Lorsque je te montrerai les photos de ce voyage, que je publierai celles-ci dans un magazine, comprendras-tu que je préfère ne pas montrer tes canettes?

— Oui.

— Voilà, en partie, l'explication du « presque totalement ».

Nous avons éclaté de rire.

Le lendemain, nous approchions ensemble des chèvres des Rocheuses que je désirais prendre en photo. Ces acrobates, ces danseuses de roc, me fascinaient. Au terme de plusieurs heures de marche et d'escalade, nous sommes parvenus à réaliser quelques beaux clichés, notamment d'une mère et de son petit, un agneau, adorable dans son pyjama blanc immaculé qui se découpait sur le brun-noir de ces rochers escarpés.

Charlie voulait le tuer pour le dîner.

Je le suppliai de ne pas le faire.

Il a eu ce même haussement d'épaules que pour la canette de bière.

Et j'ai eu un peu honte car je savais ce qu'il avait envie de me dire :

— Voilà encore le Blanc dans toute sa contradiction. Le Blanc qui élève des animaux dans des conditions ignobles, en ne leur accordant aucun respect, qui les tue sans remords et surtout sans leur accorder la moindre dignité, et qui nous traite de « barbares » !

Cette fois-ci, le « presque totalement » n'était plus de rigueur... Charlie avait entièrement raison. Cet agneau ne méritait pas plus de vivre que ceux qui fournissent à nos enfants des côtelettes d'agneau.

Mais il était si mignon que je ne pouvais me résoudre à le voir mourir sous mes yeux.

Par amitié ou par pitié, je ne saurais le dire, Charlie n'a pas tué l'agneau, mais il m'en a reparlé dix ans plus tard.

C'est lui qui m'a accordé l'immense privilège de m'adopter, afin que je puisse disposer du statut d'Indien pendant un an. Il l'a fait au cours d'une assemblée qui réunissait les principaux personnages du village et à laquelle assistait depuis peu un représentant du gouvernement fédéral canadien. Charlie a parlé au clan en ces termes :

— Nicolas va vivre un an dans nos montagnes. Les permis de pêche et de chasse qu'il peut obtenir en tant qu'étranger ne lui permettront pas de subsister là-haut. Il faut donc lui accorder le droit des Indiens : celui de chasse et de pêche sans restriction, pour se nourrir.

— Il pourrait se faire déposer de la nourriture, proposa un Indien.

— Pourquoi le ferait-il? Nous savons tous que le gibier pullule là-bas et que les lacs regorgent de poisson. Plusieurs centaines d'Indiens pourraient vivre là-haut. Dès lors, pourquoi organiserait-il des allers et retours en avion pour acheminer une nourriture hors de prix, alors qu'il y en a plein sur place, à condition que nous lui accordions le droit de la prendre?

Ils ont voté. Le résultat n'était pas à la hauteur de mes espérances puisque cinq personnes étaient contre, alors que treize étaient pour. Or il fallait l'unanimité pour entériner une telle décision. D'où cette proposition d'adoption qui me donnait le statut d'Indien et arrangeait bien le représentant du gouvernement, qui ne savait plus comment gérer ce dossier sensible.

Dès qu'il s'agit d'Indiens, de chasse et de pêche, tous les sujets deviennent épineux. Les Canadiens sont de moins en moins nombreux à estimer que les droits accordés exclusivement aux Indiens dans ce domaine sont légitimes. Il est vrai qu'ils en abusent parfois. Des tensions naissent. D'autant plus qu'ils sont de plus en plus rares à vivre du produit de la chasse ou de la pêche. À partir du moment où ils se comportent comme des Canadiens, pourquoi ne devraient-ils pas obéir aux mêmes règles ? Eu égard au passé dramatique de ce peuple et de ce pays que les Blancs ont saccagé ? Ce droit serait alors une sorte de compensation historique.

Tous les arguments se tiennent.

Sans doute faudrait-il, au cas par cas, n'accorder ce droit que lorsqu'il est justifié par un mode de vie en relation étroite avec la nature. Mais quelle difficulté !

La terrible histoire des Blancs et des Indiens n'est pas close. Tout comme celle qui nous lie à cette terre. Il reste encore quelques chapitres à écrire.

L'Histoire verra-t-elle l'émergence de l'intelligence et de la clairvoyance ? Nous saurons alors comment nous écrirons la fin de ce livre qui a si mal commencé.

Liste incomplète et dans le désordre de ceux qui m'ont fait l'honneur de voyager avec moi ou que je voudrais remercier

Benoît Maury-Laribière

C'est mon ami d'enfance, le compagnon de mes premiers voyages. Entre autres qualités, il a celle de m'avoir permis de rencontrer ma femme : Diane. Benoît est un optimiste qui ne fait jamais la gueule. Il est bavard et peut soutenir sa thèse, qui est toujours la bonne, des heures durant, si bien que de guerre lasse vous capitulez pour lui donner raison. Il adore ça. C'est quelqu'un de sûr et c'est suffisamment rare pour être signalé.

Alain Brénichot

C'est le grand frère que je n'ai pas eu. Une indéfectible amitié affectueuse faite aussi d'admiration mutuelle nous lie, malgré nos différences. C'est un grand costaud capable de fondre d'émotion ou de s'emporter pour pas grand-chose. Ses colères, tonitruantes, parfois impressionnantes, ses coups de gueule devenus légendaires font partie de son personnage, haut en couleur, à part. Il a une relation symbiotique avec la nature qui est assez formidable. J'ai énormément et douloureusement regretté son absence sur ma dernière traversée, mais Alain dirige maintenant notre camp des Écorces et est devenu, un peu par « ma faute », un merveilleux papa.

Thomas Bounoure

Le personnage est compliqué, torturé, capable du pire comme du meilleur. C'est avant tout un ami fidèle, tout à fait prêt, si je le lui demandais, à traverser le monde pour me venir en aide. Hypersensible, un rien l'entraîne dans la démesure Difficile à gérer en tant qu'ami ou équipier, il n'en reste pas moins quelqu'un de dévoué, qui fait toujours sa part de boulot et même un peu celle des autres. Je l'aime beaucoup, d'une amitié profonde faite d'une sorte d'affection fraternelle, même si, parfois, j'ai envie de lui taper sur la tête avec une bûche pour lui faire entendre raison.

Emmanuel Hachette

Il fait l'unanimité. C'est l'équipier en or, titre qu'on lui a décerné après l'Odyssée blanche et après l'Odyssée sibérienne. Il était ingénieur du son du *Dernier Trappeur*, mais il a aussi participé à bien d'autres de mes folies. En voyage, ce qu'on peut lui reprocher, c'est de ne pas avoir de défauts, ce qui vous met mal à l'aise lorsque vous en avez beaucoup. Allez, disons, histoire de lui trouver quelque chose, qu'il lui arrive d'être un peu désinvolte et lent au démarrage.

Jérôme Allouc

C'est un fidèle parmi les fidèles. Un gars bien, droit, d'une honnêteté indéfectible. Ensemble, nous avons partagé beaucoup d'aventures, au Québec, en Laponie, dans le Yukon... Jérôme est resté enfant et ça lui va bien. Il a choisi une vie sans grandes responsabilités, qu'il n'aime pas trop, sous prétexte que sa liberté n'a pas de prix. Le temps n'a pas de prise sur lui et il arrive à l'impatient-né que je suis de l'envier. Son calme m'apaise ou m'énerve, c'est selon. Il a une vraie passion, saine, pour le bois et les chiens, dont il parle avec amour et poésie. C'est un personnage de roman qui pourrait inspirer Coelho.

Pierre Michaut

On l'appelait Papy sur le tournage du *Dernier Trappeur* car il était le plus âgé d'entre nous, et n'aimait pas ça. Avant de devenir mon ami et l'un de mes meilleurs compagnons de voyage, il est mon oncle. On se connaît par cœur. Il est le médiateur sur lequel on aime s'appuyer dans les crises de groupe et il remplit admirablement ce rôle. Tout le monde lui voue une affectueuse amitié qui s'exprime dans la façon que les uns et les autres ont de le mettre en boîte sur ses petites faiblesses. C'est quelqu'un de bien, droit dans ses baskets et dans sa vie, bien dans sa tête, et qui fait du bien autour de lui, partout où il se trouve. Il m'a épaulé pour le montage de nombreuses aventures. Je lui dois plus que ce que je lui ai apporté.

Louis Bavière

Il a été l'un des premiers mushers français à détenir une magnifique meute de chiens groenlandais. Nous nous sommes rencontrés un peu par hasard. Nous sommes partis ensemble sans bien nous connaître et ça n'a pas du tout marché. Il ne m'aimait pas et réciproquement. Puis nous sommes devenus inséparables. Depuis cette expédition, nous nous sommes revus une ou deux fois, mais le charme était rompu...

Michel Denis

Quel drôle de personnage. Je lui dois beaucoup car il m'a énormément appris lors de l'hiver au cours duquel j'ai rencontré pour la première fois des chiens de traîneau. Il était ambivalent, torturé, mais très bon pédagogue. Il aimait enseigner et j'avais tout à apprendre. Plusieurs années plus tard, il m'a laissé tomber à quelques mois du départ d'une autre aventure. Ce fut la fin de notre amitié.

Jacques Duhoux

Il vit comme un ours dans sa tanière. C'est un coureur des bois, un vrai, qui se contente de peu, voire de rien jugeront certains. Cette solitude, cette simplicité de vie ne lui plaisent pas autant qu'il le prétend, à mon avis. Il mène sa vie comme une religion pleine de contraintes restrictives, mais cette vie lui va bien. Il est devenu une sorte de gourou pour les touristes avec qui il part en escapade. C'est auprès d'eux qu'il a connu ses plus grands moments de bonheur partagé. J'ai beaucoup aimé voyager avec lui et j'ai beaucoup appris, même si je ne partage pas sa conception de la vie.

Marc Occar

Nous ne nous connaissions pas du tout quand il a posé sa candidature pour participer à l'Odyssée blanche. Il n'avait aucune expérience du Nord mais une grande expérience de la vie en général et en groupe en particulier. Il a joué, entre autres, à haut niveau au rugby. C'est Alain qui me l'a présenté et qui a insisté pour qu'il fasse partie de cette aventure difficile. Nous n'avons pas regretté ce choix. J'ai beaucoup apprécié son dévouement, son analyse des situations, son opiniâtreté, sa fidélité et son humour. Il a très mal vécu le retour, auquel il ne s'était pas du tout préparé. Du coup, nous nous sommes perdus de vue et je l'ai regretté.

Paul Perrier

Il est le grand-père à qui j'aimerais ressembler un jour, de corps et d'esprit. C'est un homme facile à vivre. Il est bon au sens noble du terme, et aimé, ce qui est largement mérité. Son plus grand défaut tient dans la demi-heure qui suit le réveil. Il est soûlant tellement il est bavard à ce moment-là. Il parle pour ne rien dire, le plus souvent, et l'envie m'a régulièrement pris de lui taper l'arrière du crâne avec le plat de la hache pour le rendormir un peu, car, à ce moment de la journée, le chant des oiseaux me suffit amplement...

Alain Rastoin

En acceptant, malgré mon jeune âge, de m'emmener avec lui, il m'a mis le pied à l'étrier et ouvert un monde que je ne connaissais pas : celui des films, de l'édition, des médias. Opiniâtre et volontaire, il surprend ceux qui l'accompagnent en forêt car il est maladroit. Incapable de faire un nœud correctement, de tailler un outil dans une bûche de bois ou de ligaturer deux traverses, son manque de sens pratique est légendaire. Il a fait rire tous ceux qui ont eu la chance de voyager avec lui, car, en dehors de ça, Alain est un bon compagnon, plein d'humour, bosseur et allant au bout des choses.

Didier Langou

Il ne laisse jamais indifférents ceux qui le rencontrent. Doté d'un physique hors du commun à la « Jacquouille la fripouille », on le repère tout de suite. Didier a un vrai sens pratique et pense, parfois à tort, que tout peut se résoudre par la pratique. Mais on lui pardonne volontiers, car c'est un homme du bois, drôle et agréable en compagnie.

Jean-Michel Lepeudry

En Russie, au Canada, en Slovaquie, en Slovénie... On a déjà quelques voyages à notre actif. Il y en aura d'autres, car notre approche de la nature est la même. Jean-Michel vit la nature non pas comme un spectateur, mais en s'impliquant pour défendre une certaine philosophie du partage. Entouré d'amis extravagants, d'une femme aussi pressée que je le suis, il fait figure de vieux sage avant l'âge et nombreux sont ceux, dont je fais partie, qui apprécient ses conseils avisés.

Alvaro Canovas

Il est photographe et grand reporter à *Paris Match*. Il a été envoyé par mon ami Didier Rappeau sur deux expéditions. À la première, il a vécu l'enfer. Le groupe qu'il avait intégré à eu quelques difficultés à supporter son inactivité mais a fini par lui reconnaître un certain courage car il était, de très loin, celui qui souffrait le plus des conditions inhabituelles dans lesquelles nous vivions. À la surprise générale, il est revenu, ce qui lui a valu notre respect. Assez sarcastique, il n'est pas dépourvu d'humour ni d'intelligence. Il voit clair dans le jeu des gens et l'analyse qui en découle, et qu'il délivre volontiers, n'est pas dénuée d'intérêt...

Jean-François Chaigneau

Ce qui le caractérise : son crayon à papier qu'il aime bien taillé (au taille-crayon) et son carnet sur lequel il prend ses notes et dessine. C'est un merveilleux compagnon de voyage car il n'est pas blasé, bien au contraire. Pourtant, il a été partout ou presque. Mais il a gardé, intacte, sa capacité d'émerveillement et il sait la faire partager avec sa plume, mais aussi par l'émulation qu'il parvient à créer au cours du voyage en trouvant les mots qui soulignent l'émotion. J'aime l'écouter me raconter des histoires, analyser des paysages et des rencontres. Ce que j'aime surtout, c'est sa capacité à voir le meilleur, à toujours trouver que le verre est à moitié plein alors qu'il est à moitié vide.

Quelques photographes

Ils sont plusieurs à m'avoir fait l'amitié de me rejoindre, de me suivre, parfois dans des conditions très difficiles. Je pense notamment à Eric Travers sur *Le Dernier Trappeur*, à Jacques Lange sur la Yukon Quest, à Thierry Malty en Sibérie et au Canada, à Kasia Wandysk, à Thibaut Branquart...

Merci à vous tous de m'avoir permis de faire partager mes rêves et mon émerveillement.

Henry Kam

Je l'ai rencontré alors que je préparais l'Odyssée blanche. Il dirigeait une société d'Internet qu'il avait créée et m'avait aidé. Au retour, il l'avait vendue très pertinemment avant que la fameuse bulle éclate. Il cherchait des idées. Je lui en ai donné une qui me tenait à cœur depuis longtemps. Créer en

Europe une grand course de chiens de traîneau. Nous l'avons fait, en grande partie grâce à son exceptionnelle opiniâtreté. On aime ou on déteste le personnage, qui gagne à être connu. Il fait partie de ces gens qui ont des défauts aussi gros que leurs qualités. Il a réussi à m'apprivoiser et réciproquement. Nous avons encore de beaux jours devant nous, et cette course également.

Jean-Christophe Celbert

C'est un baroudeur, capable de tout quitter sur un coup de tête ou de téléphone.

— Je pars dans trois jours en Alaska pour dix jours filmer une course de chiens de traîneau, tu viens ?

— Oui, d'accord.

Ça se passe comme ça avec Jean-Christophe. Nous avons fait ensemble un paquet de voyages et d'expéditions. C'est un bon compagnon de voyage, toujours partant pour une bonne blague, pas toujours consensuel, parfois imprévisible mais très efficace, notamment sur l'eau, un élément qu'il maîtrise bien.

Dominique Grandjean

Dans un livre consacré aux chiens de traîneau, je lis : « Une passion bouillonnante. Une intelligence décapante. Une tendresse étonnante. Une grande gueule tonitruante. » Ça résume assez bien le personnage attendrissant. Je suis fier de l'amitié dont il me gratifie depuis que nous avons monté cette course dans les Alpes : la Grande Odyssée. J'ai tenu ma promesse de trouver le moyen de le faire venir en Sibérie et ça m'a fait du bien de le voir, de serrer dans mes bras cet ours mal léché ! Il aime bien se plaindre, à tort ou à raison, et il le fait avec à peu près autant de conviction et de virulence dans les deux cas. Il a un cœur énorme, capable de verser une larme quand les autres ne voient rien d'émouvant. À ce jeu-là, nous voyons souvent les mêmes choses...

Marie Rouvillois

Elle me fait l'amitié de travailler avec moi depuis quatre ans. Elle a participé et contribué au succès de ces belles aventures qu'ont été *Le Dernier Trappeur, L'Odyssée sibérienne, La Grande Odyssée*, et bientôt *Loup*.... Je ne fais plus rien sans soumettre à sa critique mes idées, mes projets d'écriture ou de film, mes décisions. Notre complicité professionnelle est à la hauteur de la confiance totale que je lui accorde

Elle a parfois un sale caractère et, comme elle le sait, s'en excuse toujours à temps, alors que je le fais souvent avec un petit temps de retard. Si elle aimait autant le travail non gratifiant que les voyages, elle serait presque parfaite, ce qui lui donnerait trop d'autorité sur moi.

Patrick Poivre d'Arvor

Nous ne sommes pas à proprement parler des amis, mais je crois que nous pourrions l'être. Il a été l'un de ceux dont l'aide m'a été plusieurs fois capitale, sans qu'il s'en rende vraiment compte ou en me laissant croire qu'il ne le savait pas. Il m'a accordé sa confiance à une époque où je n'étais rien, d'où ce message, en toute amitié, pour lui dire ma reconnaissance.

Nicolas Hulot

À l'époque du magazine *Ushuaia*, il a vendu à TF1 mon projet de traversée de la Sibérie et s'est personnellement impliqué pour que j'aille au bout de ce rêve. Je lui en ai voulu car, contrairement à ce qui était prévu initialement, mes films ont été saucissonnés pour les besoins de son émission. Cette intransigeance de ma part ne s'excuse que par mon inexpérience télévisuelle de l'époque. Je regrette l'amertume que j'en ai conservé trop longtemps. Aujourd'hui, Nicolas défend avec beaucoup d'intelligence, de moyens et de réussite une cause pour laquelle il est devenu incontournable. J'applaudis.

Thierry Machado

Il a été le chef opérateur du *Dernier Trappeur*. J'avais une idée précise de la finalité de l'image, mais je ne savais pas comment l'obtenir. Avec beaucoup de tolérance puis d'amitié, il m'a initié à ce monde du cinéma qui est devenu, petit à petit, et en grande partie grâce à lui, un peu le mien. Il appartient à cette catégorie de gens bien dont je suis fier d'être l'ami.

Daniel Noury

Il fait partie de ces quelques personnes rencontrées professionnellement et devenues par la suite mes amis. Il était au départ de l'Odyssée blanche, à l'arrivée dans la ville de Québec, sur la place Rouge à Moscou... J'ai eu le plaisir de passer quelques jours avec lui dans notre camp des Écorces. Sa bonne humeur, sa gentillesse irradient autour de lui, et son cœur, qu'il a gros comme certaines de ses blagues, brille dans ses yeux.

Jean-Pierre Bailly

Nous nous connaissons depuis plus de vingt ans. Il a produit une grande partie de mes films. Il a du talent et il est malin comme un singe, capable de petites fourberies et de pirouettes acrobatiques pour parvenir à ses fins. Il y parvient toujours, l'opiniâtreté étant sa qualité première et pas des moindres. Il sait assez bien manier le bâton mais n'a jamais su dire un compliment, ce qui peut déstabiliser ceux qui en ont besoin pour avancer. Son humour sarcastique est décapant. Je n'arrive pas à lui en vouloir, même lorsque j'ai de bonnes raisons, car – faiblesse de ma part – j'ai beaucoup d'affection pour lui et une certaine admiration pour le chemin, plein d'embûches, qu'il a parcouru.

Bernard Fixot

Travailler avec lui est un honneur et un plaisir. Tout est clair, simple. Il a cette capacité à écouter et à se rendre disponible alors qu'il surveille sans arrêt dix casseroles sur le feu : des auteurs, des amis, des grands de ce monde qui gravitent dans la sphère.

C'est un vrai bonheur que de travailler avec son équipe : Édith, Catherine, Caroline, Valérie...

Bernard est un peu le papa que je n'ai plus et m'éclaire de ses conseils, de ses critiques, de ses analyses. J'étais très ému de le voir, ainsi que sa formidable épouse, sur la place Rouge où il était venu m'accueillir. Il me donne beaucoup. J'essaye de lui donner aussi, en lui organisant, par exemple, un voyage un peu exceptionnel avec Norman dans le Yukon. Ils ont été quelques dizaines à me demander cette faveur, mais tout le monde n'est pas Bernard...

Didier Lanne

Il habite avec sa femme, Fabienne, dans une dépendance aménagée pour eux de la ferme de mon grand-père, que j'ai reprise. Grâce à eux, je peux partir tranquille, une semaine, un mois, un an. Didier veille sur les bois, les plaines, mes chiens, les cochons et les chevaux... Il aide tout le monde et tout le monde l'aide. Même si nous ne sommes pas toujours d'accord sur la façon et l'ordre dans lesquels faire les choses, nous partageons une même passion pour les bois et les animaux. C'est à lui que je dois de pouvoir continuer à mener cette barque-là.

Jean-Pierre Helleu

Nous ne sommes partis qu'une seule fois en voyage ensemble, mais quel voyage ! Dix jours de pur bonheur, de ceux à marquer d'une pierre blanche qui font briller la vie. Nous allions retrouver la cabane que j'avais construite avec Diane. Nous y avons passé dix jours à nous balader dans les montagnes, à pêcher dans les lacs et les rivières, à partager une amitié qui est indéfectible. Il fait partie du cercle très restreint de ceux que j'appelle : les tout proches.

Papa

Il n'est plus là mais toujours là. Il a partagé durant quelques semaines la vie de mon expédition d'un an dans les montagnes Rocheuses. C'était un compagnon agréable, doté d'un humour décalé qui faisait mouche ou non, c'était selon. Il aimait cette vie qui était la mienne, jugeant la sienne trop conventionnelle et raisonnable. Il se demandait assez souvent, avec un curieux mélange d'étonnement et de fierté bien dissimulée, comment il avait pu faire un fils pareil. Il me manque.

Maman

Elle a été ma conscience environnementale. Avec ou sans papa, elle m'a souvent rejoint dans les montagnes du Yukon, au Québec et en Russie. Rien ne me fait plus plaisir que de lire un peu de fierté dans ses yeux. C'est ainsi que la remise d'une décoration ou une arrivée sur la place Rouge devient vraiment un joli moment. Elle a cette qualité rare de mettre en application ce à quoi elle croit. Dévouée à l'extrême, non dénuée de caractère... je déteste quand elle me demande mon avis alors qu'elle a déjà décidé ! Enfin, je l'aime énormément.

Pierre, mon frère

Il a le don de m'émouvoir aux larmes lorsqu'il pond un petit texte plein de poésie, d'affection, d'admiration. Il est poète, artiste, d'une sensibilité qui le rend terriblement attachant. Lorsqu'il est dans la lune, il est capable de la décrocher en tirant le tabouret sur lequel vous êtes assis, et ça en énerve certains. J'ai adoré l'emmener avec moi dans les montagnes

Rocheuses de la Colombie-Britannique, et surtout l'avoir à mes côtés durant la Yukon Quest.

Bruno, mon frère

Nous avons descendu ensemble une partie de la rivière Kuskokwim en Alaska. Pragmatique, précis, il adore tout ce qui rentre dans des tableaux... Il aime calculer, gérer, organiser et il le fait bien. D'un naturel jovial, il a plein de copains, prouvant, si besoin est, combien il est agréable de se trouver en sa compagnie, même s'il faut lui payer deux bières quand il en paie une... C'est l'un des rares moments où sa calculatrice déraille ! Quand il raconte une histoire, il faut toujours en enlever un petit bout, comme devant un pêcheur qui vous montre en écartant les mains la taille de la truite qu'il a prise. Et c'est comme ça que je l'aime.

Jacques Chirac

Il m'a accordé son parrainage pour l'Odyssée sibérienne. Il est intervenu personnellement auprès de Vladimir Poutine pour que j'obtienne l'autorisation tout à fait exceptionnelle d'arriver sur la place Rouge en traîneau à chiens. D'aucuns jugeaient que l'autorisation ne serait jamais accordée, surtout à un étranger. Je le dois à Jacques Chirac ainsi qu'à l'ambassadeur, Jean Cadet, et à son diplomate, Thierry Vautrin.

Jacques Chirac a demandé à ce qu'on lise un texte de lui, à mon départ puis à mon arrivée à Moscou. Ça m'a touché parce que ce n'étaient pas des banalités.

J'ai rencontré Jacques Chirac à l'Élysée à quelques mois de son départ. Il avait convié tous ceux que la crise environnementale concerne à venir travailler pour créer une gouvernance écologique mondiale. J'espère qu'il va consacrer son énergie, son talent et son carnet d'adresses à défendre cette cause.

François Pinault

Au cours d'un dîner qu'il avait organisé pour me rencontrer, il a décidé de financer mon projet d'expédition en Sibérie. À l'époque, il était inconnu et commençait juste à vraiment percer dans les affaires. Il a tenu parole. Je tiens à lui exprimer ici ma reconnaissance, ainsi qu'à son fils, qui a fait preuve de beaucoup de compréhension et que j'ai eu le plaisir de recevoir dans une petite cabane au fin fond de la Sibérie.

Nicolas Vanier

Il ne m'a jamais quitté... C'est un passionné, opiniâtre et impatient. Il est capable du pire comme du meilleur. Il n'aime pas l'autorité, la refuse le plus souvent. Incapable de recevoir des ordres, il sait, en revanche, en donner. Il peut obtenir le meilleur de ses compagnons quand il est de bonne humeur, ce qui n'est pas toujours le cas Son intolérance ne s'améliore pas avec l'âge et son exigence s'applique à tous, surtout à lui-même, ce qui est son principal défaut et sa plus grande qualité.

Le camp des Écorces

Invitation au voyage dans les pays d'en haut

Avec Alain Brenichot, mon grand complice, nous avons monté ce camp, dont j'ai parlé à plusieurs reprises dans ce livre. C'est à partir de cet endroit, où vivent mes chiens depuis près de dix ans, que nous organisons des initiations et des randonnées en hiver et en été.

L'hiver en traîneau à chiens, bien évidemment, et l'été en canoë, sur l'une des nombreuses rivières sauvages, telle la Manouane.

Dans ce secteur absolument féerique des montagnes Péribonka, nous disposons d'un très large éventail d'itinéraires qui conviendront à tous – aux familles, aux sportifs, aux amoureux de la nature et des rencontres.

Des renseignements sont disponibles sur mon site : www.nicolasvanier.com. Vous pouvez aussi contacter mes amis de l'agence DHD Laika à Paris, tél. : 01 42 89 32 64 ou l'agence Grand Nord Grand Large, tél. : 01 40 46 05 14.

Bon voyage.

Expéditions, films et livres

1982 : expédition à pied sur les vastes plateaux de Laponie.

1983 : traversée en canoë du Grand Nord québécois depuis Schefferville jusqu'à la baie d'Ungava, sur les traces des Indiens Montagnais.

1983-1984 : traversée de la péninsule du nouveau Québec-Labrador en traîneau à chiens. Un livre, *Grand Nord*, et un film de 52 minutes, *Les Coureurs des bois*, pour France 2, retracent cette traversée.

1986-1987 : pendant un an et demi, Nicolas Vanier et son équipe renouent avec l'histoire des grands pionniers de l'Ouest : 7 000 km à travers les zones les plus sauvages des Rocheuses et de l'Alaska, depuis le Wyoming jusqu'au détroit de Béring avec douze chevaux, vingt-quatre chiens de traîneau, un radeau en sapin et deux canoës indiens. Trois films de 52 minutes pour France 3 et Canal + ont été réalisés sur cette traversée – *Caravane*, *Rivières ouvertes* et *Partage des eaux* (ce dernier film a reçu une grande quantité de prix, dont cinq grands prix) – et, en 1988, deux livres – *Le Triathlon historique* aux éditions Albin Michel et *Solitude nord* aux éditions Fernand Nathan.

1989 : réalisation d'un film sur la course des trappeurs pour Canal + et d'un reportage photo au cours d'une expédition en canoë à la rencontre du plus grand troupeau de caribous du monde, au Labrador.

1990-1991 : Transsibérie. Traversée intégrale du sud au nord de toute la Sibérie pendant un an et demi. Sept mille kilomètres à travers la taïga sauvage, de la Mongolie à l'océan

Arctique, avec plusieurs moyens de déplacement traditionnels : chevaux, traîneau à chiens, rennes, poneys, canoës... À partir de cette grande expédition, Nicolas Vanier a réalisé et coréalisé cinq films de 26 minutes pour TF1, réalisé un film long métrage pour le cinéma, *Au nord de l'hiver*, distribué en salle, et publié un livre aux éditions Robert Laffont, *Transsibérie, le mythe sauvage*.

1993 : Nicolas Vanier partage la vie d'une famille Évène, éleveurs de rennes et nomades dans l'Arctique sibérien. Il raconte cette expérience dans un livre, aux éditions Robert Laffont, *La Vie en nord*, et réalise un reportage photographique diffusé dans le monde entier et de nombreuses fois primé.

1994 : publication d'un roman, *Solitudes blanches*, aux éditions Actes Sud, dont il a coécrit un scénario pour une adaptation au cinéma.

1994-1995 : un an avec sa femme et sa petite fille d'un an et demi à travers les Rocheuses et le Yukon, à cheval, un hivernage dans une cabane construite de leurs mains, puis départ en traîneau à chiens pour un grand périple de 2 500 km jusqu'en Alaska. Un livre, *L'Enfant des neiges*, chez Actes Sud, et un livre illustré, *Otchum, chef de meute*, aux éditions de la Martinière.
Un long métrage, *L'Enfant des neiges*, sorti en salle le 20 décembre 1995 et diffusé en France sur TF1 et Canal +, et plusieurs courts métrages, dont un de 52 minutes : *Ma cabane au Canada*

1996 : hivernage dans les montagnes Rocheuses dans le Yukon et participation à la Yukon Quest, la course en traîneau à chiens la plus difficile du monde. Mille six cents kilomètres à travers le Grand Nord canadien et l'Alaska.

1997 : trois livres : *Un hiver, Nord*, un album de 380 pages et *Robinson du froid*, aux éditions de la Martinière. Un film : *Un hiver de chiens*, de 52 minutes pour France 3.

1998 : trois livres : *Le Grand Brame*, chez J.-C. Lattès, *Destin Nord*, chez Robert Laffont, et *Territoire*, aux éditions de la Martinière. Une réédition illustrée de *Transsibérie*, aux éditions de la Martinière, *Taïga*.

1999 : l'Odyssée blanche, la traversée de tout le Grand Nord canadien depuis Skagway en Alaska jusqu'à Québec, soit

8 600 kilomètres en moins de cent jours avec son équipage de chiens de traîneau. Un livre aux éditions Robert Laffont : *L'Odyssée blanche*, et un film long métrage de 90 minutes, ainsi qu'un court métrage de 26 minutes diffusé sur France 3.

2000 : un livre : *C'est encore loin l'Alaska*, chez Albin Michel. Mise en place d'une association qui a pour but de rendre accessible aux handicapés moteurs la pratique du traîneau à chiens : les fauteuils glissants. Un hivernage au Yukon durant lequel il s'entraîne et participe à plusieurs grandes courses de chiens de traîneau.

2001 : un roman en deux volumes pour les Éditions XO : *Le Chant du Grand Nord*. Participation à plusieurs courses en traîneau à chiens de longue distance au Canada et en Alaska.

2002-2003 : hivernage dans le Yukon et participation à la Yukon Quest. Tournage pendant un an et demi d'un film long métrage : *Le Dernier Trappeur*. Sortie d'un roman aux Éditions XO : *L'Or sous la neige*.

2004 : sortie en salle du *Dernier Trappeur* (2,3 millions d'entrées en France) et de deux livres éponymes, album et jeunesse. Organisateur avec Henry Kahm et Dominique Grandjean de la première édition de la Grande Odyssée, une course européenne de chiens de traîneau.

2005-2006 : l'Odyssée sibérienne. Plus de 8 000 kilomètres depuis le lac Baïkal jusqu'à Moscou. Mise en place d'un vaste programme d'éducation à l'environnement avec de nombreux partenaires. Un livre, *L'Odyssée sibérienne*, et deux déclinaisons · un livre pour les jeunes de huit à douze ans reprenant, en partie, le programme d'éducation qu'ont suivi à l'école plusieurs centaines de milliers d'enfants, et un album illustré pour les tout-petits, ainsi qu'un jeu distribué par Mindscape.

2007 : repérage et préparation du tournage du film *Loup*. Mise en place d'un éco-camp dans les Alpes françaises

Table

Cet ouvrage a été composé et imprimé par

FIRMIN DIDOT

GROUPE CPI

Mesnil-sur-l'Estrée

en décembre 2007

Imprimé en France

Dépôt légal : novembre 2007

N° d'édition : 1339/06 - N° d'impression : 88373